"我希望当我还是一名年轻的企业律师时就能得到《并购原理：收购、剥离和投资》这本书。作者成功地总结了几十年的经验，全面纵览交易所涉及的所有关键要素、参与者及各个部分。本书讲述了所有关于交易你想知道但从未大胆提问的内容。不论是入门新手还是专业人士，均可从该书中汲取经验。不论是谁，处于何种水平，只要想让专家以一种清晰明了且可操作的方式讲解复杂的并购概念，那么你都应当阅读本书。"

——比亚尔恩·P.特尔曼，培生集团总法律顾问兼首席法务官

"《并购原理：收购、剥离和投资》为了解战略交易过程提供了一个全面详尽的视角。不论是任何怀有抱负的专业并购人士，还是在商业领域有可能参与企业收购或出售的人士，都需要阅读本书。本书作者在全面思考的基础上提出了正确的操作方法。"

——贾斯汀·高德曼，MediaMath企业发展副总裁

经济瞭望译丛

MERGERS AND ACQUISITIONS BASICS
The Key Steps of Acquisitions, Divestitures, and Investments
Second Ecition

MICHAEL E. S. FRANKEL   LARRY H. FORMAN

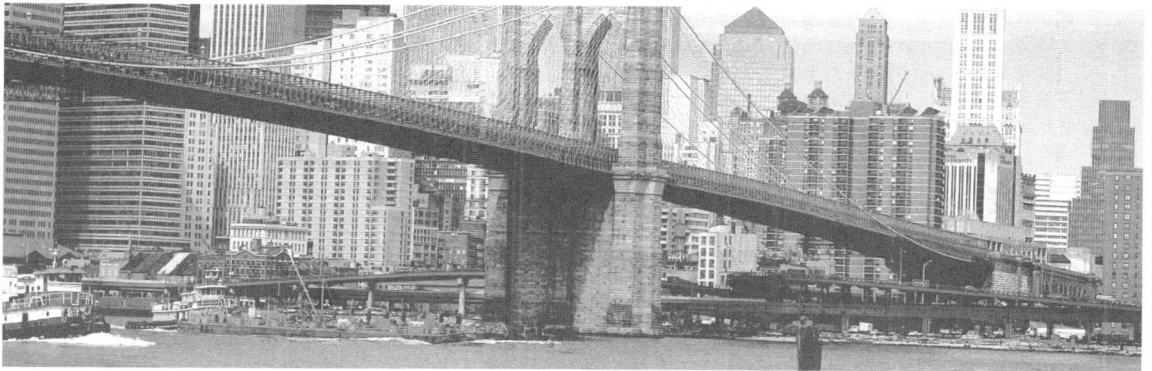

并购原理
收购、剥离和投资
第二版

〔美〕迈克尔·E.S.弗兰克尔 拉里·H.福尔曼 著

曹建海 化冰 郭文 李妙然 译

东北财经大学出版社 大连
Dongbei University of Finance & Economics Press

WILEY

辽宁省版权局著作权合同登记号：图字06-2017-229号

图书在版编目（CIP）数据

并购原理：收购、剥离和投资（第二版）/（美）迈克尔·E.S.弗兰克尔，（美）拉里·H.福尔曼著；曹建海等译．一大连：东北财经大学出版社，2018.7
（经济瞭望译丛）
ISBN 978-7-5654-3175-3

Ⅰ．并… Ⅱ．①迈…②拉…③曹… Ⅲ．企业兼并-研究 Ⅳ．F271.4

中国版本图书馆CIP数据核字（2018）第112862号

东北财经大学出版社出版发行
　大连市黑石礁尖山街217号　邮政编码　116025
　网　　址：http：//www．dufep．cn
　读者信箱：dufep @ dufe．edu．cn
大连图腾彩色印刷有限公司印刷

幅面尺寸：170mm×240mm　字数：290千字　印张：20
2018年7月第1版　　　　　2018年7月第1次印刷
责任编辑：刘东威　　　　　责任校对：清　灵
封面设计：冀贵收　　　　　版式设计：钟福建
定价：56.00元

教学支持　售后服务　　联系电话：（0411）84710309
版权所有　侵权必究　　举报电话：（0411）84710523
如有印装质量问题，请联系营销部：（0411）84710711

序　言

　　从本质上来说，商业是不断变化的客体，这是由于市场和商业运作方式是不断展开、变化和发展的。对于研究商业者而言，本书是新的信息资源；对于商业运作的参与者而言，本书是可以带来持续的、一连串新挑战和新机会的源泉。虽然交易、买卖、协议或合同与商业同样古老，但近几十年来，各种有关控制公司实体的交易变得更为普遍了。

　　合并、收购、剥离、股权和风险投资就是我在本书中提到的所有形式的战略交易。战略交易在几个方面是非常独特的。与其他商业合同和协议不同，战略交易是公司的重大事件，并且常常意味着一个公司作为独立实体的终结，或者至少是该公司的管理、所有权或命运方面的重大变化。

　　从20世纪70年代起，战略交易从稀有事件逐渐演变为普遍的商业活动。现在，大多数的大公司，都正在积极准备收购，而大部分小公司或私人公司则认为自己有可能被兼并。作为战略交易的形式，私募股权和风险资本投资成为新兴的、发展中的企业大量且不断增加的资本来源。

　　由于战略交易成为普遍的、流行的商业工具，社会上逐渐形成了一个专门管理和执行这些交易的阶层。这些专业顾问如投资银行家、律师及咨询师，擅长组织和执行战略交易。现在，顾问职业中这部分专业人士的比重比以往任何时候都大。

更重要的是，公司内部也逐渐形成了一个善于执行战略交易的专业人士阶层。这些专业人士中，有的是在他们做投资银行家和律师的经历中获得这种专业技能的，有的是在公司逐渐培养的。现在可以肯定的是，战略交易已经像市场营销、金融和公司运营一样，成为一个明确而公认的商业专业领域。甚至我们可以设想，越来越多的交易专家会更多地使用战略交易这种商业工具；反过来，战略交易活动又会促使更多的交易专家产生，如此就形成了良性循环。

除了在公司内外从事交易的专业人士有所增加外，参与战略交易的职业经理人队伍也在壮大。现在大多数经理或公司主管都或多或少参与过一次收购、剥离或者其他战略交易。

考虑到许多已经出版的此类图书，都是由法律、金融和会计专业人士在精心研究战略交易的技巧和特征后撰写的，因此，本书的宗旨不是要提供关于战略交易的综合论述，而是为读者提供一个初级读本，以及关于大部分交易的关键步骤和一般特征的全面纵览。

我希望本书的读者不仅包括那些准备成为战略交易专业人士的年轻人，而且包括更多的参与交易的商业主管。对于那些年轻的投资银行家、律师或者咨询师来说，本书可以为他们理解战略交易提供一个基础，从而逐渐积累更深层次的专业知识和技能；对于那些商业主管和经理来说，本书能够给他们提供一个完整、通俗易懂的概述，从而帮助他们处理交易，并理解他们在其中的责任。

本书力图通俗易懂，同时也采用一些幽默诙谐的方式来讨论这个严肃而复杂的话题。读者浏览本书时，可能正面对一些或众多交易，希望他们不仅能学好这门至关重要的课程，以确保他们能获得成功，而且能够分享我在从事交易和创建公司时，从挑战和难题中发现的巨大乐趣。

致 谢

　　本书是笔者经过几个月撰写的成果，更是多年工作和大量交易的总结。在这里，我希望与大家分享的知识来自我十多年的工作经历，更来自无数聪明、有造诣、有才华、友善的专业人士的奉献。我的同事、客户，以及通用电气（GE）、威瑞信（VeriSign）、美林（Merrill Lynch）、世达律师事务所（Skadden，Arps）和芝加哥商品交易所（Chicago Mercantile Exchange）的朋友们给予了我指导、支持和帮助，对此我非常感激。

　　没有 Shayna Klopott 的帮助和智慧，以及 Gail Nurnberger 的鼎力协助，本书是不可能完成的。我也要感谢我的家人，Ernst、Tamar、Ray、Inna、John、Betsy、Patty、Joan，还有 Anat，他们的善意和才智如同在我的生活中无所不在一样，贯穿于全书当中。

　　当然，所有的智慧和见解都归功于我与这些人之间的交流，所有的错误和过失都是我自己造成的。

目　录

第1章 绪 论

　　并购、交易、收购、杠杆收购、管理层收购、私募股权、风险投资、公司发展，以及无数其他的术语，都是用来描述从根本上改变一个公司的性质或方针、控制权的大型交易。虽然这些不同类型的交易之间存在着许多差别，但是它们都有一个相同的思路。这些战略交易都涉及一个公司控制权的转移或变化，以及相应战略方向的变化。

　　一个公司在其生命周期当中，必然会面临许多不同类型的交易。公司会执行与供应商、顾客、合作伙伴、监管人、金融家签订的一些协议。在律师的眼中，经营一项事业，实际上就是在订立、遵守和终结一长串的契约义务。在任何给定的时间，大部分公司每天甚至是每小时都在订立新的协议、完成新的交易。

　　战略交易与这些交易有所不同。战略交易是能够从根本上改变一个公司，且对公司的兴衰周期产生强烈冲击的事件。通常战略交易改变的不仅是公司的经营者，而且包括公司将要实施的战略方向。它们有时候会把一个公众公司私有化，或者把一个独立的公司实体变成一个小的附属机构。完全收购是最广为人知的战略交易，它有很多约变换形式。然而，所有的战略交易都有很多的共同点：它们都会涉及公司控制权的实质性变化或者完全改变，以及一大笔资金（或其他支付形式）的转手；它们都会涉及一个收购者，他想全面掌握公司的情况；最后，它们都会涉及一个出售者，他希望最大化其公司的价值，当然也会有其他的利益考虑，包括与即将订立合同的收购者建立长期的伙伴关系以及公司和员工的命运。

　　近几十年来，作为公司并购成长投资的一种替代性方案，或者当公司通过战略联盟来获得发展能力时，公司转向战略性交易并没有提供必要的控制和经济价值。从私募股权投资以各种各样形式增长，到大中型企业都增加对收购这种扩张工具的使用，可以看出，战略交易已成为生意场上极为标准和普通的一部分，成为大型和小型企业成长的助推燃料。在美国，无论是收购的数量，还是平均交易的规模，都有一个长期增长的趋势。图1-1表明，尽管2001年和2002年科技泡沫破灭期间经济处于衰退状态，2007—2009年发生了金融危机（又称"大萧条"），但是在过去的20年，美国并购（以美元计）仍然呈现出巨大的上升趋势。最近，尽管2015年的交易量与2005年的交易量基本一致，但是在这10年期间，美国并购活动的总美元交易量以5.9%的复合年增长率（compounded annual growth rate，CAGR）不断增长。

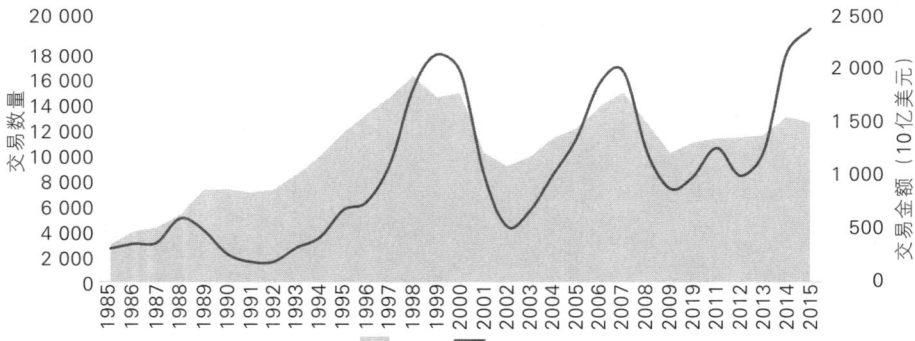

图1-1　美国并购活动历史

资料来源：https://imaa-institute.org/statistics-mergers-acquisitions/#Mergers-Acquisitions-United-States-of-America.

　　由于美元投资的增长，因此，通货膨胀可以对平均交易规模进行部分性解释，美元交易量的增长明确表明战略性交易继续成为美国公司发展的一个核心工具。最近的这种趋势表现更加明显。回看大萧条过后的那段时期，即2009—2015年，随着经济的复苏，交易量和用于交易的总美元数量分别以3.6%的复合年增长率和18.1%的复合年增长率增长。

许多当今美国大型的科技公司早期都是通过风险资本投资和私募股权投资获得资金的。许多大公司，包括名扬商界的IBM、通用电气和百事可乐，还有很多商界新星、比如，甲骨文、谷歌以及思科，都通过收购获得了重大发展（注：更多关于公司并购的讨论，请见第2章）。在2006—2016年这11年间，筹集的美国风险投资从364亿美元（2006年）增长至416亿美元（2016年），见图1-2。然而，在这期间，由于大萧条的影响，筹集的风险投资在2009年明显下降，并且直至2014年之前甚至都没有达到2007年的水平，即350亿美元。最近，美国的担保风险基金在2016年为416亿美元，与2015年的352亿美元相比增长了18.2%。在接下来的5年中，很可能会使用这些新资本。①

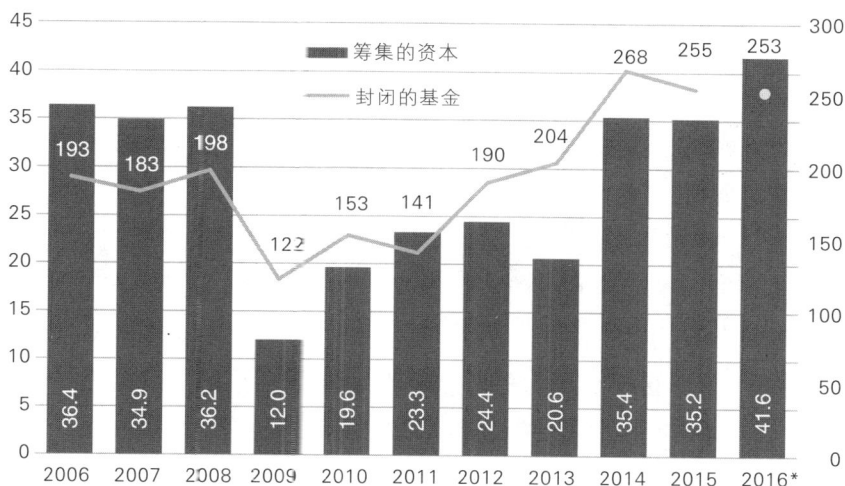

图1-2 美国风险资本承担（单位：10亿美元）

资料来源：NVCA 4Q 2016 US Venture Monitor，page 17，National Venture Capital Association.

① NVCA 4Q 2016 US Venture Monitor，page 17，National Venture Capital Association.

　　私募股本（PE）公司投资是并购活动的一种形式，因为私募股本（PE）公司通常对公司进行收购以用于其自身的投资证券组合。在上个10年（2006—2015年），尽管2007—2009年发生了大萧条，美国私人股本公司仍将其投资（并购活动）从2006年的4 870亿美元增至2015年的6 320亿美元（见图1-3）。当我们环视全球并购活动的可用资本（所谓的"干粉"，即可用于投资的现金总额）时，出现了相同的模式。最近的记录显示，2015年末的可用资本为13 070亿美元，由2006年的8 000亿美元增长而来（见图1-4）。有迹象清楚地表明，随着这些资金最终被用于整个全球经济的各个行业中，并购活动将持续增长。

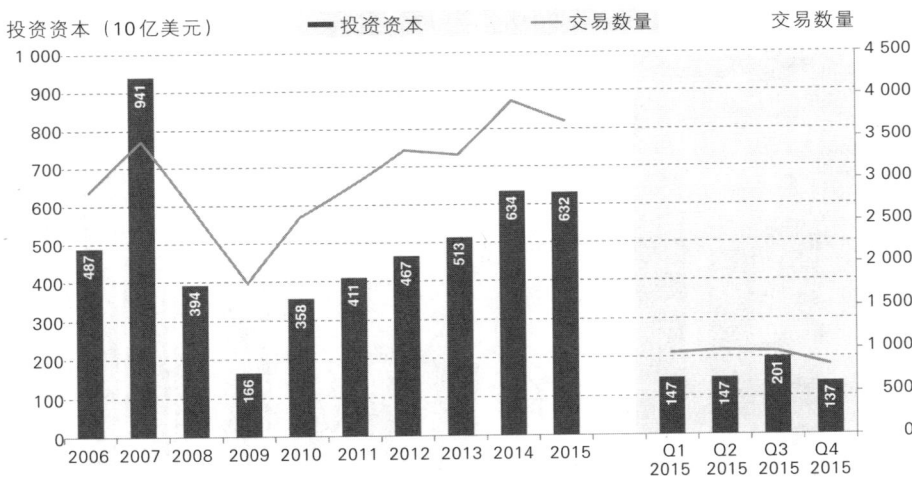

图1-3　美国私人股本投资（单位：10亿美元）

资料来源：Private Equity Growth Capital Council website （now the American Investment Council）.

　　但是，战略交易绝不是无风险的演练，相反，它是高风险的源头。当战略交易成功的时候，它们是急剧、快速增长的源泉；当战略交易失败的时候，它们成为公司的一项巨大消耗。在广为人知的"赢者诅咒"中，许多研究发现，

可用于投资
的资本金额
(单位：10
亿美元)

■ 全部买下　■ 增长资本　■ 不良私人股本　■ 夹层融资　■ 其他　■ 不动产　■ 风险资本

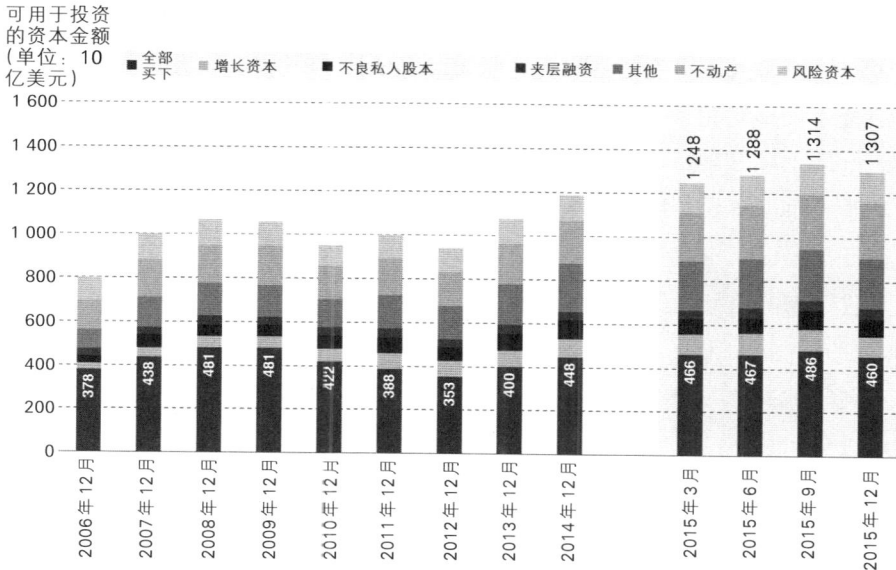

图1-4　全球私人股本可用于投资的资本金额

资料来源：Private Equity Growth Council website.

来自交易的大部分价值最终落到了出售者手中，而不是收购者手中。[1]这种失败通常源于预期的成本和收益的协同效应与实际结果之间的巨大差异。在一些情形中，失败源于乐观预期；而在另一些情形中，则是源于未能有效地执行整合计划。[2]一项研究发现，在所有被研究的交易中，64%的收购者的股东价值遭受损失。[3]

[1]　Scott Christofferson, Robert McNish, and Diane Sias, "Where Mergers Go Wrong," McKinsey Quarterly 2 (May 2004), p.2.

[2]　同上。这些作者发现，在研究的所有交易中，有70%的收购者未能实现预期的收入协同效应水平，并且有25%的收购者大大高估了成本协同效应。

[3]　"在美国1985—2000年期间发生的277个大型并购交易中，64%的收购者的股东发生了价值毁灭。有趣的是，1985—2000年经济萧条或者低速增长的时期内，合并的效果却比经济比较好的时候进行的合并效果要好很多。" In "The Return of the Deal," The Economist 368, issue 8332 (July 10, 2003), p.57.

　　本书将会提供关于战略交易关键步骤的全面纵览，同时也提供有助于读者有效地处理和执行一项交易的重要经验。对于收购者和出售者，本书的许多章节都会单独地讨论。对于战略交易中的每一位参与者来说，理解这两者的行为，也是非常重要的。由于一方没有充分理解另一方，或者当事人之间没有达成最佳的协议条款，战略交易经常受阻。收购者应该了解出售者的需要，并将其在投标中反映出来；出售者也需要了解收购者的目标，并尽力使自己的公司满足收购者的目标。这样不仅有助于完成交易，而且在大多数情况下会达成对双方都有利的结果。

　　关于战略交易非常有趣的一点是：它具有"1+1=3"的潜力。也就是说，收购者与出售者的联合，可以创造可供分享的附加价值。例如，一个投资不足的公司，一旦被一个有更多资金可供使用的大型母公司收购，就可以获得意想不到的更好结果。类似的，当一个拥有一项创新产品的小型科技公司和一个拥有市场影响的大型电子制造商联合，就会拥有更大的价值。无论如何，正是由于战略交易本身，才创造了交易双方都无法单独拥有的附加价值。创造这样的价值的关键之一，就是清楚地了解对方的目标、挑战以及流程。了解收购者可以让你成为一个更有效的、成功的出售者，反之亦然。①

　　第2章研究战略交易中所有的关键参与者，讨论每一方当事人的角色以及他们的动机和目标。这一章也会区分组织目标与公司管理者的个人目标。第3章要讨论收购与出售的决策。许多条款以及交易程序的性质，都由交易的买方和卖方做出的根本决策来决定。第4章讨论收购者交易前的准备工作。第5章讨论出售者交易前的准备工作。在战略交易的准备工作中投入时间和资源，可以创造出意想不到的收益。若涉及的资金金额巨大，则在准备工作中的恰当投入，常常是非常有价值的投资。

　　第6章讨论交易的流程。鉴于战略交易的复杂性，交易流程如何设计，会

---

① 关于这个话题的更加详细的讨论，请参见 Michael E. S. Frankel，Deal Teams：The Roles and Motivations of Management Team Members，Investment Bankers，Venture Capitalists and Lawyers in Negotiations，Mergers，Acquisitions and Equity Investments（Boston：Aspatore，2004）.

直接影响交易的成败。第7章集中讨论战略交易的核心——尽职调查。在这一阶段，收购者希望在相对较短的时间里，充分、细致地了解要出售的公司，从而确保收购价是合理的，它的成长、扩张或者改善自身业务的计划是可行的。这也是出售者提高资产价值和消除收购者所有疑虑的一个机会。有效的尽职调查是避免交易完成后后悔的关键。如果没有适当的尽职调查，收购者就不可能得到有吸引力且有利可图的公司，甚至收购到的公司可能与收购者的预想完全不同。

第8章讨论估价，这是战略交易争议的核心。估价是用一个单独的数字或者是一小排数字表示的，在这些数字背后隐藏着复杂而不确定的过程。这个过程既是艺术，又是科学。第9章讨论整合计划，这是一个常常被忽略的问题。对于大部分收购者而言，有效的整合计划正是战略交易成败的关键。虽然整合是在交易完成之后才进行的，但是整合计划是交易本身不可或缺的一部分，并会提示上面刚刚提到的其他部分（估价、尽职调查，甚至是收购决策）的信息，确保在交易达成之后，能够快速而有效地实施整合。这一章也会涉及收购者将会面对的融资问题。虽然一些收购者有充足的资金进行战略交易，但在通常情况下，多数大型的和比较特殊的交易，都需要从外部融资，这对收购者和出售者都有较大的影响。第10章也会探讨上述融资问题。

最后，第11章讨论达成交易的一些技巧，以及交易完成之后的一些收尾问题。每一项交易都是独特的、确定的，都需要为其量身定做的文件。也就是说，开始阶段准备一些衡量标准、表格和清单是非常有用的。在附录里，我们提供了一些报告实例、清单、程序图、术语表，以帮助读者充实交易过程。

战略交易中的关键步骤、挑战和流程都是非常相似的。本书集中讨论了最普遍的情况，即对整个公司的收购，其中大部分内容也适用于那些涉及对一个公司进行战略投资的交易。

第2章　参与者

如果你不了解战略交易中的参与者，不了解他们的角色、动机以及交易运作的方式，你就无法真正地了解战略交易本身。除了收购者和出售者，还有许多实体参与到战略交易中来。在这些实体之外，对个体的考虑，也是非常重要的。在诸多案例中，一个实体中的个体及其动机对交易也是有实质影响的。这一章我们将讨论战略交易中的主要参与者，他们所扮演的角色、他们的动机以及如何管理他们。①

2.1　收购者

在本书中，"收购者"是一个实体，而不是可以代表实体的个体。在后面的章节里，我们会简要描述你的谈判对手。理论上，为实体工作的个体应该完全代表实体的利益，但实际上往往并非如此。在这一节中，我们把收购方看作是一个尽可能最大化自身和股东利益的公司实体。

---

① 关于这个话题的更加详细的讨论,请参见 Michael E. S. Frankel, Deal Teams: The Roles and Motivations of Management Team Members, Investment Bankers, Venture Capitalists and Lawyers in Negotiations, Mergers, Acquisitions and Equity Investments (Boston: Aspatore, 2004).

不同模式的收购者，自然会有不同的目标和动机。与一个收购者谈判时，了解收购方的商业模式及其优先考虑的因素是非常重要的。类似的，作为一个收购者，首先确定你优先考虑的因素同样重要，这样可以确保该战略交易符合你公司的特定目标。

2.1.1 战略收购者

谈到战略收购者，人们尝常提及那些利用收购来支撑其糟糕业务的公司。对战略收购者较好和较广义的定义是那些打算通过购买，对自身拥有的其他业务进行某种方式的巩固、链接或整合的经济实体。战略收购者和财务收购者是截然不同的。战略收购者一般要权衡收购对公司既有业务的影响以及公司既有业务对收购业务的影响来进行决策。这些影响可从广泛的意义上定义为协同。在第 8 章，我们将详细讨论协同效应，但是目前你只要认为协同就是 "1+1=3" 的运用就够了。战略收购者能够通过一次收购来发现协同，从这个意义上来说，他拥有内在的优势。从结果上看，他可能花 10 美元买了一件东西，但是由于购买和有效的整合，可以让这件东西值 11 美元。但是，正如下面要讨论的，协同在这里被假设为有效整合。但与绝大多数的收购预期相比，这是一项足以令人沮丧无比的艰巨任务。

战略收购者还拥有一个额外的优势。除非他们想要收购一个全新领域的公司，战略收购者一般会对收购对象的业务、运营和客户有更清楚的了解和更深的认知。一个战略收购者也会在评价一项收购或考虑整合面对的挑战时，号召自己的员工提供详细的专业建议。

1. "职业玩家"

对于大多数公司而言，收购已经成为一个标准的商业工具。许多公司如思科、谷歌、惠普和甲骨文等都通过收购和有效的整合而获得了增长。事实上，在截至目前的十大科技收购中，甲骨文收购了仁科（103 亿美元）和太阳微系统公司（74 亿美元），惠普收购了康柏电脑公司（186 亿美元）、美国 EDS 公司（139 亿美元）和英国 Autonomy 软件公司（102 亿美元），而谷歌收购了摩托罗拉移动（125亿美元）。①谷歌，作为一家连环收购者，自其2001年进行首次收购后，目前已收购了180多家公司。②但是，科技领域并不是并购的唯一活动领域。2010—2013年间，医疗保健市场的一些大型公司进行了多项交易，其中，美国通用电气公司完成了10个收购，辉瑞完成了7个收购，而美敦力公司则完成了6个收购。③表2-1列出了最活跃的医疗保健收购。

表2-1　　2010—2013年间最活跃的医疗保健公司收购者 - 投资者

公司	股份代号	投资数	收购数	合计
诺和集团	NYSE（纽约证券交易所）：NVO	51	1	52
美国强生公司	NYSE：JNJ	41	3	44
诺和华公司	NYSE：NVS	39	1	40
葛兰索史克	NYSE：GSK	34	4	38
辉瑞	NYSE：PFE	23	7	30
通用电气	NYSE：GE	18	10	28
罗氏控股	瑞士证券交易所：ROG	16	4	19
美敦力公司	NYSE：MDT	14	6	20
礼来制药厂公司	NYSE：LLY	16	3	19
凯撒医疗集团	不详	19	0	19

资料来源：cbinsights.com.

科技领域一直在收购许多私人公司。直至2014年09月，"与已发生的200多个收购相比，2009年几大顶级科技收购者又完成了55个私人公司收购"（见图2-1）。④"有5大公司的收购排名每年都非常一致地名列前茅：谷歌、脸书、

---

① Entrepreneur.com，article 239540，http://www.techrepublic.com/article/the-10-largest-tech-acquisitions-of-all-time/.

② https://en.wikipedia.org/wiki/List_of_mergers_and_acquisitions_by_Alphabet.

③ CBInsights.com（www.cbinsights.com/blog/tech-acquirers-private-companies）.

④ CBInsights.com（www.cbinsights.com/blog/tech-acquirers-private-companies）.

IBM、思科以及 3D 系统。"[①]表 2-2 包含一项 2013—2015 年间宣布的最大交易列表，其中这些交易额从 100 亿美元至 1 910 亿美元不等，同时也代表了一大批不同的行业领域。值得注意的有趣的事情是，由于监管或者其他原因，这些交易并没有全部完成。例如，时代华纳有线电视公司并没有向宣布的那样在 2014 年被康卡斯特收购，但是在 2015 年，特许通讯公司宣布对时代华纳有线电视公司进行收购，该公司于 2016 年倒闭。Williams-Energy 于 2015 年宣布进行转让股权交易，但是该公司于 2016 年倒闭。2015 年宣布的 Anthem-Cigna 交易因反垄断问题而被司法部门阻断。截至 2016 年 9 月，它仍处于不稳定状态。虽然这些大型收购带来了各种相关挑战，但是，每天仍然会继续宣布有新的收购活动。

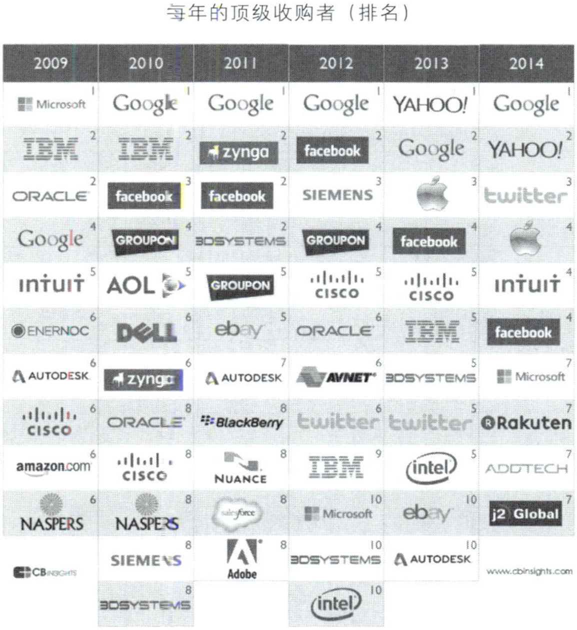

每年的顶级收购者（排名）

图 2-1　2009—2014 年间的顶级科技收购者

资料来源：https://www.cbinsights.com/blog/tech-acquirers-private-companies/.

---

① CBInsights.com（www.cbinsights.com/blog/tech-acquirers-private-companies）.

表 2-2 2013—2015 年间宣布的大型并购交易

2015年大型并购交易排名	公司	行业	价格（10亿美元）
10	易趣和贝宝	计算机	47
9	美国 Anthem 公司和信诺	医疗保健	48
8	亨氏食品公司和美国卡夫食品公司	食品加工	55
7	能源转换股权公司和美国威廉姆斯公司	能源	56
6	美国戴尔公司和晚安信公司	科技	66
5	陶氏化学公司和杜邦公司	化学制品	68
4	特许通讯公司和时代华纳有线电视公司	通信	78
3	皇家荷兰壳牌石油集团和英国天然气集团	能源	81
2	安海斯-布什英博集团和南非米勒	饮料	120
1	辉瑞和美国艾尔建公司	制药	191
2014年大型并购交易排名	**公司**	**行业**	**价格（10亿美元）**
10	诺华制药公司&葛兰素史克	制药	20
9	脸书和 WhatsApp	计算机	22
8	阿特维斯公司和森林实验室公司	制药	25
7	美国雷诺兹公司和 Lorillard 公司	烟草	27
6	哈利伯顿公司和贝克休斯公司	石油服务	35
5	美敦力公司和柯惠医疗公司	医疗保健	43
4	阿特维斯公司和美国艾尔建公司	制药	66
3	美国电话电报公司和直播电视公司	通信	67
2	康卡斯特公司和时代华纳有限电视公司	通信	70
1	休斯敦管线公司和艾尔帕索管道公司	能源	76
2013年大型并购交易排名	**公司**	**行业**	**价格（10亿美元）**
10	应用材料公司和东京威力	半导体	10
9	光谱能源合伙公司和光谱能源	石油&天然气	9.8
8	美国航空公司和全美航空公司	航空	11
7	赛默飞世尔科技和美国生命技术公司	医疗保健	13
6	自由全体公司和英国维珍媒体	通信	16
5	阳狮集团和宏盟集团	广告&出版	17
4	康卡斯特和 NBC 环球媒体（来自美国通用电气公司）	通信	17
3	戴尔和银湖集团（私人股本公司）	计算机软件&硬件	25
2	伯克希尔哈撒韦公司&3G 合伙公司和亨氏食品	聚合物	23
1	威瑞森和沃达丰	通信	130

资料来源：CNBC.com and Investorplace.com.

"职业玩家"（repeat players）拥有一些超越其他战略收购者的先天优势。其中最明显、最有力的优势在于他们能够从经验、困难和错误中不断学习。通过不断的磨炼，"职业玩家"提高了在估价、谈判、达成交易和整合战略交易方面的能力。从中他们可以了解自己擅长什么、不擅长什么。在管理方面，由于不可避免地受到公司高层的注意和详细审查，"职业玩家"懂得如何快捷且有效地通过批准战略交易的公司内部程序。这里要表达的部分意思是，"职业玩家"的高层和董事会会对战略交易固有的风险和不稳定性比较适应。"职业玩家"当然也会对员工进行专门的专业技能培训。他们通常拥有专门的交易团队以及标准的程序、文件和模式。更重要的是，"职业玩家"常常在主要管理层和员工中发展一种对战略收购角色和宗旨的一般认识，这样就可以降低由于调动资源以完成交易、整合交易而给组织和员工带来的伤害。

2.新手和一次性收购者

如同生活中的其他事一样，做交易总会有第一次。一些公司的第一次战略交易也许就是成为"职业玩家"——连续收购者的第一步。对另外一些公司来说，一次战略交易就是一个例外或一次性事件，一般不太可能重复。当然也有第三类公司——机会收购者。机会收购者不像首次收购者那样单纯和无准备，但他们也不具备"职业玩家"所拥有的基础条件、经验和能力。

相对于"职业玩家"来说，一项战略交易在首次收购者看来更令人畏惧、更具风险性。它会耗费更多的资金，且在公司资源投入、吸引高层和董事会关注方面也会更为突出。本书余下部分的大部分篇幅将致力于讨论战略交易的各个部分，以及收购者或出售者进行交易时需要具备哪些方面的能力。首次收购者往往非常缺乏甚至是全然缺乏能力和技术。首次收购者面临的挑战是，要克服在提高交易能力的过程中碰到的"路障"。首次收购者还必须克服核心业务发生剧变时的恐惧和疑虑：以巨额负债的代价把自己置身于并不是特别熟悉的行业，这是一种赌博。对于许多公司来说，发展交易能力、适应交易风险过程中遇到的"路障"盖过了交易的吸引力。

如果一个首次收购者决定进行战略交易，那么小心地、有准备地，同时让高层和董事会成员充分了解这个特殊成长工具所固有的风险和不确定性，是至关重要的。

首次收购者进行交易时通常会采用公司内部专家的意见。即使一家公司从没有进行过战略交易，公司的许多管理者和高级经理也通常拥有过去在其他公司任职时的交易经验。也就是说，首次收购者通常会认为战略交易是痛苦的、令人身心疲惫的。高层和董事会成员会发现交易固有的风险而不予接受，员工会对交易和后续整合产生的不确定性产生畏惧。虽然"职业玩家"在对交易估价的时候表现得非常果断和高效，但首次收购者做出决策常常十分缓慢，且对投标犹豫不决。通常情况下，许多首次收购者都是在对大量交易研究了很长一段时间后，才会比较轻松地真正执行战略交易。

2.1.2 财务收购者

战略收购者把收购目标看作充实现有业务的一个部分。相对而言，财务收购者则把收购目标看作可以独立生存的公司，通过改善其运营状况、赋予其新生活力或者调整其资本结构后再出售，从而获得可观的收益。对于财务收购者来说，也会有明显的例外，比如他们可能会耐心行事，收购相互关联且可以整合的多项业务。财务收购者也分很多类型，他们分别关注不同的交易规模、不同的交易结构，以及不同的行业。广而言之，所有的财务收购者都是利用某种形式的投资者资本去收购目标公司的控制权，并以出售目标公司获得利润为最终目的。[①]

与战略收购者相比，财务收购者的交易从根本上面临着两大挑战。第一，投资者和财务收购者通常期望投资有很高回报率的公司。"很高"通常意味着回报率要超过他们在开放市场上对类似公司进行投资的回报率。第二，在大多数情况下，财务收购者可能无法发现战略收购者能够发现的协同作用，这样当他们与战略收购者竞标时，必然会处于劣势地位。现在，我们简要地讨论一下财务收购者的几种类型。

---

① 收购者持有被收购公司的时间范围根据收购者所依据的收购类型和模式的不同而不同。通常来讲，收购者可对被收购公司享有几年的控制权。其中有一些收购者在交易两年后就尽快将所收购的公司进行出售，而其他收购者则将所收购的公司作为其证券投资组合中的一部分,持有长达五年甚至更久。

1. 私募股权公司

私募股权公司有很多类型。一般情况下，私募股权公司是将大的机构投资者和私人投资者手中的资本集中起来，然后对一个公司组合进行选择性投资。虽然一些私募股权公司只在这些私人公司中拥有少量股份，但多数公司会收购投资组合中的公司的控制权或有效控制权。根据"口味"的不同，私募股权公司可以分为很多类型。一些私募股权公司关注于大公司的大笔投资。其他的"风险投资"公司关注于收购创业期公司的股份。还有一种类型，就是杠杆收购（LBO）基金，其用大量现金收购公司，前提是能够借入占收购总价大部分的资金（也就是"杠杆交易"）。

2. 管理层收购

在一些情况下，一个私募股权公司会和一个管理团队合作收购一个公司。如果收购的对象是一个公众公司，私募股权公司可以从公开市场上购买股份并将其私有化。当然，收购的对象也可能只是公众公司或私人公司的一个部门，由和私募股权公司合作的管理团队从母公司收购来，而后自己进行独立运转。无论如何，最后的结果都是一个公司被私募股权公司和管理团队的联合体给收购了。与传统私募股权交易中管理团队只能得到少量股权不同，在管理层收购（MBO）中，管理团队很可能在收购中获得被收购公司的大部分股权。

2.2　出售者

与多次从事战略交易的收购者不同，出售者一般是一次性的参与者。虽然也有例外情况，但出售决策是公司所能做的唯一的、最终的决策。实际上，出售公司是股东的最后一步。一旦公司被出售，就失去了其独立实体的本质，变为另外一个公司的附属机构，或者被整个归入现有业务之中。无论如何，它失去了作为独立公司的许多特性。从财务角度来看，出售公司的确是股东的最后一步。如果他们收到的是现金，那么就彻底地切断了他们与公司之间的关系。即使他们收到股票，在一个比较大的公司里，他们也只能算是无关紧要的小股东。当然，后者中也不乏例外的情况。比如，出售公司的股东得到大量母公司的股票。在第8章分析交易货币时，我们会进一步探讨这类情况。另一种例外涉及的是部分资产出售者。下面，我们将出售者划分为三类：（1）部分资产出售者；（2）完全出售者；（3）非意愿出售者。

2.2.1 部分资产出售者

许多战略交易可能只涉及一个公司的一部分，而不是全部。在一些情况下，这是一系列战略交易的第一步，最后公司会被全部售出。在其他情况下，收购者只能拥有公司的一小部分股份，而不能收购整个公司。对于出售者而言，部分出售要么是全部出售的前奏，要么就是最后的交易。这样看来，部分出售可以看作是一种融资手段。不同于公众公司在公开市场出售股份或者一家私人公司把股份卖给大量投资者，部分资产出售者可以把公司的大部分股份出售给一个收购者而获得资金。对于部分资产出售者而言，这种方式可以提供促进公司成长的资本，或者为一些现有股东提供资产变现的机会。部分资产出售者也可以尝试与部分资产收购者建立牢固的关系。比如，一个小型制造企业试图巩固与（作为其主要销售渠道的）大型零售商之间的关系，通过使零售商投资该企业并拥有一部分股份，从而激发零售商继续销售其产品的欲望。因此，除了能获得现金以外，部分资产出售者还试图通过交易建立与收购公司之间的关系。

大多数部分资产出售者是私人公司。私人公司在公开市场上只能有限度地出售债权，不能出售股权。因此，把部分资产出售给一个独立的大型收购者，对私人公司而言是一种非常有吸引力的筹资方式。在一些情况下，公众公司也可以选择部分出售。近几年，公众公司私募（Private Investment in Public Equities，PIPES）交易变得非常普遍。在公众公司私募交易中，公众公司可以将少数股权出售给一个预先安排的收购者。对于所有部分资产出售者而言，要记住，其与完全出售者的区别在于，交易并不意味着公司实体的消亡，尽管有一个全新的、具有强大和潜在影响力的股东，公司依然会继续运营下去。

2.2.2 完全出售者

"完全出售者"这个术语，在本书中就是指传统意义上的公司出售。在这种情况下，公司被全部出售。这是出售者股东和高层的最后一步。关于出售决策，我们会在后面作详细的探讨，但是出售者需谨记的是，这是第一次交易，也是最后一次交易。出售者在做出出售决策时，同样也需要经历一段复杂而又细致的过程。当出售公司会达到股东价值最大化时，出售者的管理层和董事会将做出出售决策，具体原因我们将在第3章讨论。

2.2.3 非情愿出售者

最后一种是比较罕见的，但却是非常重要的一类出售者。在大多数情况下，战略交易是在收购者管理层的鼓动下，至少是热情支持下实现的。但是，在某些情况下，战略交易是"强加于"目标公司的——恶意收购。在恶意收购中，收购者会绕过出售者的管理层和董事会，直接要求出售者的股东售出他们的股份。在大多数情况下，收购者首先会和出售者的管理层和董事会协商，只有在被回绝之后，才会绕过它们进行交易。无论如何，在恶意收购中，出售者的管理层和董事会会抵触交易，并在"心灵和精神"层面与公司股东相对抗。正如下面要讨论的，非情愿出售的公司行为与主动出售公司的非常不同。恶意收购与其他战略交易在很多方面也不相同。关于恶意收购的策略和程序，有大量的、深刻的文献可供参考。①本书将集中讨论"善意"收购，但是铭记这类恶意收购和非情愿出售者，也是十分重要的。

2.3 投资者/所有者

本书已经提到了收购者和出售者这两个在战略交易中涉及的实体，接下来本节将讨论另外一些实体或个体。他们是收购者或出售者的组成部分，或是在战略交易中协助买家或卖家的实体或个体。在这点上，分析法人实体与个体的区别是非常有益的。公司是可以采取"行动"的法人实体，但是归根结底，是

---

① 比较好的例子有：Meredith Brown, Ralph Ferrara, Paul Bird, and Gary Kubek, Takeovers A Strategic Guide to Mergers and Acquisitions (New York: Aspen, 2001); Lou Kling and Eileen Simon, Negotiated Acquisitions of Companies, Subsidiaries and Divisions (New York: Law Journal Seminars, 1992); and Philippe Very, Management of Mergers and Acquisitions (Hoboken, NJ: John Wiley & Sons, 2004).

由许多不同的群体组成的，而这些群体又是由个体组成的。在战略交易过程中，买者与卖者的行为在很大程度上会受到那些个体和其他实体的动机、利益及看法的影响。[1]公司的投资者或所有者可以分为几种类型。考虑这个问题，可以从公司的演变过程入手，即从最初的设想、早期建立、不断成长，直到最后公开发售股票变为公众公司。本节将沿着这一过程，讨论不同类型的投资者和所有者。

2.3.1　企业家/创始人

就像火一样，每家公司的发展都是从一个小"火花"开始的。最初的火花可以是一个主意、一个产品、一个概念，甚至只是一个主题。[2]创始人就是执著于最初的火花，将火花转化成一项具体的计划并加以执行的人。在某些情况下，创始人会在事业走向成功时退出，将控制权交给职业经理人。在另外一些情况下，创始人会继续掌舵数年，甚至伴随公司成长周期执掌几十年。介于这两者之间的一种情形是，创始人可能将高层位置转交给职业经理人，而在管理团队中保留一个角色，譬如"首席战略官"。根据定义，创始人开创公司时100%拥有公司。当然，在早期阶段，这意味着他们除100%拥有公司外一无所有。当公司成熟并开始拥有价值时，甚至正巧被其他投资者投入资金稀释股权时，创始人通常会在公司中保留一定的股权比例（譬如，Larry Ellison甚至今天还保留了甲骨文接近27%的股份）。其结果是，在那些顺利成长的大型公司，对于公司是否进行战略交易，或何时进行战略交易，创始人都能发挥重大作用并拥有强有力的话语权。由于他们拥有公司的股权，加之他们的资历和在公司中扮演的持续角色，创始人通常能在董事会中占有一席之地。

考虑创始人在战略交易中的角色，必须记住交易中存在的多样化动机。作为多数股份的持有者，创始人肯定要寻求他们个人财富的最大化。然而，创始

---

[1]　关于这些不同活动者的角色和动机，其更加具体的细节见 Michael Frankel, Deal Teams: Roles and Motivations of Key Players in Mergers, Acquisitions and Equity Investments (Boston: Aspatore, 2004).

[2]　正如 JimCollins discusses 在他的著作 Good to Great (NewYork: Harper-Business, 2001) 所讨论的那样，许多伟大的公司都是在一般主题的基础上成立的，而不仅仅是某一特定产品。

人同时也受个人动机的驱使。就像看护着自己孩子长大一样，创始人对自己看着成长和进步的公司投入了许多感情。对于战略交易，创始人摇摆不定或是反对，是因为不清楚交易将怎样影响他所创立的公司。例如，当考虑是否将公司出售给强大的竞争对手时，创始人会有很复杂的情绪。即使创始人知道这笔交易会使公司价值达到最大化，他也不愿看见花费自己大半生奋斗而来的企业，成为某个大型实体的一个部分。大多数情况下，创始人认为他们建立了独特的企业文化或哲学，因而对可能冲淡或破坏企业文化的战略交易犹豫不决。创始人同样也会考虑战略交易将怎样影响他自己的日常生活。对于大多数创始人来说，公司不仅是一份工作、一份财产，也是他们的家和子女。当公司被收购后，创始人可能会失去自己的位置，甚至离开办公室。类似的，当一家公司收购其他公司时，创始人就会感觉自己的孩子在长大。能让公司规模扩大的收购，对于创始人而言，属于特殊的个人奖赏，因为他的精神和个人价值可以与公司的成功甚至规模紧密地联系在一起。[①]

在与创始人交易时，谨记这些非财务动机是非常必要的，因为在某些情况下，这些非财务动机甚至胜过了财务利益。譬如，向创始人承诺，交易后，他所创建的企业文化，或者他本人作为战略领导者的地位，都将保持不变，这对创始人来说比提高公司的购买价格更重要。类似的，要赢得一场收购，赞美创始人的战略、方法或产品的杰出，与论证收购仅有短期的财务利益相比较，更能激励人心。这并不是说创始人失去了理性，而是说创始人作为个人，像我们所有人一样，可能在个人因素、财务目标和经济绩效之间摇摆不定。

2.3.2 私募股权

在发展的特定阶段，几乎所有公司都需要外部资本。在多数情况下，公司由创始人投入资金启动，在少数情况下，公司的迅速发展能为自身提供足够的资金支持。在大多数的情况下，特别是大型的、发展迅速的公司，尽早注入资

---

① 正如您将在本章节"公司员工"一节看到的那样,这些事情中大部分可以说是属于高级管理层甚至是董事会所决定的事情。

本对于公司发展是必要的。在公司的发展过程中，从最初设立到最终进入公众市场之间，还存在着一个巨大的空间。公司业务规模仅由创始人投资不能长久支持并且又因太小而不能上市时，就会依靠私募股权和不时举债来筹资。在这里，"私募股权"在广义上是指公众市场外的投资。这些私募股权投资者可以分为四个大类：（1）天使投资；（2）风险投资；（3）传统私募股权；（4）杠杆收购/管理层收购投资者。

1.天使投资

在公司发展的早期阶段，有时候甚至在公司运营之前，创始人就开始寻求自有资源以外的资源。某些情况下是因为创始人缺少资金，而另一些情况下是因为创始人会尽量避免将他一生的积蓄全部放在充满风险的公司早期运营阶段。通常，创始人会先寻求熟人的帮助。从广义上来讲，天使投资者都是以个体身份（通常和创始人有着直接或间接的私人关系）在公司的早期阶段投入相对较少的资金。天使投资者可能是创始人的同学、朋友、家人，或者是创始人的商业伙伴。有时，创始人是通过别人介绍找到天使投资者的。天使投资者趋向于表现得像传统私人股权投资者，即如"私募股权"部分探讨的那样。然而，在此应牢记天使投资者有其独有的特点。由于与创始人有私人关系，天使投资者会受创始人兴趣和动机的影响。尽管他们的投入资金相对较少，但是，作为个体而言，这些投资可能占他们资本净值的大部分，结果，与大的机构投资者相比，他们会采用不同的财务计算方法。例如，一个天使投资者向刚创建的公司投入启动资金30万美元，可能就会有500万美元或者1 000万美元的净收益。如果30万美元不是孤注一掷，而且公司运营良好，则这笔投资可能价值100万美元到150万美元，公司的出售或者只是天使投资者持有的公司股权的出售，对于天使投资者来说，都可能是改变一生的大事。你只需要看看20世纪90年代末一些天使投资者向大型科技公司的投资，就会发现其财富急剧增长。

2.风险投资者

风险投资已经活跃了几十年了，而且在过去的15年中进入了新的阶段。风险投资公司通常是由少量专业人士组成的，这些专家会建立一个委托投资基金，资金来自机构投资者和一些非常富有的个人。风险投资公司的商业模式就是寻找一些有前途、处于早期发展阶段的公司，从事一系列投资，帮助这些公司发展和成长，并希望通过向公司少量投资能获得巨大的收益。按定义来讲，风险投资是进行棒球游戏的练习——"摇摆击球"。在风险投资公司的预期中，其投资资金中的大部分收益都不会很高，而小部分会产生适当的收益，只有极小的部分会产生惊人的收益。一些风险投资公司不同意这种看法，认为采取很保守的商业模式，能有效地获得双倍或三倍的收益。但是通常人们还是认为风险投资是相对高风险的行业，因为要投资于没有记录的、处于早期阶段的公司。更大的风险在于风险投资公司可能会去投资那些评级相对较低的公司。一旦投资，风险投资公司通常会尽力帮助这些公司成功。风险投资者会进入董事会，建立业内联系，甚至通常会向所投资的公司安插管理层员工。一些风险投资公司像日本的 Keiretsu①那样运营。那样运营这些公司会创建投资网络，以确保投资组合中的每家公司与其他相关的投资组合中的公司相互帮助从而取得成功（这与本章后面部分所探讨的其他私募股权公司是相同的）。

　　时至今日，风险投资公司与其投资者息息相关。为了筹集更多的资金需要展示绩效，有些情况下，风险投资公司甚至是运作其所筹集到的资金。绩效的两个评价指标是时间和数量。进行投资和取得收益之间的间隔时间越短越好。投资取得的收益越多越好。通常，这两个指标是矛盾的。当风险投资公司面临着卖出某投资组合中的公司股份的选择时，就必须平衡好所能立即取得的收益和将来有可能取得的更大的收益之间的关系。鉴于特殊的投资方式和多品种的投资组合，风险投资者和潜在卖家不得不考虑这种平衡。如果风险投资公司不能卖出其投资组合中的公司股份，那么将会面临来自投资者的压力，最终导致"资金流动事件"。这可能会驱使风险投资者在早期出售与继续投资这家公司之间做出权衡，正如在"一鸟在手"与"双鸟在林"之间做出权衡一样。与之相反的是，对于已经出售了很多投资组合中的公司或是最近有大量的投资资金流

---

① Keiretsu 被定义为根据协议而联合起来的一群公司，它们之间交叉持股，并为壮大其公司和提高盈利而共事和合作。

入的风险投资公司来说，它们可能不会有再出售一家投资组合中的公司的动机，取而代之的是公司继续得以成长，希望其今后产生更多的收益。

我们将会在后面部分讨论关于风险投资公司的最后一点，这一点也适用于其他私募股权公司。在大多数情况下，私募股权公司或风险投资公司的雇员和合伙人会以"利润分成"的形式来获得他们的多数财务收益。风险投资公司的合伙人可能有一个底薪，但他的大多数收益来源于其高端投资的股份。这样，通过投资组合中的公司，风险投资公司与私募股权公司的合伙人可以在战略交易中获得个人的财务收益。风险投资公司投资组合中的公司以极高的估值溢价出售之后，会立刻给其公司的合伙人带来意外的财务收益。因此，时间和回报对风险投资公司的影响会对公司的合伙人产生类似的派生影响。就个人财务层面而言，他们必须在出售公司获得的财务收益数额和收益所需的时间之间做出权衡。

3. 私募股权

许多被称为风险投资公司的公司也可被称为私募股权公司。它们的模式非常相似，但私募通常发生在公司发展的后期。人们常常使用"私募股权公司"这个词语。私募股权公司通常是投资于信誉卓著、具有成熟的商业模式的公司。最常见的模式就是对一个中等规模的私人公司进行股权投资。通常，这些公司要么是通过风险投资资金而获得发展的公司，要么是通过公司缓慢增长而获得发展的公司。最近几年，私募股权公司通常不投资于技术和软件公司，因为这些公司增长如此之迅速，以至于跳过了风险投资而直接过渡到上市。像风险投资公司一样，私募股权公司对公司进行大量的投资，帮助其成长和发展，最终出售或上市。某些情况下，风险投资公司可能通过其投资组合中的公司促成基金收购，但这并不太常见。与此形成对照，私募股权公司常常会为一个收购战略募集资金。这样，私募股权公司作为公司的投资者，既可以是买家也可以是卖家的情况就比较普遍。风险投资和私募股权的另一个不同，就是私募股权公司更有可能成为收购者本身。风险投资公司投资的公司在早期阶段通常仍然要依赖于其创始人以及管理团队。与之相反的是，私募股权公司可能会试图收购那些足够成熟的公司，这些公司的创始人已经离任或者退居二线。下面将会讨论在此基础上变化形成的管理层收购和杠杆收购。

私募股权公司与风险投资公司的动机基本相同。这些公司吸收大量的投资，购买公司股份，并尽力促使"资金流动事件"的发生，而在这些"资金流动事件"中，持有的公司股份往往能产生相当多的回报。像风险投资公司一样，私募股权公司关注时间与回报之间的平衡。二者之间最大的不同是所投资的公司的规模不同。私募股权公司倾向于对较为稳定的公司进行较大的投资，其所投资的公司，根据规模与成熟度，平均而言，既不太可能倒闭也不太可能获得巨大的收益。私募股权公司的收益在两倍到三倍之间，既不太可能被"三振出局"，也不太可能会打出"全垒打"。

4.杠杆收购与管理层收购公司

私募股权收购的一个变体是杠杆收购或管理层收购。杠杆收购仅仅是收购公司的过程，而购买价格是通过债务来筹集的。当一个公司相对成熟、稳定并且能产生稳定的现金流时，其筹集收购资金的主要方式是借贷，因为现金流可能用来偿还其债务。杠杆收购的买方获得的好处在于，能以相对较低的价格购得相对较大的公司。但其不利方面在于，公司在发展中将会被债务的高额利息所累，而且债务所有人比资产所有人优先获得投资回报。在某些方面，杠杆收购与在交易所购买期权或购买股票的保证金具有相同的财务属性。如果公司经营得好，则回报巨大；如果公司经营得不好，整个投资很快便付之东流。私募股权收购的另一个变体是管理层收购。在一个传统的杠杆收购中，一个像私募股权公司这样的机构依靠借贷来购买公司。管理层收购与传统的杠杆收购一样，管理层利用他们的自有资产和私募股权公司的贷款来收购公司。管理层收购的优点在于，拥有资深业务知识的管理团队从公司的成功中可以获得财务收益，因此，具有很强的激励效果。当然，管理层收购的成功必须建立在管理团队良好的运营能力和成功地改善公司状况的基础上。识别管理团队的成员具有的不同动机很重要。在许多方面，负责收购的管理层高管与公司创始人有着相同的立场。其结果是，他们接管一个公司，并且在他们的掌控下把公司作为一个新的实体来"重新运作"。无论是从财务方面还是从个人角度来看，管理者都与创始人很相似。

2.3.3 公众投资者

在公司生命周期的某一时点，许多公司会选择上市。首次公开发行带有某种神秘的性质，尤其是在过去的20年中。首次公开发行对公司、个人创业者以及早期投资者来说，是具有重大影响的事件，它与到目前为止所讨论的对私人公司所进行的早期投资并没有明显的区别。一个公众公司只是一个选择将公司股份售给大量不同投资者的私人公司，而这些投资者规范了公司的行为并与公司进行交流。美国的证券法，特别是1933年和1934年颁布的证券法规，[①]主要是用来保护投资者的，尤其是那些小投资者和不专业的投资者。一般来说，法规规定，一旦公司股票持有人中有超过35名的公众投资者，即认定这是一家公众公司，从而需要遵守大量的规则，尽管法律对投资者的数量没有进行限制，[②]但这些规则可以保证这些投资者了解有关公司绩效的确切信息。[③]

一旦一个公司上市，它的股份，事实上即是它的所有权，将会被大量的投资者所拥有。除了上述投资者外，还有两种公众投资者：个人投资者和机构投资者。[④]

2.3.4 个人投资者

个人或"零售"投资者构成了公众市场的主要部分。在过去几十年中，个人投资者的规模与活动都有所增长。平均而言，个人投资者拥有相当数量

---

① 1933年《证券管理条例》和1934年《证券交易法》。

② 一般来说，一个精明能干的投资者被称为受信投资者（accredited investor），是指通过了1933年《证券管理条例》中关于复杂性和细节讨论的几项不同测试的个人。对于受信投资者的最简单的测试就是在过去两年年收入至少为200 000美元或者净值超过100万美元的任何个人，但不包括其主要住所的价值。1933年《证券管理条例》中第501条准则中的D项规定。

③ 关于美国证券法的讨论在此处进行了过度简化。有丰富的文献提供了更多的有关上市公司规定的详细信息。优秀的例子包括：James Cox，Robert Hillman，and Donald Langevoorts，Securities Regulation（New York：Little Brown，1991）；关于此主题的明确论述，请参见 Louis Loss and Joel Seligman，Fundamentals of Securities Regulation（Boston：Aspen，1999）。

④ 请注意，机构投资者同时也可能是私人公司的投资者。在过去的20年间，越来越多的大型机构投资者如养老基金、共同基金以及保险公司等都开始对非上市公司进行投资。但是，由于固有的稳定性、上市公司的规模以及美国证券交易委员会（SEC）实施上市公司条例而提供的保护，这些大型的机构组织仍然倾向于将大部分资产投资于上市公司而非私人公司。

的股票，即使不是绝大部分，至少也是大多数公众公司的股票。最近的一项研究显示，通过对超过 7 000 家上市公司的调查发现，个人投资者拥有大约 70% 的流通股。①即使不是唯一的动机，个人投资者也是美国证券监管和证券交易委员会（SEC）运行的最大动机。因为这些投资者几乎都不是财务专家，他们对于市场或私人公司的财务绩效理解有限。他们几乎都是"上班族"，所以肯定不能对公司的绩效进行每日追踪，而机构投资者和私人投资者就可以做到。个人投资者依靠各种代理人来给他们提供关于市场和个别公司的观点及投资战略。这些来源包括经纪人、财经新闻报道，以及朋友和家人。

尽管很难概括如此多的人，但可以说个人投资者趋向于长期持有公司的股票。除了"每日交易者"，大多数个人投资者都会在购买股票后持有一段时间。然而，很明显的是，随着因特网给个人投资者带来实时数据和低成本交易，在过去的 10 年中，这种方式已经发生了变化。今天，就算个人投资者每季甚至每月核查其投资组合，都是不安全的。许多个人投资者每天核查一次，甚至每小时核查一次。由于个人投资者所拥有的经验不同，他们常常摇摆于各种新闻报道、趋势和类型之间，多数情况下是恐慌的。这并不是说恐慌不影响机构投资者。但是，对于个人投资者来说，因为他们对市场监控不够仔细，所以很难修正错误判断。这些都是个人观点，事实上很多人会认为个人投资者与多数机构投资者一样专业、精准。然而，有一点不同是明显的。个人投资者获得关于公众公司信息的方式主要是通过新的资料（在线的与离线的）和经纪人。这一点与机构投资者有着明显的不同。

2.3.5　机构投资者

从广义上来说，机构投资者是对公众市场进行主动和大规模投资的实体。这些实体包括保险公司、养老基金、共同基金、捐赠基金、非营利性组织，以

① Norbert Michel, 'Most Stocks Are Held by Private Investors," WebMemo #265 (Heritage Foundation, April 18, 2003).

及较富有的个人和家庭投资组织。[①]

　　不同的机构投资者基本上会有不同的动机和投资方法。有些是为了取得短期绩效，如共同基金；有些是为了取得长期绩效，如大学捐赠基金。机构投资者也会根据其对主动入主所投资公司的管理层的兴趣而做出调整。许多大的机构投资者专门避免囊括所有，而是选择最重要的方面进行投资。[②]有些机构投资者可能会避免在这些方面投资，因为这会引起与其他部分业务的利益冲突。例如，保诚保险公司可能会选择对像通用汽车这样的公司进行大量投资，同时成为该公司的保险服务提供者。其他的机构投资者可能选择避免进入公司的管理层，因为他们认为自己只是个人投资者的代理人。他们仅仅关注通过买卖证券使投资组合的价值最大化，而不是试图影响其所投资公司的管理。然而，其他的机构投资者选择在其拥有股份的公司的管理中发挥积极的作用。考虑到公司的规模，这些机构投资者可能持有大量的股票来代表股东行使投票权。在这种情况下，机构投资者会给公司的管理带来巨大的影响。在过去的几十年，一些大的机构投资者大多扮演着活动家的角色，运用投票权来影响投资组合中的公司的管理，比较典型的是国家养老基金。[③]一个非常好的例子是加州公务员退休系统（CalPERS），由其在20世纪90年代早期委托进行的一项研究显示，股票价格表现与加州公务员退休系统的积极参与有很强的相关性。[④]加州公务员退休系统已经变成了专门的活动家。例如，它投票否决了5个惠普公司的董

---

　　① 许多人往往会将机构投资者与一些实体如互保基金这样的共同基金联系在一起，或者与像保诚保险公司这样的保险公司联系在一起。但是，重要的一点是我们应该记住，大量的财富以及随之而来的投资，其持有者为其他实体，比如像哈佛大学捐赠基金这样的非营利机构，以及像加州公务员退休系统（称为"CalPERS"）这样的国家养老基金。

　　② 能够吸引最被动机构投资者关注这些问题的好的例子包括，公司出售、大规模合并或者会计丑闻。

　　③ Robin Sidel，"Money Managers Raise Activism Among Investors，" The Wall Street Journal（April 13，2001）.

　　④ 1993年的研究调查了1987—1992年期间的CalPERS的42家目标公司的业绩。结果表明，在CalPERS实施之前的5年，这些公司的股份价格比标准普尔500指数落后66%，但是在CalPERS实施之后的5年，这些公司的股份价格比标准普尔500指数高41%。"Why Corporate Governance Today? A Policy Statement，"（California Public Employees' Retirement System，August 14，1995）。

事，指出帕洛阿尔托电脑和打印机生产商与加州公务员退休系统的公司治理方针不一致。[1]

　　无论机构投资者是活动家还是被动的股东，一直很积极地管理着投资。不像个人投资者，机构投资者拥有全职的分析员团队来监控他们的投资组合，并做出买卖决定。与公众投资者相比，机构投资者通常有丰富的数据来源以供其做出决定。从理论上来讲，公众公司必须与所有投资者平等地共享信息，但在实践中，公司会通过非正式的渠道来与大的机构投资者进行交流，包括大的机构投资者和公司管理层之间一对一的会议，或是把机构投资者邀请到由投资银行主持的投资者会议上，而公司管理层会在这个会议上发言。除了这些非正式的渠道外，机构投资者可能也会倾向于利用数据资源，这些数据是公开的，但由于太琐碎或浪费时间而未能被公众投资者所吸收。季度收益电话就是一个好的例子。从技术角度来说，任何公众成员都能拨打公司关于季度收益咨询的电话，而事实上，很少有公众投资者拨打电话。各种会议主要是机构投资者和华尔街研究员的数据来源。与华尔街研究员进行一对一的交流是机构投资者的另一个独特的数据来源。公众投资者可能会研读由研究员提交的研究报告，而机构投资者通常会与研究员进行直接的联系。

　　从理论上讲，机构投资者是公司稳定、专业的投资者，而在实践中，他们的投资战略以及对公司新闻的反应与个人投资者一样不确定、易改变。然而，从本质上讲，机构投资者的规模要比个人投资者大很多，而且在很多情况下，一个机构投资者可能拥有某个公众公司的大部分股份。找到一个由机构投资者持有5%甚至10%的股份的公众公司（尤其是较小的公众公司），并非难事。

2.4　公司员工

　　这一章将把买卖双方作为独立的实体来讨论。在公司法人实体的背后，有

---

[1]　"CalPERS Withholds Votes for H-P Board Members," Sacramento Business Journal (March 10, 2004).

数十个、数百个、数千个乃至数十万个个体在经营和管理着公司，记得这一点是非常重要的。公司的行为是那些个体的判断、偏差、动机以及决定的相互融合。就像从远处看，一群鸟或一群鱼看起来可能会像一个整体，不停地在移动、盘旋、加速或减速，人们可能会将一个公司拟人化，当作一个人来看，而事实上，它仅仅是一个"管理鸟的群体"。下面让我们简单地讨论一下四个关键的部分，而这四个部分正是形成公司决策的最具影响力的因素。

2.4.1　董事会

董事会处于股东与雇员之间的"无人地带"。在私人公司，董事会的工作相对较为容易。他们代表着拥有公司的小部分大股东的声音，对于一些重大决策，他们可直接听从大股东的意见。对于公众公司而言，情况则不同。公众公司的董事会从不求助于股东，听取他们的观点。除了少数事情需要股东大会投票决定外，其他的事都必须由董事会根据自己的判断做出决策，以实现股东利益最大化。甚至在股东为拥有大量的个人股东的公司投票时，董事会对股东所作的决定也会有很大的影响，因为消息不灵通的个人投资者和相对被动的机构投资者会寻求董事会的建议。从技术上讲，董事会的成员都是公司的雇员，尽管他们有可能不是全职的，当然，公司的执行官员除外，如公司的首席执行官（CEO）或首席财务官（CFO）。大多数公众公司的董事会成员是其他大型公司现任的或已退休的高级主管，或者是大学或非营利组织等公共机构德高望重的领导者。

董事会成员有若干相互矛盾的动机。从财务角度来说，尽管他们没有像高级主管和雇员那样献身于公司，但他们通常会持有相当数量的金融股。[①]进入一个公众公司的董事会后，董事会成员通常也就获得了良好的声誉。董事会成员通常与公司或者是高层管理者有个人的或职业上的联系。最终，通过成为董事会成员，这些人承担起潜在的个人责任。虽然从理论上讲，董事会成员应从个人和财务方面对其行为负责，但成功起诉董事会成员的例子是十分罕见的。

---

① 通常会每年给予董事会成员现金补偿以及优先认股权。虽然各个董事的赔偿金金额差别很大，但是通常可以看到董事会成员每年可以获得20 000美元至50 000美元不等的赔偿金，以及大量股权。

过去几十年发生的财务和会计丑闻使得董事会成员非常关注他们的责任问题，《萨班斯－奥克斯利法案》（Sarbanes-Oxley Act）的新要求已经指出这一问题并将关注的重点放在董事会成员和管理层身上。[①]

虽然董事会参与了公司的整体管理，但是通常是在"10 000英尺的高空上"经营管理。对于公司的日常管理，董事会通常要借助于公司的管理团队和雇员。然而，当公司要做出重大决策或发生变革时，如执行战略交易等，董事会成员必须关注细节并亲自出马。董事会要在战略交易中发挥积极的作用。董事会积极参与这样的交易很重要，因为这样的交易对股东价值和公司价值都很重要。董事会参与本身也很重要，因为这样的交易（第7章会进行讨论）可能让雇员和管理者产生不良的动机，而这正需要董事会加以监督。虽然对于大多数商业决策，即使是重大决策，董事会都会借助于管理者来分析并做出决定，但在处理战略交易时，董事会不仅会积极地做出决定，而且也会积极地分析事实情况。董事会除了向管理者寻求建议与分析外，通常也会咨询外部顾问。关于外部顾问，后面会有详细的讨论。

2.4.2　高级管理层

公司的高级管理层团队处于整个雇员阶层的顶层。管理团队通常由一小部分关键雇员组成，他们掌管着公司的每日运营以及业务运作。根据公司的规模及复杂程度，管理团队可以由2个、5个、10个，甚至20个雇员组成。公司的类型也决定着谁将是高级管理层中的一员。例如，在一个技术型公司，技术总监肯定会位于高级管理层团队之中。与之相反，在一个消费品公司，技术总监会处于较低的阶层，而营销总监更为重要，担负着重要的任务。

高级管理层团队的成员处于其职业生涯的顶峰。在专业领域，他们通常具有高超的技能并备受他人的尊重。在事业上，他们也有现金和权益作为回

---

① 出现了一个巨大的行业，以解决《萨班斯－奥克斯利法案》的要求，并且所有主要的会计师事务所都开发了广泛的服务和材料用于帮助其客户合规。同时也出现了一个庞大的文献。例如，见Scott Green, Manager's Guide to the Sarbanes-Oxley Act（Hoboken, NJ：John Wiley & Sons, 2004）.

报。①他们报酬虽高，但责任重大。首先，高级管理层团队必须对公司的整体绩效负责。除了公司战略的最高端（这些是由董事会负责的），高级管理层团队对公司的战略和行动都有最终发言权。

当公司进行战略交易时，高级管理层团队的成员会有一系列复杂的动机与目的。虽然这些高管通常都是有能力的、职业化的、经验丰富的管理者，但他们也会有个人的动机与目标。一个潜在的买方公司的高级管理层团队自然会有完成收购的动机。在大多数情况下，20亿美元的公司的首席执行官都想把自己的公司做到30亿美元。这个动机不仅被自我驱动（虽然这个动机应该永远不被低估），而且被财务目标所驱动。管理一个大公司，通常意味着丰厚的财务回报以及良好的职业发展前景。与此形成对照的是，卖方公司的管理层可能也会有完成一项交易的动机。在大多数情况下，高管的报酬包括了大量的随时间增加的权益。然而，在卖方公司的战略交易中，权益累加通常会加速。对于卖方公司的高级管理层来说，这与"黄金降落伞"②以及其他安排相结合，通常意味着丰厚的报酬。但是，与之相反，潜在卖方公司的高级管理层可能会有避免交易的动机。显而易见的是，公众公司的首席执行官或高管的威望要比收购方公司的部门经理的威望高很多。公众公司的首席执行官努力维持其公司的独立性并非不常见，在许多情况下，潜在的买方会向董事会要求更换首席执行官。

董事会必定会积极参与战略交易，但仍是由高级管理层进行实质操作。通过提出一项收购或是与收购方谈判，高级管理层能促使并购双方开始对话。这就促成了交易的开始。高级管理层对谈判结果有很大的影响。虽然董事会可能会听取外部顾问的意见，但在大多数情况下，他们更依赖于高级管理层团队的意见、分析以及观点。

在买方管理团队不积极支持且不出面的情况下完成交易是非常罕见的。因

---

① 不足为奇，我们通常会看到，《财富》500强公司的高层管理团队每年会获得数百万美元的现金以及价值数千万美元的股权。

② 这一术语被用来指代高管雇佣安排中的有关术语，该安排主要是在发生公司出售情况时（有时辞退这些行政管理人员时），向高管人员提供大额甚至是巨额奖金。

为董事会依赖于管理团队来整合、运营被收购公司，所以，他们就不会在没有管理团队支持（事实上是领导）的情况下从事一项收购。当要卖一家公司时，这项规则就有些例外。一个潜在买家与潜在卖家的董事会甚至大股东直接接触，这种情况非常少见。只有在通向公司管理团队的通道被封死后，这种情况发生的可能性才会比较大。然而，这一策略充满了挑战，因为管理团队对董事会的观点有很大的影响。因此，大多数收购是由买卖双方的管理团队所主导的。但上述情况不太适用于私人公司。私人公司的所有权高度集中，大股东在战略交易中发挥着积极的作用，稀释了管理层的作用。私募股权公司就是一个非常好的例子。一个股东可能控制或是有效地控制公司，而且采用积极的策略来促成"资金流动事件"。在这种情况下，私募股权公司可能会促成决策的生成，并积极参与战略交易的谈判。

2.4.3　部门经理

"部门经理"这个术语一般被用来描述一个公司的某个独立部门的管理者。在某些情况下，部门经理可能也是高级管理层团队中的一员，即使他们不是，他们也会对公司的绩效产生显著的影响。每天结束时，部门经理会启动"核心发动机"以产生收益。如果他们不是高级管理层团队中的一员，那么他们几乎不会参与战略交易，但是有一个例外情况，即如果买方收购一项即将整合到现有业务中的业务，那么该部门经理就会参与交易。例如，联合利华（Unilever）生产制造多芬（Dove）牌肥皂。如果联合利华将要收购一个肥皂制造商或是一个有竞争力的肥皂品牌，人们有理由认为负责多芬业务的部门经理会参与这一交易。无论何时，当一个公司要收购一项要并入已有业务范围的业务时，部门经理都得全程参与并指导交易的完成。他的职责包括运营新业务、将新业务整合到已有业务中、确保收购成功等。

在交易完成之前，部门经理还有一个重要的角色要扮演。因为部门经理及其团队是专业领域内的专家，所以他们常常要参与制订一项策略来终止收购。他们可能最熟悉所有的潜在参与者及潜在的收购目标。类似的，他们在业务上的专长意味着他们可以根据多种因素对潜在目标进行最优评估，这些因素包括品牌、技术、顾客基础以及管理团队。

对于应该由谁领导收购过程，不同的公司有不同的观点。当然，如果被收购的业务不能与公司现有的业务相匹配，那么，高级管理层与公司发展团队将担任领导者的角色。然而，当被收购的业务与公司现有的业务相匹配时，部门经理就要全程参与这项交易，在某些情况下，不仅要支持交易而且要主持交易。对于一家公司而言，除非高级管理层对部门经理失去了信任，否则没有部门经理的大力支持，收购另一家从事现有业务的公司是不太可能的。因此，在这些交易中，部门经理不仅要参与后期的整合，还要参与策略制定、目标选择、尽职调查，有时候还要积极参与谈判。

在大多数情况下，部门经理倾向于在其业务范围内的收购。收购增加了部门经理的业务，给他们提供了新的机会与新的资源。从某种意义上说，一项收购意味着允许部门经理利用公司的金库来建立自己的事业。一些部门经理可能把收购资金当作从总部获得的自由资金。反过来说，这往往有一个明确的回报。为了证明收购支出能够产生效果，交易必须被证实能在将来带来财务上的收益。一旦完成了收购，部门经理就要负起一定的责任。用最简单的话说，部门经理未来的财务目标将会随着所收购业务预期的财务绩效的增长而增长。回报被适当地管理，部门经理的动机才会被抵消。但是，部门经理会想促成一项并购来扩充自己的业务（正如首席执行官一样，管理大量业务的部门经理会更具吸引力）。部门经理会在兑现收购所能带来的财务收益的声明上签字，如果没有达到这一目标，这将会成为部门经理职业生涯中的一个挫折。在某些方面，可以说这种激励方式为股东与雇员创造了最紧密的联系。从理论上说，部门经理应该只是支持收购，因为他们可以兑现或不兑现财务绩效，而这些财务绩效可以证明购买价格是合理的。

理论在现实中的应用不总是有效的，注意这一点非常重要。时间就是一个影响因素。获得收购所带来的收益往往需要很多年。顾名思义，整合一项收购的业务以及获得整合后的收益是一个长期的过程。在许多公司，管理者的职业生涯包括角色的转换与变化。部门经理期望在接下来的几年内能从现行岗位上升迁，因此，如果部门经理知道收购完成后将会有一个全新的角色，就会在一个不切实际的财务方案上签字。在实践中，部门经理常常能够免遭公司对其不成功的交易以及存在过失的财务议案的问责。在某种程度上说，因为未来确实很难预测，外部因素以及管理的无效都可能成为收购失败的影响因素。除了转换角色之外，部门经理也会列举市场压力以及一些不可预期的变化来解释为什么一项收购没有达到预期的效果。

在大多数情况下，当一个公司面临出售时，部门经理将处于相对受限的位置，部分原因在于公司被收购对一名部门经理来说并不是一件好事。有时候，收购公司可能会给这个部门经理提供更好的平台或良好的职业发展机会，让其施展才华，取得良好的业绩。如果收购公司有相似的业务，那么目标公司的部门经理就很有可能继续从事整合后的业务。但是，部门经理也不得不在一定程度上参与出售。在大多数情况下，买方会单独约见部门经理来评估他们的价值。对于买方而言，部门经理也是最有用的信息来源，他们知晓业务的运营细节和未来的绩效。这样，对于卖方而言，为了给潜在的买方提供准确的信息，他们也可能让部门经理在一定程度上参与战略收购。

2.4.4 公司发展

有效执行的战略交易需要一些特殊技能和专长。[1]经常把战略交易当成业务增长工具的公司通常试图以公司发展团队的形式来提高公司内部专业技能。因此，已经从事或即将从事战略交易的公司会倾向于建立公司发展团队。[2]除非出售方曾经进行过收购，否则，出售方几乎不可能拥有专业的公司发展团队来管理出售过程。这可能是与买方比起来，卖方更多地依赖于投资银行的原因之一。

在任何战略交易中，公司发展团队都处于中心位置。纵观这本书，就像讨论战略交易的各个部分一样，尔可以假设公司发展团队在执行或者至少在管理

---

[1] 作为公司发展高管，我们必须承认一些固有的偏见。一些人可能理所当然地认为，战略性交易可由任何精明的和有经验的企业主管人员完成。但是，我们的观点与之相反，并且指出应该在大型公司中培养企业发展专家以及内部公司开发人员。我们将此留给读者来决定，看看这一措施是一项必要的工具还是仅仅是一种额外的奢侈。

[2] 对于术语进行快速评论在此处是有用的。术语"企业发展和业务发展"通常会交替使用。通常来讲，术语"企业发展"是指战略性交易，包括合并、收购、剥离、合资以及股权投资。而术语"业务发展"不仅可用于指代上述这些交易，还可以指我们所称的战略性出售，通常指面向大型和战略性客户的大型战略性出售。为了方便理解，我们将使用术语"企业发展"来描述专注于战略性交易的人员。

任务和流程中发挥了重要的作用。不同的公司赋予其公司发展团队以不同水平的责任。公司发展团队可能要负责的内容包括全部或部分的战略规划、宽泛的收购计划、目标选择、尽职调查、谈判、估价、内部流程与介绍，以及整合。对于如何在公司发展团队，诸如法务部和运营部等的员工、部门经理以及普通员工之间分配任务，有很多学问。工作如何分配在很大程度上依赖于公司的类型、首席执行官的管理风格，当然还有每个部门的实力及成员。公司发展团队的一般职责有：在制定战略后确定目标公司、进行交易谈判、估价、内部介绍与认可、整体流程管理。整体流程管理不容低估或忽略。之所以能成功地执行一项战略交易，大部分原因在于高效能、高效率地管理流程，以及在公司内部各个部门获取资源。从某种意义上说，公司发展团队的工作就像交响乐团的指挥家一样，它们把整个公司不同职能部门的员工整合在一起，协调员工进行工作。这就要强调公司发展团队的成员所需要的最重要的一项专长，就是熟悉交易流程和完成交易的关键步骤。

公司发展团队的成员有他们个人的动机与目的，他们想成为高绩效、雄心勃勃的高管。在一些公司，他们来自于一些专业领域，如金融、法律。在另外一些公司，他们来自于专业的咨询服务机构，如投资银行、律师事务所和咨询公司。有些公司的公司发展员工的岗位是固定的，而对于大多数公司而言，公司发展团队成员只是一个临时性的岗位，他可以向其他管理岗位晋升，或者说至少有这种可能性。理论上，对于公司发展团队的成员，我们不仅要根据他们选择做的交易来评价，还要根据他们选择不做的交易来评价。事实上，没有做的交易通常是判断他们成功的首要标准。意思是说，通过一个好的交易能增加股东价值，而股东价值也会因为一个不好的交易而减少，作为交易过程的领导者，公司发展团队有责任阻止不良交易的发生。[1]然而，

---

① 进行错误交易或者支付错误价款而导致的价值破坏是非常严重的。其中与此相关的两个实例为：时代华纳-AOL(美国在线服务公司)收购和惠普-英国Autonomy软件公司收购。这两次收购都导致了资产减值——AOL时代华纳资产减值为990亿美元(New York Times, January 30, 2003)，惠普的资产减值为88亿美元(David Goldman, "HP Takes $8.8 Billion Writedown on Autonomy," Money (November 20, 2012), http://money.cnn.com/2012/11/20/technology/enterprise/hp-earnings/)，更不用提造成的名誉损害和大量的诉讼问题了。

如提出反证一样，很难证明避免交易的发生就能增加价值。对于大多数的公司发展团队来说，增加公司价值的最显著证明就是他们停止交易。类似的，在公司发展团队成员被公平、合理地调到公司的其他岗位时，如果调动发生在他们做的交易尚未证明是成功的还是失败的之前，就有可能发生危险。因为这可能使公司发展团队成员产生一个潜在的不良动机，成为交易的倡导者而不是股东价值的倡导者。

2.5 顾 问

即使公司拥有正常收购程序和杰出的公司发展团队，战略交易也是意义重大且充满危险的大事。战略交易也趋向于成为一个公司最复杂、最不确定的交易。最终，战略交易中的风险资金也会趋向于增加。这为公司创造了一个雇用顾问的巨大动机。面对充满危险和不确定的5亿美元债务，谁不愿意再花100万美元或200万美元来买个安逸，来确定所有的"i"都点上了点，而所有的"t"都画上了横杠。外部顾问也会为高管和董事会成员提供一定数量的"保证"。雇用外部顾问，实际上是利用理论上中立的机构来支持他们在交易上所做出的判断。然而，当对战略交易提供建议时，不同的顾问有不同的动机、观点以及专长，记住这一点很重要。

2.5.1 律 师

当谈到律师时，用一个简单的前提作为开头非常有用：战略交易。换句话说，就是合同中的财务或业务的交易或是法律上的所有权的转移。从某种意义上说，法律是所有权的语言。在一项战略交易中，你仅仅只能买卖或拥有法律文件规定范围内的事物，这在第7章谈到尽职调查时会作进一步的讨论。因此，律师对任何战略交易都是必不可少的。尽管大多数公司都有自己的内部律师，但外部法律顾问往往也会参与进来。外部法律顾问通常是来自律师事务所的律师。外部法律顾问能够提供许多内部律师所不能提供的服务。他们可以提供专业领域或其他领域的专门知识，其中也包括战略交易。如果一个公司没有从事过大量的战略交易，那么，内部律师就不会具有外部律师事务所的并购及证券专家所具有的专长。像税务、知识产权、法律诉讼等专业领域也存在着同样的问题。外部律师事务所也提供了顶尖的人才。战略交易会在短期内产生大量的法律工作。公司通常不想用其法律部门来处理如此多的事务，这样，外部法律顾问就会提供更多的人力来处理这些事务。①

外部法律顾问可以提供特定数量的独立观点，可以作为首席执行官、公司高管、总律师的顾问。外部法律顾问对于各种问题能提供独立、公平的观点，尤其是能够帮助董事会和高级管理层来应对对其受托人责任的挑战，同时平衡它们对股东、雇员以及社会的责任。尽管内部律师，尤其是总律师也能服务到这一程度，但外部法律顾问远离了公司内部政治和官僚之争。

这就是使用外部律师一个非常重要的原因。不出意外，律师都是单纯按小时来收取服务费的。因此，他们常常对交易的结果漠不关心。无论交易是否发生，律师都会得到报酬。这就是为什么外部律师能成为相对公平、无偏向的咨询顾问。经济学创造的唯一有害的动机就是过分热情和过分详细的动机，就像律师做的工作越多，他们得到的报酬也应该越多。

律师事务所规模不一，有个人从业者，也有十多个律师组成的小型律师事务所，也有由几百个甚至几千个律师组成的大型律师事务所。一些律师事务所把业务集中于专业领域，特别是知识产权领域，而大多数律师事务所则把自身定位于为客户提供多元化服务的律师事务所。在一个给定的律师事务所中，根据资历和专长，有不同级别的律师。用更宽泛的术语来说，律师可分为诉讼律师与交易律师。当然还有大量的次级律师，其中就有处于这两个领域之间的律师。当进行战略交易时，通常会有一个专业方面的律师来主攻并购或证券交易，另外有税务、知识产权、劳动以及诉讼方面的专业律师来支持其工作。律师事务所也有资历的说法。律师事务所有两大类：顾问与合伙人。律师事务所实行的几乎都是合伙人制度，通常，在成为合伙人之前，律师都得在顾问阶层工作一段时间。在一项战略交易中，合伙人倾向于成为客户的战略咨询顾问，

---

① 此处一个极好的实例就是做尽职调查，其中十几箱甚至是几百箱的合同以及其他法律文件都需要接受为期数周或者数天的审查。

从本质上来说，是领导性的谈判代表。高级顾问可能从法律角度承担着这些角色并在交易进程中进行全程管理。较多的低级顾问则承担专门的任务，像审查法律文件和起草合同。

外部法律顾问通过提供专业特长和人才可明显增加价值，他们也可以通过综合的知识来提供巨大的价值，而这些综合的知识正是通过进行大量的交易所获得的。因此，他们将超越交易执行的专业领域，而变成客户公司的综合顾问。

2.5.2　投资银行家

在一项战略交易中，有人会说，在咨询顾问中，投资银行家扮演着"阴"面的角色，而律师扮演着"阳"面的角色。也就是说，在很多方面，这两个咨询群体不仅仅在专业技能上而且在交易的方法和行为上都体现出互补。律师总是看到消极面，给出警告，而投资银行家则倾向于提倡交易。律师专注于法律权利和交易的完善，而投资银行家则专注于财务条款和资本价值。

虽然我们不会详细地描述投资银行的结构与角色，但对其进行总体概括对于讨论是很有用的。①过去几年，投资银行的结构已经发生了变化，而在未来将会继续发生变化。既然投资银行应该是什么样没有标准形式，那么让我列举一个标准的大型投资银行结构的实例。目前，大多数大型投资银行是大型金融机构的一部分。这些机构通常包括主管借贷的商业银行部、负责给个人投资者提供经纪服务的零售经纪业务部门、为个人投资者和机构投资者提供股票研究的研究部门、主管大机构股票交易的销售交易部门以及投资银行部。

最近几年我们可以看到，投资银行中不同部门间存在着许多潜在的内部利益冲突。这部分讨论的目标是大型金融机构的专业投资银行业务。投资银行家是金融和交易专家，它们能够说服公司客户进行交易。一般来说，这些交易包括股票发行、债务发行、首次公开发行、收购、剥离、兼并以及各种其他的大型金融交易。当投资银行家建议客户发行证券时，通常会通过其保荐人的身份

①　关于投资银行家及其在战略性交易中的角色的更多详细描述，请参见 Michael E. S. Frankel，Deal Teams（Boston：Aspatore，2004）.

来获取报酬，用最简单的术语来说，他们会得到通过其销售、交易、经纪部门卖出的证券总价值的一个百分比。这个百分比可以小于投资级别债务发行的1%，也可以超过股票首次公开发行的5%。类似的，当投资银行家建议客户进行战略交易时，如并购，通常会获得交易现金价值的一定的百分比作为报酬。无论在哪一种情形下，只有当成功进行交易时，投资银行家才会得到报酬，了解这一点非常重要。在极少数情况下，投资银行家仅是因为提供咨询而获得报酬；在大多数情况下，投资银行家的收益来自于因成功交易而获得的酬金。因此，投资银行家迫切得出交易成功的结论的动机很明显。但是，与之相反的动机又在于投资银行家力图与客户维持长期的关系。因此，一个投资银行家就会在推动一项毫无吸引力的交易时犹豫不决，因为这种建议可能会导致失去客户的未来业务。但盛行的观点是"一鸟在手，胜过百鸟在林"。因此，普遍被接受的观点是，投资银行家常常会力图成为交易的倡导者，而他们的建议必须被慎重考虑。

与外部法律顾问相比，投资银行家在进行战略交易时能极大地发挥其专业技能，当然他们也可以是更广泛领域的咨询者。投资银行家发挥作用的最突出的领域包括确定潜在目标、代理各方的初次交谈、估价、确定一项交易的财务构成和融资选择权构成，以及在某些情况下管理销售进程。与外部法律顾问相比，投资银行家维持着一个更广泛的顾问角色，特别是当它们已经与其客户建立起长期关系的时候。正如外部法律顾问一样，投资银行家也趋向于拥有进行过大量交易的经验。他们常常也是洞察竞争对手趋势的专家。最后，投资银行家对市场力量有着深入的了解，而且对战略交易可能对一个公司股票造成的市场影响有很好的理解。[1]

当投资银行家建议客户进行一项战略交易时，通常会因交易的成功而获得

---

[1] 此外，这是一个权威可能会受到质疑的领域。有些人会认为投资银行家和华尔街一样，整体而言，没有能力预测市场动向。我们将会把这一争论留给其他人来讨论，我们只想说在投资银行家和他们的许多客户之间当然存在着一致意见，即投资银行家能够为他们提供专业意见。当然，最近投资银行家的变化，以及投资银行家日益与研究分析家分离，对他们深入了解在宣告进行交易时可能的市场反应以及机构投资者的反应的能力，产生了负面影响。

酬金，酬金会与交易的规模挂钩。对于投资银行家而言，尽管他们会获得某种聘用费以及日常费用的补贴，但他们的绝大多数咨询收入都是建立在一个成功酬金结构的基础上的。酬金的范围会因交易的规模、与客户的关系以及市场力量等因素的不同而发生变化。图 2-2 给出了某投资银行提供的酬金计划的例子，我们可以看到，因交易规模的不同，酬金百分比发生了很大的变化。

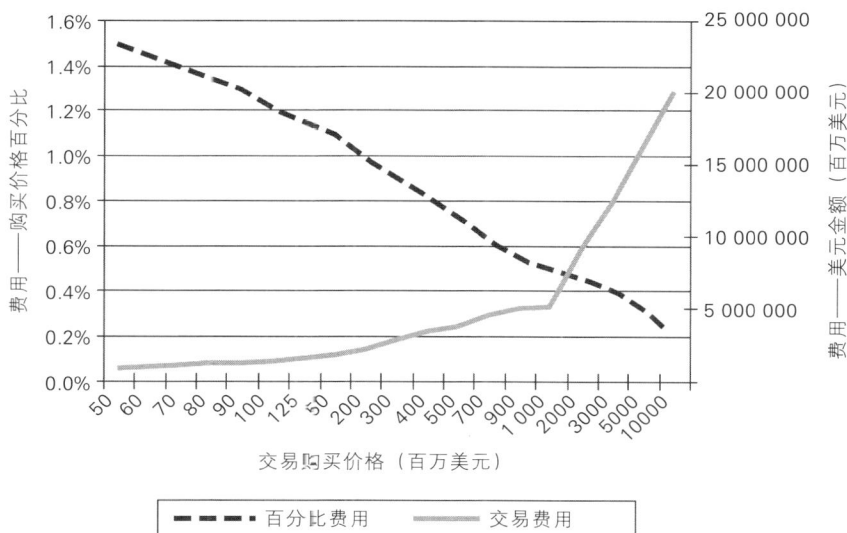

图 2-2　投资银行咨询费用实例

最后一点对理解投资银行家非常有用。当其他咨询者还在决定是否要进行战略交易时，事实上，投资银行家已经在尽力促成那项决定。一个投资银行家大部分的时间都用在将客户公司定位于潜在的交易。这需要投资银行提供能反映其能力和履历的意见材料，材料的大部分内容是为客户提供的特定目标公司的信息、情报、行业前景、交易理念。尽管定位的部分目的是促成交易，期望投资银行的想法能够被采用并被雇用来帮助执行交易，同时，对公司进行定位也可以为公司提供综合价值。事实上，积极的收购者经常会确定自己的目标公司，而当选择投资银行时，他们会把业务交给那些在过去几个月或几年内给他们提供有价值的智力服务和综合信息的投资银行。具有讽刺意味的是，在许多案例中，投资银行多年来都在为一个客户免费工作，但最后却以极少量的工作获得巨大的报酬。在某种意义上说，高酬金真的是对投资银行若干年的免费建议和信息的奖励。

2.5.3 审计师

一般来说，审计师在战略交易中提供了两种相关的保障。他们告诉买家，目标公司的财务绩效就像传闻中所描述的那样，一旦卖家与买家联合，卖家账目中的描述方式就会影响买家账目中的描述方式。在大多数情况下，站在卖方的角度，审计师的服务是使公司可售的一个先决条件。像律师事务所一样，审计师事务所的规模从由几个会计师组成到世界上少有的由几万个会计师组成不等。今天，最大的审计师事务所做的绝非只是提供财务报告，而是会在如何从财务上构建一个公司，税务、会计策略等方面提供建议。更为广泛的是，最大的审计师事务所也提供相关的咨询与顾问服务，有些甚至会提供投资银行服务。就像投资银行一样，审计师事务所必须处理提供审计服务的团体和提供其他顾问服务以及咨询服务的团体之间的潜在利益冲突。

在一项战略交易中，卖家的审计师会准备财务综述，为出售做好准备。在许多情况下，卖方多年来都进行财务审计，为出售而准备的财务报告仅仅是一个更新，甚至只是在适当的时候已经准备好的财务报告。在某些情况下，特别是对于较小的卖方公司而言，可能在之前没有进行审计，在预期要进行出售时才专门进行审计工作。然而，在大多数情况下，对于规模适宜的卖方公司来说，尤其是对于那些股东不是公司创始人的卖方公司而言，在做出出售决定前审计师已经被很好地加以利用。卖方的审计师有时会被召集起来讨论对潜在买家的审计工作及其结果。绝大部分时间，卖家的审计师都在简单地执行一些标准的财务审计。

有两种类型的审计师可能为潜在的买家工作。首先是给买家提供财务审计报告的审计师。当然，审计师事务所会站在最能反映买方自身财务状况的立场上给予买方建议。在很多情况下，买家会雇用自己的审计师对一个潜在的收购目标公司的账目进行审查。在其他情况下，特别是当买家的审计师在业内和当地不够资深时，买家可能再雇用一个会计师事务所，对潜在的目标公司的账目进行审查。这里有一个非常好的例子是，目标公司位于某地，而买方的审计师不熟悉目标公司当地的会计程序与政策。像这样的跨区域交易是一个特别的挑战，因为买方必须决定当转换为买方所在国的审计和会计标准时，目标公司的财务业绩情况如何。

通常，审计师是以项目为基础或以小时为基础而获得报酬。在为一个普通客户审计财务状况时，审计师通常能对所付出的努力做出一个相对精确的预测，同时进行报价，并对所报的价格做出约定。当审计师在对目标公司进行尽职调查时，通常采用不定小时制收费，因为需要审计师完成的工作具有很大的不确定性。

审计师具有强烈的动机来对财务数据做出最好的处理以使其客户获利。然而，他们也面临着必须符合审计标准和承担巨大法律责任的压力。最近几年出现的会计丑闻，都是因为审计师违反了或者是帮助其客户违反了审计准则。①

人们不能高估了审计师在战略交易中所起的作用。会计中的相对模糊处理会对财务状况产生巨大的影响。如果没有对审计报告进行合理审查，买家就会承担巨大的风险，因为审计报告中的数值会与卖家提供的备忘录中的数值存在巨大的差异。对于卖家来说，审计报告的缺失不是让公司完全不可出售，就是让公司以非常低的价格出售，因为买家会在心中认为卖家公司廉价。

按照惯例，特别是在过去几年发生的那些事之后，像律师一样，审计师趋向于采用保守的方式进行战略交易。像律师一样，审计师因其所付出的时间而不是交易的成功来获得报酬。加上审计师需要承担真实的法律责任，这就使得审计师采取保守的态度。

---

① 甚至是在最近一连串的诉讼之前，审计人员也在一直支付巨额的结算费用。1999年，安永会计师事务所向美国圣达特(Cendant)集团的股东支付了3.35亿美元，并且在此解决之前，安达信向阳光(Sunbeam)公司的股东支付了1.10亿美元。见 Stephen Taub, "Andersen Pays $110 Million in Sunbeam Settlement," CFO.com (May 2, 2001). http://ww2.cfo.com/2001/05/andersen-pays-110-million-in-sunbeam-settlement-updated/.

2.5.4 咨询顾问

在战略交易中，咨询人员通常容易被忽视。其部分原因在于咨询人员一般只参与交易的早期阶段，很少参与交易的收尾工作。然而，咨询人员对早期战略决策制定的作用会在交易过程中被放大。咨询人员的早期工作可能会改变交易目标和焦点事件，甚至会改变交易决策。

正如其他顾问公司一样，咨询公司中既有全球巨头，也有个体执业者。咨询公司关注的领域也有所不同。一些公司关注于高层次、整体的战略制定，比如麦肯锡公司。小公司可能会拥有丰富的行业知识并只关注于一个特定的行业，从而使自己与大公司有所差别。还有一些公司，隶属于大公司的子公司，往往关注于一个特定的领域，比如技术的系统整合或人力资源。虽然咨询公司会涉及一项战略交易的方方面面，但是，咨询公司对战略发展的初期阶段、尽职调查和整合计划的后期阶段的影响最大。

战略是许多大型咨询公司的生存之道。因此，这些咨询公司通常会促使公司做出战略交易的选择并决定战略交易的关键点。例如，咨询公司与大公司合作时，会先帮助大公司发展其全球扩张战略，然后制定最佳策略以占领当地市场。在某些情况下，咨询公司会进一步帮助公司确定特定目标，尽管咨询公司通常会将这一工作让给公司的公司发展团队、部门经理和投资银行家来做。

如果公司不能很好地执行收购计划，通常情况下，咨询公司会在尽职调查和整合计划阶段再次出现。咨询顾问在尽职调查中的作用很大，因为他们通常拥有丰富的行业知识和专业知识。例如，在审视和比较目标公司和收购公司的福利政策时，应引进人力资源咨询师；在需要作环境尽职调查（比如审视一家工厂的环境状况或其他工业设备）时，要用环境咨询公司。咨询公司在协助买方制订整合计划的过程中会发挥重要的作用。因为在此过程中，咨询师可以将许多从成功整合经历中获得的专业知识和经验介绍给公司，同时给出独立的外部意见。独立的外部意见对整合过程尤为重要，因为部分整合过程会涉及在目标公司和收购公司之间的各个领域做出一个"同类最优判断"。尽管都是出于好意，但在整合过程中，买方或部门经理可能存在本身的偏好。例如，买方或者部门经理可能会忠诚于经多年研发出来的产品名称和品牌，但是，咨询顾问可能会认为被收购公司的品牌和产品名称更有价值，因此应该联合经营。

咨询顾问同审计师一样，通常都是按小时计费或按项目结算的。虽然他们不会倾向于提倡交易，但在通常情况下，他们明显倾向于变革。因为咨询顾问与审计师完全不同，审计师是从定期的年度审计和季度审计中获得稳定的收入，而咨询顾问却是从公司的变革中获得收入。为战略变革制定战略和行动计划是咨询公司的生存之道。匹比，当咨询公司存在内在偏好时，会倾向于促使公司进行重大、突然的变革。

除了具有丰富的行业和专业知识外，咨询顾问通常都是全才。他们的知识体现在过程、分析和决策制定中，而不仅是在一个特定的行业或特定的领域。当然，这也只是一般性概述，许多咨询顾问会专攻自己关注的行业，而一些咨询顾问会选择成为一定领域内的专家。但是，总体来说，战略咨询公司懂得怎样分析问题和解决问题，从而体现自身的价值。

咨询顾问通常都是受过高等教育的、经验丰富的商务人士。通常，一名咨询顾问的职业生涯都是沿着咨询公司的层级逐步晋升为一名资深的合伙人，但是，许多咨询顾问会在中途跳槽。这对咨询公司而言，具有非常强烈的协同作用，因为咨询公司可以通过他们的员工培养客户。上述情况非常适用于律师事务所和投资银行，咨询公司更是如此。事实上，许多大型的战略咨询公司都与校友保持着联系，同时也在网上长期刊登职位信息，以便能替换现有的咨询顾问。因为这些咨询顾问可能会晋升为合伙人，也可能会离开公司，但会一直同公司保持合作关系。

2.5.5　顾问公司的员工

在对待不同的外部顾问时，你至少需要对不同类别的顾问和他们所扮演的角色有个基本的了解。了解专业人士的角色和知识与成本控制一样，对公司而言非常重要。下面是对顾问的分类及对不同类别的顾问的评述。

泛泛而言，顾问可以归为三类：（1）初级顾问；（2）中级顾问；（3）高级顾问。当然，随着专业知识的加深，这三者之间会有一个平滑的过渡。但根据他们所从事的工作，将其分为上述三类，是非常有益的。初级顾问处理细节工作（例如，建立财务模型、审查材料或者草拟初稿）；中级顾问关注流程，控制交易并监督初级顾问；高级顾问将大部分的时间用在游说客户并将其顾问服务销售给客户，其余时间则用于管理团队、指导尽职调查以及从代理人的角度提供战略建议和服务。

在律师事务所，团队成员通常分为律师助理、初级律师、高级律师和合伙人。律师助理不能称为律师，且只需要大学学历。律师助理大多只负责文件管理和诉讼程序等基础工作。初级律师都是刚获得律师资格证的人，他们的工作大多是草拟基础法律文书，从事法务调研，审核尽职调查文书，管理基本的诉讼流程。高级律师都是经验丰富的律师，他们的工作是起草更为复杂的文书，为主要谈判代表服务，管理整个交易过程。合伙人在理论上就是律师事务所的股权持有人。他们都是非常资深的律师，主要负责管理客户及引进项目，当然他们也会在关键性问题上指导高级律师，负责一些备受瞩目的谈判工作。

投资银行与律师事务所的组织结构相似，但划分的层级更多。在投资银行，是不是"律师"并没有本质区别。分析人员[①]大多是初级员工，通常都是刚毕业的大学生。他们大多只关注所建立的财务模型的原理，并作一些基础财务研究。助手都是刚毕业的工商管理硕士，他们会关注一些更为复杂的财务模型，撰写材料，并管理一些基本业务。副经理关注的已不再是模型或者设计草案，而是更多地关注于发展高端理念，管理现场交易，有时也会管理高端客户。经理一般只关注非常高层次的交易管理，管理高端客户。当银行家的职业生涯达到这一层面时，通常都是游说高手，并开始拓展中小客户，对他们的考核，一般是看他们引进的业务对公司经营的贡献。公司管理人几乎只关注大客户和维持客户关系，而只花费很少的时间来管理高层次的交易。

审计师事务所和咨询公司的组织结构基本相似。合伙人引进项目，中层员工管理项目，初级员工处理项目中的日常工作。尽管每个公司的头衔有所不同，但还是有必要了解为你服务的顾问的水平，识别顾问的角色。这里有一个非常经典的案例：20世纪80年代末，有一家大型咨询公司规定所有的员工都

---

① 这里提到的投资银行分析师是相对于研究分析师而言的。就研究分析师而言，"分析师"这个词指代的范围很广，包括大部分的初级员工和高级员工。

必须穿着统一的蓝色西服和白色衬衫。一方面，这种行为可以体现公司的企业文化；另一方面，让所有员工看上去没有差别可以让客户察觉不到与他们谈判的是高级、资深的咨询顾问，而实际在现场执行的却是初级咨询顾问。当然，也不可能要求资深咨询顾问完成所有的工作。这种商业模式对从事咨询行业的公司非常重要。因为投资银行的支付依据是成功地完成项目，而不是依据参与其中的员工的水平。当然，客户会希望参与的资深人士越多越好。与此相反的是，对于按小时计费的公司而言，由顾问来管理员工可以降低成本。你不需要一个律师事务所的合伙人或者高级律师来负责尽职调查或者起草基础文书。如果雇用按小时计费的顾问，那么雇用更多的初级顾问更有效率，因为他们的收费非常低廉。

2.6 监管机构

几乎所有的行业或财务交易都会在某一方面受到政府或法律的监管，战略交易也不例外。这里，有必要区别一下对战略交易本身的规定和对参与战略交易的公司的规定。在一些情况下，上述两种规定将会有一个重叠的部分，因为一个公司或一个特殊实体的监管机构对公司或实体的战略交易会有特殊的规定。

除了制定行业和公司的特殊规则以外，对投资人的保护是制定战略交易规则的重要原因之一。为私人公司进行战略交易而设立的规定相对少一些，这些公司只需要遵守国家在公司决策制定和报批方面的法律。除了得到双方公司董事会和股东的授权以外，买方通常只需要填写一份比较简短的表格。战略交易规则的焦点是公众公司及对投资者利益的保护，尤其是对中小投资人利益的保护。一般来说，对私人公司的规定与对公众公司的规定，在目的和意图方面没有区别。唯一的区别在于，相比而言，公众公司进行战略交易时，其利害关系更大，同时更强调交易的公平性。

2.6.1 证券交易委员会

设立证券交易委员会的目的在于保护投资人。证券交易委员会的各项法规源于1933年和1934年通过的证券法。记住证券交易委员会的设立背景以及1929年股灾的后果是非常重要的。虽有过于概括之嫌，但保守而言，证券交易委员会关注的是对个人投资者和非专业投资者权利的保护，证券交易委员会的许多免责条款只适用于公司的大股东和专业投资者。这里作了一个假设，即大股东不需要获得证券交易委员会的帮助就可以保护自己，而个人投资者好比"孤儿寡母"一样，在对公司进行投资时需要得到有效的保护。因为战略交易，尤其是涉及一家公司的出售，会对个人投资者的财务利益产生巨大的影响，所以，这些交易受到证券交易委员会的极大关注也不足为奇。证券交易委员会尤为关注的两个方面是：公开披露和受托人责任。证券交易委员会和法规旨在保证每宗潜在的交易都向中小股东进行了公平、完全、正确的披露，并且允许他们在行使股东的投票权时，做出"信息对称"的决定。证券交易委员会也关注公司董事会和高级管理层的受托人责任，以确保他们具有良好的职业操守，并按股东的利益最大化目标行动。除了授权证券交易委员会强制实现上述目标和其他政治目标以外，证券法还赋予个人投资者起诉公司——在某些情况下直接起诉董事长和高管——的广泛权利。有人可能会说，在某种意义上，代表投资者及类似阶层的私人律师事务所俨然变成了另一个虚拟监管机构。[①]

2.6.2　国家法令和当地法令

尽管证券交易委员会是目前最常见的监管公司的机构，联邦证券法律是最常见的法规，但事实上，大多数私人公司都受到各州法律的管制。公司必须是特定州的法人组织，像自然人一样，被看作是该州的居民，并遵守该州的法律。特拉华州（美国）因为拥有对公司有利的法律和在审判公司法律纠纷时经验丰富的法庭，所以吸引了众多公司在该地注册。无论公司在何地注册，都会受到国家法律和所在州的法律的管制。在大多数情况下，管理私人公司的战略

---

① 关于集体诉讼的价值有一个长期丰富的讨论。其中一些人认为集体诉讼是一项有力的工具，能够保护个人投资者并且对可能失信的董事、高管和公司造成负面影响。而另一些人认为集体诉讼现在做得有点过了，并且现在主要是集体诉讼律师事务所充实自己的一项工具。我们将会让读者自行做出判断，但是我们认为真理可能存在于两者之间。

交易的法规相对简单些，且许多规定就是直接取自于特拉华州的法规。

2.6.3　行业监管机构

在美国（大多数国家相同），许多行业和产业都受到一些行业法规和行业监管机构的管制。监管机构既有联邦监管机构，又有各州的监管机构。例如，联邦通信委员会（FCC）可以监管电台、电视台以及其他广播媒体。尽管大多数行业监管机构会侧重于关注公司的日常运营，但也有许多行业监管机构会监管或限制战略交易。因此，在考虑战略交易时，了解这些行业的特定规则是至关重要的。这里有一个非常经典的案例，也是关于联邦通信委员会的。联邦通信委员会就明文规定电台的所有权不能被外资控制。在大多数情况下，行业监管机构很少会干涉战略交易，但在极少数情况下，也会插手一些影响很大的战略交易，有时甚至会阻止交易的发生。

2.6.4　国际监管机构

最后，还要考虑国际监管机构。无论何时，一家美国公司在其境外的经营活动都有可能受到东道国法令的管制。类似的，一家非美国本土公司的行为，即使是发生在美国境内，也有可能受到其母国法令的管制。在日益全球化的市场中，越来越多的战略交易涉及来自不同国家的公司或至少在多个国家经营业务的公司。当处理一项涉及另一个国家的交易时，考虑该国的法规和监管机构是非常重要的。

所有监管机构都遵循同一个宗旨：安全胜过遗憾。在战略交易中，未能考虑到或者遵从监管要求是一种失策。没有填写最基本的表格或遵从最基本的规定会给交易带来很大的麻烦，甚至是损失。因此，对于特定行业，雇用具有合适背景的顾问是顺利完成交易的一笔划算的投资。在交易过程中，不仅要牢记监管本公司的监管系统和监管机构，而且要牢记监管对方公司的监管系统和监管机构。对于买方而言，收购另一家公司意味着要接受该公司的监管机构的监管，遵守该公司要遵守的法规。就像你嫁入一个家庭，而这家正好有一个非常难缠的表兄一样，收购一家十分规范的公司是很有意义的，但同时你也必须为随之而来的难处做好准备。

2.7 其 他

在讨论过战略交易中的直接和间接关系人后，还应探讨第三方的利益，因为他们对交易的影响也是值得考虑的。即使他们对交易没有直接的影响，他们也会对并购公司的成本或利润产生影响。

2.7.1 公 众

战略交易不仅仅受到持有该公司股票的公众的关注，而且受到全社会公众的关注。公司在社会大众心中的信誉和形象会受到战略交易的影响。例如，假如美国一家大型软件制作商收购了一家大型的印度外包公司，那么这家美国公司将给美国公众留下这样的形象：这家公司将部分美国的就业机会赠送给了印度。当然，这可能不是一个非常公正的评价，因为即使不发生并购，也可能通过其他的途径，使得美国的部分就业机会流失到国外。然而，战略交易的高调性质会吸引更多的公众关注，并给公司的出售造成负面影响。因此，在并购前，你不仅要考虑交易对投资人的影响，而且要考虑交易对公众的影响。这对产品或服务是针对零售市场的公司而言尤为重要。

2.7.2 顾客、合作方和竞争者

即使是对那些产品不直接面向消费者的公司而言，战略交易也会对消费者的反应产生影响。如果消费者认为此次交易可能会增强公司的实力，则会认为此交易是正面的；反之，如果消费者认为此次交易可能会弱化他们关注的产品或服务，则会认为此交易是负面的。消费者的反应通常是战略收购者应对公共关系的基本目标，它们希望并购会带来更广的产品范围或是更广的地域覆盖范围，给消费者带来更多的利益。

交易同样也会从多方面对合作方产生影响。这里有一个很好的实例，即收购可能会导致公司与合作方产生直接或间接的竞争。在收购完成之前，你可能不愿意将交易告诉你的合作方，不过处理好这些问题是非常重要的。

买方同样也需要关注被出售公司的客户与合作方。当收购一家公司时，买方有必要思考被收购公司的客户和合作方如何看待此次交易。被收购公司的客

户和合作方的反应不一。一些客户可能认为交易是正面的，因为交易使它们的供应商规模更大、更可靠；另一些客户可能会认为交易是负面的，他们或者担心在大公司的重组中遭受损失，或者他们在此之前就不愿同买方做生意。客户的反应通常就像一个被忽略的地雷，它可能对战略交易造成巨大的破坏。

竞争者也会对多数战略交易有所反应。他们可能会受到实力得以增强的买方的威胁，也可能因为从表面上看买方改变了发展方向而感到轻松。总之，交易不论是带来更强的竞争还是更弱的竞争，总会影响到竞争者。在某些情况下，一项战略交易甚至会使得竞争者也选择进行收购，或者选择被买方收购。身处整合期的行业中，竞争者通常只能选择"要么做强，要么退出"。

2.7.3　媒　体

在某些方面，媒体是下述各方的代表或扩音器：公众、客户、合伙人、竞争者。总体而言，上述各方都是通过媒体来了解和评述战略交易的。这里所指的媒体范围很广，既包括《华尔街日报》和CNN，也包括诸如Motley Fool论坛，甚至包括网络上的博客。我在前文中没有提到的顾问是公关（PR）公司。公关公司和内部公关专家在战略交易中也扮演着重要的角色，是他们为战略交易编造故事或夸大事实，并将此消息告知媒体。当上述众多关系出现危机时，公关公司可以帮助化解危机。例如，一家公司虽然外包给国外公司，但也能向公众证明该公司依然在国内创造了就业机会。当交易确实能带来积极影响时，公关公司可以通过媒体夸大影响。COSI公司和Xando公司的并购就是最好的例子。通过联合当地一家受欢迎的三明治店和一家受欢迎的咖啡店，并购方可以为消费者创造一个更具吸引力的地方，同时也使自己与竞争者呈现出差异性。当然，良好的公关工作有助于媒体宣传一家提供优质三明治的新型咖啡店或一家提供优质咖啡的新型三明治店。

第3章　收购与出售决策

收购决策和出售决策的制定，对每一家公司而言，都是最为重要、最有影响力的决策。出售决策的影响更大，因为出售一家公司就意味着游戏的终结。同样，收购一家公司也会引起强烈的反响。在通常情况下，收购一家公司虽然不是这家公司的最后决策，但始终会对经营活动产生巨大的影响，并且也很难反悔。

正如我们下面将展开讨论的具体情况一样，收购或出售决策不是简单、独立的决策，而是经过大量的战略分析和思考后的结论。对于任何一家公司而言，在决策制定之前，深思熟虑并将努力和大量的资源投入到分析、战略和计划中是至关重要的。这一点很重要，不仅是因为决策的重要性，更为重要的原因是这种分析会影响决策的质量。在出售前，全面分析为什么出售、什么时候出售能帮助出售方找到最佳的交易，从而使股东利益最大化。一旦做出出售决策，不管是要包装公司的经营状况使其更容易出售，还是单纯寻找出价最高的买方，出售决策前的分析都是实现股东利益最大化的有用工具。同样，对于买方而言，在收购决策制定之前，分析公司战略有助于更好地选择符合其需求和战略的目标公司。

许多关于并购的书籍中都讨论过收购的不同动机，但很少有书去深入探讨所有的出售动机。本章会探讨上述两方面的动机，先是买方，再是出售方。每一方的思考过程都会对对方的战略有所提示。例如，如果出售方了解到买方的目标是为扩大其市场份额，那么，出售方可能会包装其经营业绩，提高销售额以吸引买方。同样，如果买方了解到出售方的出售原因是其认为有更强劲的竞争者进入该市场，那么，买方会做出一些举措以促使出售方尽快出售。例如，向出售方表明自己也有进入该市场的计划。

3.1　收购的理由

尽管每一家公司都希望做大，但是单纯的增长并不是收购的好理由。理论上，每一宗收购都应该符合增加股东价值的最佳战略，这也是公司制定每一项决策的依据。然而，这只是停留在理论和客观意义上。就现实而言，经营公司的管理人员的目标和动机在收购决策中起着很大的作用。当你在考虑收购决策时，应牢牢记住的是，这宗收购将会对你的职业生涯和关键决策人的财务利益产生怎样的影响。在这一章里，将假设决策人只有一位，整个公司理性选择其最大利益。然而，通常在决策制定过程中的表象下会潜藏个人的目标和偏好。例如，如果首席执行官想要管理一家更大型的公司，那么他可能会改变一个非常有效甚至是完美无缺的收购计划。

几乎所有收购决策的基础都是建立在对"自建还是收购"的分析之上的。尽管公司可能不会正式地评估这两个选择，对比各个方面，但是，几乎所有的收购案例都可以用自建作为替代选择。这就是说，所有的资产、技术、能力或者其他资源都可以在一定的时间内，以一定的成本，通过自己的努力换得，极少有例外的情况。当然在理论上，我们不可能完全复制收购带来的价值。例如，假如被收购公司拥有技术性很强的专利，或者独一无二的品牌时，此时就不能通过自建来替代收购。但在理论上，即使发生上述情况，也可以"自建"与之竞争的品牌和技术，缺少的只是时间、成本和经验。下面将讨论促使收购发生的各种因素。在每一个案例中，公司都有可能选择自建而非收购。在做出收购决策之前，公司应该考虑是否能自建。无论自建需要多少资产或资源，或者收购能给公司带来多少资产或资源，自建和收购都有各自的优缺点。自建有以下几方面的优势：一是可以与现行的战略和经营完全匹配，其原理跟成衣和裁缝店定制的衣服一样；二是自建的费用通常更少，最起码自建期间的成本可以转移；三是在自建过程中，能根据公司需求，给予公司应对突发事件的灵活性；四是自建完全在公司的控制之下，取决于总裁管理资源的能力。当然，自建也有许多明显的劣势。首先，自建可能需要用到一些公司目前缺乏的专业人才。例如，到一个从未涉足过的地区开展业务，可能需要熟悉当地文化的人才，但公司却不具备。其次，自建资源、业务和能力等都会占用大量的时间。在商界，时间是非常稀缺的商品，在由"白手起家"战略所引发的时间延迟中，其机会成本可能是非常昂贵的。最后，自建会分散公司的注意力，因为公司需要将资源和管理从其他业务转移到自建业务上去。

相比而言，首先，收购看上去是一项更为简单的选择，这也是为什么收购对公司的扩张战略具有如此大的吸引力。其次，收购具有速度优势，收购一家公司所耗费的时间很显然要比自建一家实力相当的公司所用的时间少很多。最后，收购可以让买方获得现成的专业人士。同样，在区域扩张中，买方不仅获得了新地区的业务，同时也获得了与当地文化融合的本土员工。收购也有许多非常明显但常被忽视的缺陷。首先，最明显的就是成本。收购一家公司非常昂贵，通常需要一大笔头期款。其次，收购就好像购买的成衣一样，可能会产生整合难度、文化冲突，也会发现期望的资产与现实中的有所差别。最后，收购本身就存在着不确定性。尽管买方可以作尽职调查，但调查的深度却是有内在限制的。在收购结束后，几乎所有的买方都会遇到一起甚至多起出乎意料的不愉快事件。

下面将讨论最适合采用收购战略和自建战略的条件。潜在收购者的挑战在于精心分析其选择，认真思考其风险和缺点。不回避收购的负面效应和危险是非常重要的。自建往往让人感到沮丧，因为所有要完成的工作都以一种清楚但繁杂的方式摆在你面前。收购看上去很简单，但事实上却未必如此。当你想到你的公司可能因为收购一项未知其劣势、负债及其他不愉快事件的业务而面临整合风险时，收购跟自建一样让人沮丧。正如购买的成衣和在裁缝店定制的衣服一样，正确的决策是视情况而改变的。假如商场里的成衣不需要作多少修改就很适合的话，那么，购买成衣将是最快、最容易的方式；在某些情况下，如果成衣需要作很多的修改才能合身，那么定制衣服才是更简单的方式。

即使公司已经做出了收购决策，对收购还是自建的分析依然很有价值。这一决策过程有助于买方深层发掘公司的需求以及愿意为此支付的代价。通过思考并量化自建策略更有助于收购。例如，即使一家公司已经认可收购是进入某市场的更好途径，但如果买方出价过高，那自建会是更好的选择。分析采用自建战略还是收购战略也会为公司在收购、整合过程中提供资源。不论是销售工程师还是市场总监，能制定自建战略的人通常也是有助于评价潜在目标、计划整合的人。

尽管收购存在一些缺点，但是我们不能低估了时间成本。时间成本是自建战略的致命缺陷。在变化迅速的市场和高速增长的区域，几年甚至是几个月的时间都可能使公司处于早期占领市场和寻求稳定市场之间的不同阶段。公司在评估自建战略时，不仅要考虑自建实际所需的成本，更重要的是考虑时间成本。通常情况下，支付高额费用以收购成形业务，可迅速进入该市场领域。

接下来，我们将讨论公司决定收购的确切原因。许多情况（非绝大多数情况）下，收购存在着多种原因。明确个体动机非常重要，这样有助于买方在谈判和整合过程中，思考其目标的优先次序，同时也可以保证买方在收购兴奋期也不忘遵循公司的根本目标。当然，大部分的收购目标还是非常具有吸引力的，但在这些目标中，与收购战略相匹配的关键环节和资产更为重要。牢记目标的优先次序有助于在谈判中思考哪些地方可以让步，哪些地方要坚持立场。

3.1.1 顾客和市场份额

也许进行收购最明显、最强烈的一个原因就是顾客。从本质上看，顾客是收入的来源，而收入是经营的首要目标。收购顾客的目的是多方面的。收购者可能只是想获得更多的客户关系，也可能是想获得不同类型的顾客。不同类型的顾客意味着全新的地理区域、全新的消费人群甚至是全新的法人实体（如公司客户对消费者）。

对消费者进行划分是一门非常复杂的科学，在此我们就不多作赘述了。然而，公司还是有必要思考几种划分消费者的方法。消费者类型包括以下几个方面：

- 不同年龄的消费群（年轻人、婴儿、退休人员等）；
- 拥有不同信用额度和财富的消费群（艾萨克公平信用组织（FICO）信用等级——有钱人、中产阶级、低收入阶层等）；
- 地理区域不同的消费群（农村、城市、市郊、北部、中西部、欧洲、亚洲等）；
- 公司或个人（个人、单独的所有权人、小公司、大公司等）；
- 使用频率（经常使用、偶尔使用、仅使用过一次等）；
- 性别（女性、男性）；
- 特定消费群（爱好者、企业家、家庭主妇、雅皮士等）。

在顾客收购中，对自建和收购的分析结果一目了然。收购能在短时间内给公司带来大量的客户。获取客户的传统方式包括广告、营销和促销等。对于大多数行业而言，顾客收购的成本是一个值得认真分析和记录的数据集。对于一些依靠大量中小型客户购买的行业，尤其是零售业来说，更是如此。在上述情况中，收购优于自建。

当一家公司收购另一家公司的主要原因是顾客时，买方需要考虑顾客的流失。在一些情况下，交易本身就会导致顾客群的流失。在一定程度上，客户基础因交易而受损或削弱，买方应考虑收购这一退化的客户基础网。简而言之，买方应考虑交易完成后的顾客群，而不是目标公司一方的。顾客流失的方式有很多种。最常见的是数量减少。如果有一部分的顾客因交易而流失，那么顾客群的总数也就相应地减少了。此外，交易也可能从质上减少顾客群，比如顾客的忠诚度降低、关系变淡或者消费的金额减少。

顾客减少的原因如下：一是突然的变化会造成顾客群的减少。因为很难向目标公司的顾客群隐瞒整个整合过程，毕竟当一家公司收购另一家公司时，顾客群都会经历多多少少的变化。最典型的例子包括全新的宣传版式、全新的服务水平、全新的销售队伍和销售代表，甚至生产也会发生改变。作为整合的一部分，买方应尽力弱化对顾客的影响，但有一些负面影响却是无法避免的。这些影响可能会导致顾客放弃该公司，也可能会超过顾客的忍耐极限而使其转向竞争公司。例如，假如本土银行被花旗银行收购，那么花旗银行可能会整合它们的网上交付平台。整合后的平台可能拥有更多的特色服务，功能更强大，但我却面临着不得不学习新网页、新控件的困扰。当然，这最起码会减少我转向另一家银行的想法，因为不论我去还是留，我都面临着学习新网上交付平台的困扰。

除了变化这个无法避免的负面影响外，有时被收购公司的客户也不得不面对买方提供的更差服务。此时，买方可能会尽力提供一流的产品和服务，以期减少这种情况的发生。然而，在通常情况下，买方的业务缺陷往往会被带入被收购业务中。这里，再次以大型全国性银行收购本土银行作为例子。你可以想象一下，当工作稳定和彼此熟悉的本土银行员工与流动性更强的大型银行员工混合在一起工作时，我所在的地区分行将不再是以往熟悉、友好的面孔，我不得不面对着对我和我的业务都不熟悉的新银行员工，因此，我去办理业务的兴趣也大大降低。

专有性也是影响顾客流失的一个因素。一些产品或服务的专有性在第一次销售时已存在，其结果导致首次购买就会产生转换阻碍——如果转换产品顾客就会不适应。如果能了解产品和服务的专有性程度有多大，则有助于买方预计可能的流失。例如，如果通用汽车公司（GM）从外部购买某一特殊零部件并围绕此部件为轿车作了特殊设计，那么，GM很难转换供应商且转换的成本很高。如果一家公司收购这家零部件供应商，那么要留住GM这个客户是比较容易的，除非买方做出一些让GM不可容忍的事情，使得GM不得不克服这些不适更换供应商。

在部分出售的案例中，我们还看到了导致客户流失的一些相关因素。当目标公司不完全是一个公司而是某一公司的一个部门时，买方也冒着损害客户关系的风险，因为它使得这个部门与母公司分离。顾客原本喜欢从一家公司中获得多种产品和服务，而在收账发生后，顾客必须面临两个不同的供应商。在某种意义上，这与整合目标公司和买方的产品，并使之成为一个整体所产生的协同效应是完全相反的。上述负面影响可以通过与部门出售方的持续沟通来减弱。在第9章全面讨论整合计划时，将会谈及将顾客流失降到最低程度的方法。在此要牢记的是，当收购顾客群时，你需要考虑交易导致的你所收购的顾客群的内在净流失。这不是出售方的事情，而是你的重要事情。

与顾客流失相关的还有与客户签订合同的问题。每次都重新签订合同的顾客和长期合作的顾客有天壤之别。在大多数情况下，客户都不只有一家供应商，在别处也有其他的供应商。对于这些客户，流失问题就极为严重。买方需要评估在交易完成后有多少客户将会流失。另外，有一些客户签订了长期合同并承诺长期购买公司产品。这些客户对于买方具有非常大的吸引力，因为这些客户不会流失。情况是否如此呢？当一家公司与客户签订了长期合同，那么在尽职调查中的关键问题之一就是明确这些合同关系能否转移。许多长期合同都会列出免责条款，如果公司被收购或者控股权发生改变，则这些条款可以使客户免于法律责任。买方不仅要明确在交易完成后客户是否会继续履行合同，而且要明确合同在交易完成后是否有效。

3.1.2 地域覆盖

区域扩张是进行收购的另一个常见动机。扩张到新的地区会遇到多方面的问题。除了要遇到诸多后勤问题，比如在当地建造设施、实现本土运作、与当地供应商和顾客建立关系等，还存在一个更大的挑战：如何理解当地文化并在此文化下从事经营活动。对一些公司而言，在某些情况下，收购一家本土公司比自建新公司容易、快速得多。对采用自建还是收购策略的分析主要取决于公司现在经营的地区与新拓展的地区之间存在多大的差别。例如，一家公司从纽约扩张到新泽西州可能遇到的挑战和差异性问题很少。与此相反的是，如果一家公司想从美国扩张到亚洲，那么它将面临一系列的适应当地文化的问题。收购新区域的业务有利有弊。积极影响有两个方面：（1）本土市场经验；（2）本土市场运作。

本土市场经验包括许多方面。首先，公司想在该地区经营就必须了解业务惯例和广泛的文化问题。其次，公司还应了解当地对该经营活动设定的标准，特别是对产品和服务设定的标准。再次，公司要深入了解当地客户的需求和习惯。例如，如果一家公司在巴西提供信用服务，那么，它就应该了解由于在巴西很多人拥有汽车而没有房子，因此，巴西一般采用汽车抵押贷款，而美国则采用房屋抵押贷款。最后，本土市场经验也包括对当地经济和竞争者的了解，但这通常没有得到人们足够的重视。尽管确实可以自建公司，但是花费的时间和成本都很高，尤其是对那些需要将市场经验渗透到组织方方面面的公司。不仅与客户接触的销售队伍、开发产品功能和特性的产品开发部以及工程部需要本土市场经验，甚至当地的财务和法律实践也需要一定的经验。

　　本土关系甚至比本土经验更有价值，通常是经营成功的关键因素。对于许多市场而言，成功与失败的差别仅在于公共关系。本土关系不仅包括了解当地客户，还包括在当地建立良好的声誉。拥有本土关系的一些人知道哪些是有用之人，还知道这些人的优缺点、目标和局限及怎样联络到这些人。在一些不成熟的市场，甚至一些成熟的市场，声誉相当于有价值的货币。在这些市场中，良好的声誉和信誉比优秀的财务能力更加能赢得合作方、供应商以及客户的信任。这一点非常重要。本土关系对各方面都很重要。为高效率地经营业务，公司不仅要发展与客户之间的关系，而且还要处理好与供应商、合作方、监管机构以及其他各方之间的关系。也许本土关系比本土经验更为重要，发展本土关系需要花费大量的时间，同时也没有捷径可走。

　　当然，买方也可以通过精心挑选人才以获得本土关系和本土经验，但是，正如一名人力资源专家给出的忠告，从零开始招聘人才是一项相当耗时费力的过程。此外，尽管这些人能给公司带来声誉，但是这种声誉只能部分转移到新设立的公司中。

　　现有的本土公司还具有另一些更具体化的价值。比如，一家公司即使拥有了本土经验，但业务开展所需的基础设施也要耗费大量的时间、成本。此外，设备、信息系统、供应商关系以及其他有形资产和系统都需要建设。当然，从零开始建立可以与母公司实现完美无缺的整合，但这样会延迟推向市场的时间，从而造成损失。

　　收购的另一个优点在于可创造本土化的形象。收购的成本会因新开发地区与公司所在地区的不同而不同。一般来说，跨越国境会增加收购的价值，提高自建的成本。然而，各国境内的差别也有所不同。美国与加拿大之间的差别就远小于美国与中国之间的差别，甚至也远小于美国与墨西哥之间的差别。

最后，还想简要探讨一下关于地域覆盖的最后一点，即买方想要获得本土人才的目标。尽管公司在一个新地区进行收购的目的不全在于人，但是如果买方越关注本土经验和本土关系的话，那么，留住作为公司一部分的被收购方的人员，对买方而言就越重要。收购者的目标将在本章稍后进行讨论。

在美国以外进行收购的有关问题和挑战的更多细节，将在第 6 章中进行描述。

3.1.3　技术/产品

收购通常能给一个公司带来快速获取新技术或新产品的捷径。正如顾客收购一样，技术和产品收购通常要与自建策略进行比较。然而，像品牌（将在下一部分讨论）一样，技术和产品有时很难复制。如果目标公司拥有技术或产品的专利或版权，那么，很难有效生产出完全一样的产品。医药公司就是一个典型的例子。如果一个医药公司拥有一项成功的专利，这就意味着其他公司不能简单、完全地复制其药品，而是要经过一个更加漫长、艰辛的过程，从而研发出另一种效果相同的不同药品。

收购目标公司的技术和产品的一个吸引人的地方是你不必再依靠那些在你控制以外的事物，比如雇主的压力。事实上，如果一个公司因其技术或产品被收购，那么，买方通常只会保留一小部分原有的员工，尤其是那些拥有专门知识的技术或产品开发人员。

收购一项新的技术或产品可以从很多方面来配合买方的经营战略。新产品可以扩充现有产品以拓宽产品线、增加顾客群。其优点在于买方可以调整用于增加销售的资源和费用，同时，期望通过给顾客提供另外的产品以增加收入。如果这是买方的战略，那么，买方需要考虑新产品如何与原有产品搭配。它需要考虑诸如产品的质量、标准和使用协议等问题。举一个例子来说，一家大型的游戏制作商可能对收购一家较小的竞争公司非常感兴趣，因为这样可以迅速拓宽其产品线，而不是额外花时间去编写更多的游戏程序。当然，在上述情况下，还应该考虑该游戏运行的平台。如果有一家游戏制作商，其多数产品是销售给 PlayStation® 公司的，那它不会想收购一家将主要产品提供给 Xbox 公司的游戏制作商。

收购新产品有时候被用来作为拓展新业务和新顾客群的方法。在这种情况下，买方可能不太关注此产品与现有产品的配合度，但却需要考虑衍生物和所需要的其他资源，从而保证公司的兴盛。通常情况下，买方期望通过至少调整一种现有资源（如生产流程、销售队伍、品牌等）的方式来实现扩张。因此，即使这个产品与它现有的其他产品不能完全配合，买方也需要考虑怎样将该产品整合到相关的业务中去。

有时，买方想要收购的是技术而非整个产品。这项技术可能是前端技术或者是后端技术。前端技术包括产品零部件所含技术。例如，一家手机制造商可能会收购一家拥有小型摄像头技术的厂商，从而可以生产照相手机。后端技术包括使得买方的经营具有更高效能和更高效率的技术。公司要获得前端技术可能需要独家授权和独家许可，而后端技术则可以通过授权、购买或者租赁的方式获得。例如，通用汽车公司（GM）在制造流程中采用了机器人系统，但GM可能并不拥有机器人系统的专利权，而只是购买了该系统。然而，在某些情况下，有些技术非常关键，必须买下。也存在这样的可能，即买方为了阻止竞争者拥有与其后端技术相似的技术，创造竞争优势，因而买断该技术。

虽然构建方略往往是针对科技和产品的一种选择，但是一个潜在的收购者不仅需要考虑从头开始的构建成本和时间，而且还要考虑不断尝试和错误的好处在哪。产品和科技的运行情况往往第一次都不会太好，但是通过这一开发过程，你能够获得关于从功能到客户需要的有价值的判断和了解。收购技术和产品的一大优势在于你获得的东西往往已经升级了好几代了，也可能具有一些尔自主开发的第一代产品中没有的特征。

当收购一项产品或面向顾客的技术时，区别产品、技术与品牌之间的价值是非常重要的，但这三者之间常常没有明显的区别。例如，虽然魔音耳机（Dr. Dre headsets，2014 年苹果公司以 30 亿美元收购）设计优良，但是却不清楚该产品的成功和市场领先究竟是源于产品的质量优异，还是源于其日积月累的声誉和消费者对品牌的忠诚度。

3.1.4　品牌因素

品牌是许多公司一项非常有价值的资产，但是品牌资产的价值却很难进行量化。当然，没有人能够否认可口可乐、苹果、耐克、星巴克和麦当劳等品牌所包含的巨大价值。这种价值体现在品牌所包含的产品质量的声誉及顾客忠诚度的水平当中。对于品牌来说，运用自创品牌和购买品牌的对比分析同样难以进行量化。我们可以很容易地计算出为了达到一定数量的顾客和购买次数在营销上所投入的费用，然而，这种方法却不能移植到品牌质量的分析中。从某种意义上说，我们不可能通过花费在营销上的费用来得出品牌质量的信息。更重要的是，品牌的树立和发展是一个长期的过程。在某种程度上，我们可以通过更多的投入来快速地研发技术、吸引顾客和占有当地市场。但是，品牌和品牌忠诚度的培育却需要花费更多的时间。大多数著名品牌的建立都花费了长达数十年的时间，有的甚至长达数百年的时间。

既然建立自身品牌不是一个有效的途径，那么在一个品牌上附加价值同样会面临许多难题。这是潜在收购公司面临的一个挑战。在大多数情况下，收购公司将会试图量化收购品牌带来的顾客和利润。沿着这个方向，收购公司应该对品牌能够带给原公司的利润有清醒的认识，同样，还应该认识到收购该品牌能够给其自身带来的实际利润。例如，目标公司拥有的是单一产品，但是收购公司拥有多个产品，收购公司可能利用该品牌来扩大整个产品线的销售量。另一方面，收购公司同样需要对品牌退化可能带来的风险进行深入的思考。通过收购有效地转移一个品牌存在的巨大挑战和风险。品牌本身就如同一个精致的玻璃制品，容易破裂，甚至粉碎。收购对于品牌来说，就像出现一次创伤事件，收购公司往往容易采取错误的步骤而对品牌造成实质伤害。在一些情况下，即使是善意的收购，也会对品牌造成本质上的伤害。一些品牌具有价值，是因为它们同一些小的"难对付的"公司联系在一起，而大型联合公司的收购行动恰恰能够破坏这些品牌价值。另外，考虑到顾客，收购公司也需要衡量品牌的价值。这种价值并不是目标公司运营下的品牌价值，而是收购公司在综合考虑收购品牌潜在的增长、扩张和退化的情况下，运营该品牌的价值。

3.1.5 人力资源

人们已经讨论了在地理扩张、技术和产品等背景下各种驱动收购的因素。在这里，我们同样可以找出一系列的理由来解释人力资源这种驱动收购的关键因素。在严峻的劳动力市场中，无需通过个体的招聘流程而获得大量劳动力资源的方式无疑具有巨大的吸引力。一些地区的专业人才更是稀少而且具有重要价值，然而通过收购一家公司的方式却能够轻易地获得这些资源。在一些情况下，主要的目标集中于普通的雇员。例如，一家拥有一支强大的、训练有素且执行有效的销售团队的公司就有可能成为收购的目标。在这种情况下，吸引收购方的因素主要是一个已经建立的销售团队，而这个团队恰好能够满足顾客需求和高效原则。相反的，在另一些情况下，一家公司的高级管理层团队可能成为关注的焦点。在其他一些情况下，技术团队也可能成为焦点，这种情况往往出现在拥有独特技术或专利技术的公司当中。在大多数情况下，获取人力资源的目标通常是包含在一系列相关的目标当中的。例如，具有专有技术的公司通常有一批掌握该技术的员工，而拥有坚实、深层的顾客关系的公司通常有一批具有特殊才能、熟练营销技能的人才。

　　当收购的焦点集中于人力资源时，其包含的风险和挑战是最大的。这是因为（我们并没有夸大这一例子）对于我们所在的国家来说，契约奴役制是非法的。也就是说，当你收购一项技术，或是一项设施，或是一个品牌名称时，你有权保留它们，但是，当你收购的是雇员时，如果他们决定离开，你是无权留住他们的。咨询公司通常有这样一种说法："在你每天下班离开的时候，你的商业价值也跟着带出了大门。"这就是收购这种类型的公司所面临的一个典型的挑战。任何对人力资源高度依赖的业务都是在人员频繁流动所带来的风险下运行的。然而，当你收购一家以人力资源作为重要资产的公司时，这种风险将会更大。收购带来了新的因素，这些因素会影响你留住雇员的能力。正如第 9 章将深入讨论的那样，目标公司的雇员可能发觉他们面临着不同的薪酬结构、新的福利计划和新的公司文化等。他们同样会发现，如果他们持有大量公司股份的话，选择离开就会成为现金赔付的受益者。于是，基于这些因素和其他的原因，目标公司的雇员通常会在收购完成后选择离开。然而，这种人力资源资产的减少能够通过积极、主动的努力得到改善，如恳求雇员留下，或者采用特别的奖励措施和合同等。雇员在收购过程中流失，是一种真实而普遍的风险。

　　在上述这种情况下，通过自建人才体系同样具有极大的吸引力。同样，雇员在公司被收购后可以选择离开，更准确地说，他们可以选择另一个雇主。通过恶意的招聘策略，如利用猎头公司，利用高薪酬，公司可以直接获得人才以建立自身的业务体系。当然，这种方式可能不能使公司招聘到具有特殊才能的雇员，但是在多数情况下，还是能够让公司招聘到所需的人才。其中，最典型的情况就是目标公司的高级行政人员，他们通常不是受其薪水，而是受其持有的股份激励的。然而，这些雇员在收购完成后也是最有可能流失的，因为收购为其带来了巨额财富。

结合典型的自建策略和收购策略的内在风险（通过资产贬值的方式体现出来）来看，通过收购以获得人力资源的方式仍然是一种相对罕见的策略。在许多情况下，人力资源是一项重要的资产，并且在收购因素中占据着重要的地位，但是，很少有公司的收购只是为了获得人力资源。在这种情况下，收购过程中的焦点将集中于如何留住人才。因为这时你已经付出了收购的代价，而风险会伴随着雇员的离去而产生。

3.1.6　规模经济

商学院的教授们常常喜欢将规模经济作为解释收购的一个原因。简要地说，其假设是规模越大越好，或者说更大至少更高效。当收购是受规模经济因素驱动时，收购公司将很快拥有更多的顾客，或者更大批量地生产产品，或者在产品供应的其他方面有所增加。当行业中的主要成本为固定成本时，这种战略是比较普遍的。在这种情况下，任何销售或生产所增加的单位产品都能够比在可变成本占主要因素的情况下获得更多的利润。例如，如果公司投资建一条制造生产线，它将投入巨额的固定成本。公司将竭尽全力去充分提高销量以使其制造生产线能够得到充分的利用。换句话说，随着生产量的增加，生产的每一个附加单元的边际成本将会降低，并且随着销量增加，产品利润也随之增加。

在某种意义上，自建策略和收购策略的比较分析与在顾客收购的情况下所作的分析很相似。不同的是当你假设被收购公司的客户需求将用收购公司现有的制造平台来满足，那么收益将更可观。因此，在这种情况下，市场的时间价值和速度价值的增加将成为收购公司支付的额外费用，当结束目标公司的制造业务和将目标公司的业务转移到收购公司所拥有的平台上时，额外费用可以充分地依靠协同作用来弥补。

当收购是由规模经济驱动时，考虑整合问题和整合成本格外重要。规模经济是逐步达到的，千万不要低估在一个平台下整合产品、经营、制造和其他因素的成本。一般来说，通过收购获得规模经济是产生长期收益的前期成本（收购价格和整合成本）的一部分。因此，收购公司需要充分地认识到实现目标前的前期费用和时间。

3.1.7　差异化/市场地位

如同规模经济一样，收账的差异化/市场地位这个驱动因素附属于已被讨论过的其他驱动因素。收购公司通过收购目标公司的顾客群，在某些情况下，是目标公司的地理位置、产品或品牌，来增强或支持公司的市场地位。但是，不同的收购类别有着明显的差别。收购更多的客户或产品对被收购方来说，是一个终局。相比而言，市场占有率的维持或增长是同一市场中其他公司的目标。在这种情况下，收购公司不仅努力使业务增长，并且努力使自身维持或提高相对于竞争对手的市场地位。某些市场和区域市场从长期看，也许只能承载有限的几家公司，尤其是那些边际利润微薄，具有规模经济效应且顾客只倾向于大公司和大品牌的市场。这对，作为驱动收购的重要因素的市场占有率自然而然地成为重要的战略目标。例如，在某些行业，如果一家公司成功地获得足够的市场占有率，那么，它实际上就拥有了标准的或者超过合作者或供应者的市场影响力。司法部做出声明，微软在PC操作系统领域拥有庞大的、占支配地位的市场占有率，我们对于此声明的合法性并无异议。市场占有率也能提供可信度。例如，潜在的合作伙伴公司可能以市场占有率来衡量公司强弱和业务或产品线的寿命。

前面讨论过的自建策略和收购策略的比较分析也可以应用于市场占有率的目标。但是，在竞争行业中，对于自建策略来说，市场占有率的"大跃进"很难快速达到，因为公司的竞争对手也在作相似的努力。

最后要谈的可能有些偏离市场占有率。获取市场份额的目标本身没有错误。实际上，根据定义，在资本模型中，这是一种基本的业务驱动力。占有市场份额能够带来规模经济，规模经济能够带来更高的效率和更低的价格。然而，法律对努力获取市场份额有明显的限制。我只想说，反托拉斯法首先是保持和培育一个竞争的商业环境。[①]若正在考虑以取得市场份额为目标的收购，收购公司需要熟悉反托拉斯法的监管条例。在某些情况下，反托拉斯监管可能会禁止交易。即使反托拉斯监管不这样做，收购公司也需要小心应付它们对市场占有率目标的描述和讨论。如同所有律师告诉你的那样，就收购带来的反竞争行为和反竞争目标的影响来讲，通过收购取得市场份额可能是有风险的。当市场份额是收购的重要驱动力时，收购公司向它的律师咨询及征求的不仅是是否进行交易及如何交易，而且是如何描述和讨论这笔交易。

收购公司选择收购的几个关键的原因已经讨论过了，其中一些比较普遍。自建几乎总是可行的，但应审慎考虑。潜在的资产贬值也是需要认真考虑的。整合需要付出的代价、成本和时间也需要多加考虑。尽管如此，许多收购公司还是理所当然地认为收购是实现其某些目标的最佳策略。

最后考虑一下收购的原因。虽然本节已经分析了公司收购的理性经济原因，但是必须转回到做出这些决定的人身上来。很难找到一位不想把公司经营得更大和更持久的首席执行官、高级行政人员或部门经理。靠组织自我成长是很困难、很缓慢的，而收购是具有吸引力的捷径。当完全不清楚收购是不是最佳的增长方式时，寻找能够驾驭收购策略的高级管理人员是比较普遍的做法。在其他情况下，因为种种原因你可能偶尔会发现公司更擅长于收购交易，而不太具备自我成长的能力。在某些情况下，你甚至会发现公司是高效的收购机器，公司的专业能力使其能够高效地收购其他公司，同时，在其收购的不同公司之间完成整合。然而，收购的驾驭者仍然是交易进行的重要掌控者。深入理解上述原因后，你能够确保自己在尽职调查、谈判和整合计划中把握真正的重点。

---

① 关于这一问题的详细讨论，请参见 Robert Pitofsky，Harvey Goldschmid，and Diane Wood，Trade Regulation Cases and Materials，5th ed.（Brooklyn，NY：Foundation Press，2003）.

3.2 选择出售

如果选择收购像是一场战役的话，那么选择出售就是整个战争。选择出售是最后的决定，这个决定意味着公司将不再冒风险，也是评估公司成功的计分卡。因此，这个决定通常需要经过长期探讨和争辩。很难有一个具体的、明确的出售公司的最佳时间点，因此，通常必须对未来可能的事件进行判断，包括公司业绩、竞争对手和整个行业。在很多情况下，这个过程将持续数月甚至数年。在过去的10年中，许多公司已经建立以销售为目标的战略。对于参与公司经营的每个人来说，销售是一种非常个人、非常专业的行为，个人奖励往往直接能够使人们在短期内下定出售的决心。让我们开始从商业层面上讨论公司选择出售的可能原因。

3.2.1 出售的商业理由

在本小节，目标公司会被视为一个统一的法人实体，假定管理者和所有者行动一致，只强调股东价值最大化。在实践检验中，往往会发现这个假定中的管理者和所有者的个人目标是相互冲突的，我们将在下一小节中讨论。也就是说，一家公司选择出售有许多原因。所有的原因都是基于与继续经营相比，出售能使公司的内在价值最大化以及股东价值最大化的想法。在理论上，应该对通过公司实现的股东价值的增长与股东资本运作价值进行比较。每个公司或者个体都有资本成本和资本运作的选择权，这些将在第8章详细讨论。如果投资不能收回资本成本，那么，无论如何都是糟糕的投资；如果投资不能取得与选择资本运作相当的回报水平，那么，投资就是差劲的投资。具体来说，如果预期该公司股票每年升值10%，但是，投资者在相同风险水平上将资本使用在其他地方会获得15%的回报，那么，选择该公司就是一个差劲的投资。所面临的挑战就是要接近公司达到最佳投资的拐点。人们关注的一般问题是公司如何成长而不是投资者对资本的选择使用。每个投资者的资本都有不同的用途，除非是非常有经验的、专业的投资者，否则投资者并不知道怎样选择使用资本。出售公司经常面临的不仅是公司增速轻微放缓的状况，而且还有急剧放缓甚至有时就是下降的状况。如果你认为公司价值会长期下降，那么即使没有头脑的人也会决定出售和重置资本——甚至活期存款或国库券收益也会有更好的回报。主要问题是公司是否到了这种转折点以及何时发生。因为出售得太早就意味着损失很多价值，所以转折点对高成长公司尤为重要。这就是在科技发达时代投资者所面对的难题。即使当他们认识到泡沫即将破灭的时候，他们也不想退出得太早以免错过余下的增长期。所以，那些1999年出售科技股的人十分懊悔他们的决定，虽然他们的人数不及2001年持有科技股的人数。

1. 市场时机

市场周期的本质是公司选择出售的第一原因。不考虑特别业务的业绩表，所有的公司都受到市场整体走势的影响。在经济不景气时，即使是最稳健的股票也难以幸免。有人可能认为在衰退的市场，资本的选择使用也会遭受相似的损失，但要记住最现实的"无所作为"的选择是投资者以现金的形式持有其资金。因此，纵使一家公司表现良好，一旦市场衰退，该公司也会出售公司让股东持有现金以使股东价值最大化。①任何股票经纪人都会告诉你，记录全部市场走势是一个艰难的命题。完成一个与市场趋势一致的出售过程更是困难，这会花费数月的时间。如果一家公司知道其有可能在中短期内出售，那么，把握市场时机可能有助于使出售的价值最大化，但是，要想使出售时间与市场时机完全吻合是相当困难的。如果一家公司认为在未来的三四年内将会遭遇来自新进入者的强力竞争，那么，在那段时期可能利用市场时机决定何时是出售的最佳时机。如果一家公司没有其他出售的原因，那么，单纯的出售就不是一个好主意，因为公司可能还未达到市场周期的顶峰。

2. 行业周期时机

除了市场时机，还有行业时机。大多数行业周期是变动的。有时这些周期

---

① 此处假设以现金形式付款。正如第8章中所讨论的那样,收购者通常会以股份的形式向出售者进行部分或者全部付款。在这种情况下,很明显出售者的股东并没有消除整体市场风险,如果市场风险将会危及收购者的股份。但是,这些股东将被允许能够迅速出售他们所获得的收购者的股份,那么这将能够让其迅速将股份转换成现金,从而让其在相当短的时间内就能够消除市场风险。

与市场有关，有时与其他经济因素有关。其中一个例子就是新房的需求。当利率上升或经济萧条时，新房的需求可能减少，当利率下降或经济强劲时，新房的需求可能增加。从长期看，这种趋势就是跟随需求的"潮涨潮落"。想要使出售时间与这些行业趋势类型相匹配是比较困难的。然而，由于特定行业的趋势会对公司价值产生巨大和直接的影响，而且行业参与者可能很容易预测到这些趋势，所以一家公司往往很容易根据市场趋势来选择出售时间。例如，利率从2004年降到最低点后开始回升。许多基于住房按揭贷款的再融资而开展业务的按揭供应商和其他公司预测到其所在行业已经达到周期的高点，并且可能在峰点出售。在两个重要的方面，行业趋势不同于整体市场的趋势。第一，它可能对特定行业的公司产生更大的影响。

顾名思义，整体市场具有对冲机制，因为这是多种行业朝着不同方向运动的集合。个体行业周期可能更具戏剧性。第二，由于某一行业趋势可能与整体市场没有关联，所以选择性投资机会可能不会降低商业价值。例如，在利率上升的强劲经济中，房地产建筑商可能遭受损失，而电子商品制造商则蓬勃发展，因为人们用他们新增加的财富购买电视机而不是为新房付款（由于高利率，新房首付款比较多）。另外，针对潜在的收购公司是来自其他不景气的行业的情况，目标公司能够要求一个较高的价格，纵使其自身所在的行业出现衰落。例如，当图书销售急剧下降的时候，有声图书的销售是上升的，一家有声图书公司可能愿意支付高价给图书出版商，因为该公司的有声图书需要内容，尽管这样会使收入下降。

存在的挑战是大多数收购公司会注意到这些趋势而使出售公司的价值大打折扣。收购公司收购行动的价值和收购公司愿意支付的实际价格之间有很大的差别，我们将在第8章讨论。收购公司愿意支付的价格是受它感知的市场价值的驱使，如果一个公司只有一个部门的业绩是增长的，而其余部门的业绩都处于下滑阶段，那么，收购公司不可能愿意支付高昂的价格。由于这些行业周期重复循环，就像市场周期一样。除非有迫切的需要或者周期波动特别剧烈，否则，无需在峰点急于出售，因为总会有下一个峰点。像市场时机一样，当公司决定出售以使其价值最大化时，行业周期时机是一个有用的工具。如果认为周期仅仅是重复模式的一部分的话，就不存在因为行业周期而出售的特别原因。由于这些周期大部分重复十年，也很难说它们是否就确实将会重复，如果公司想要在中期出售，公司可能会借机在市场峰点出售，而不是冒险挨过比其所预期的还要长的市场衰退期。

3.遭遇瓶颈

在一个增长的市场区间，即使一个运转良好的公司也会遭遇瓶颈或者业绩开始下滑。在某些行业，大公司、小公司各有其生存的细分市场空间。在某些情况下，两者之间存在很大的距离，公司很难跨越。例如，本地连锁餐厅和全国连锁餐厅的差别是很大的。虽然星巴克（Starbucks）能做到成功跨越，但许多在本地市场取得成功的本地连锁公司却做不到。一个公司会因为不具有继续发展的能力而遭遇瓶颈。我们将简单讨论一下这是如何发生的。一些公司在占领一种产品的市场后，却没有继续扩张超越这一市场定位的能力，这就是遭遇了瓶颈。这种情况在技术领域很普遍，许多公司开发出一种"更好的鼠标"技术，但除此之外别无长处。这些公司往往会被更大型的科技公司收购，其产品被列入收购公司的全部产品组合中。思科就是一个非常好的例子。它是一家大型的科技公司，经常收购较小的、拥有单一产品的科技公司。另一种市场定位是基于特定的顾客群。你可以想象一家公司卖衣服给年轻人很成功，但不知道该公司是否有能力有效地为各年龄层顾客服务。当然，收购公司所面临的挑战还有要扩大规模时，如何保持目标公司的有利地位。

无论市场定位是基于地理空间、产品线还是顾客群，当一家公司遭遇瓶颈后，就必须选择要么成长，尝试进入新领域，要么考虑出售。当公司遭遇这种瓶颈时，出售就变成更具吸引力的策略。从某种意义上讲，公司不具有达到更高水平的资源，但是收购公司可能会有，因此，出售会使公司变得更有价值——买卖双方会分享的价值。对于公司来说，遭遇瓶颈是一种遭受挫折的经历，因为这不是失败的标志而是公司或团队自然具有的局限性。这就同一个高中生运动员被告知没有天赋，无论其如何努力训练也不会成功是一个道理，或者简单地说，由于其身体素质的原因，不能继续其运动生涯，比如身材高大的芭蕾舞学生、身材矮小的足球运动员。遭遇瓶颈也是一个挑战，因为它不会很清晰、很明显。在大多数情况下，该公司将继续为增长、拓展新市场和新客户群、扩充新产品制订计划。在某些情况下，小公司可以有效地突破这些障碍，从而获得巨大的成功。星巴克（Starbucks）就是一个成功地突破了地理障碍的例子。戴尔（Dell）是一个超越核心产品线扩张的例子。凯迪拉克（Cadillac）近来以其"凯雷德"（Escalade）运动型多功能车（SUV）成功地开辟了全新的客户领域。所以，诱惑会永远使公司尝试突破瓶颈，实现飞跃。管理者和所有者的挑战是做出公司是否有能力实现跨越或者是否适合出售的重要判断。同时，管理层需要去权衡突破瓶颈以获得更多的回报的风险与维持停滞状态失败的风险。

4. 根本性的逆变

除了遭遇瓶颈之外，有时公司还面临着严重的衰退危险。这或者是由于公司本身的原因，或者是由于公司所在的行业或部门存在的普遍问题。在这两种情况下，公司可以尝试通过在衰退开始之前出售或者至少在公司被完全破坏之前出售来使股东价值最大化。

某些行业趋势不是周期性的而是一次性的事件或者是永久趋势。如果一个行业正在经历这种转变，公司可能会陷入持续的甚至永久的衰退期。这是一个比周期性行业趋势更明显和更有力的出售驱动力，因为在这个水平上出售的机会不可能再出现。这种改变的一个例子是规则的变化，它会永久地改变公司所处的环境。公司常常出于显而易见的原因，反对这样的规则变化。所以，一个行业主要的新规则往往会受新发现的事物/科学或者广泛的公共政策目标的变化所驱使。例如，石棉可能/能够引发癌症的发现导致了石棉使用和处理的新规则，从而使石棉制造商的价值大大降低了。类似的，许多城市出台的新规定都对某些行业产生了影响，尤其是在纽约，在公共场所禁止吸烟已经损害了酒吧和其他以前允许吸烟的场所的价值。①与之相关的话题是集体诉讼。有新的

---

① 请注意，有时候这样的条例实际上能够产生相反影响，即增加企业的价值。例如，纽约的几家不受新禁烟规定限制的企业，现在在财务上就非常成功。如果一家公司属于最新被监管的行业，并且在一定程度上避免了监管影响，那么该公司将很有可能获得市场份额并且变得更加成功。例如，如果苹果果农使用一种特定的农药来提高产量，但是该农药突然被发现会致癌并且被法律禁止使用，那么从积极的客户感知以及竞争者增加了（他们所没有的）成本这一事实中，那些没有使用该农药的果农将受益。

发现表明，产品对顾客的不利影响常常导致大规模的诉讼案件。当公司已经被起诉时，它就不能再以它没有遭到起诉时的价格被出售。

一个行业也可能因市场的自然变化而陷入衰退。典型的例子是双轮马车制造业，机动车的出现导致双轮马车的需求出现大幅的、不可避免的下降。一个行业或者特定的公司会因为受到外部因素的影响而衰退，如技术的发展或客户需求的变化。例如，近来流行的低碳水化合物食物已经影响到面包和其他的高碳水化合物食物的生产商和零售商。

导致公司业绩下降的原因很多。在某些情况下，问题可能出现在核心商业模式或产品方面，在其他情况下，问题可能出现在管理团队身上。不管什么原因，当公司的业绩开始下滑时，如果没有扭转这种下滑趋势的信心的话，那么出售公司将是一种极具吸引力的想法。公司需要思考的关键问题在于导致业绩下滑的因素是否与潜在的收购公司有关。如果是，那么收购公司不可能为一家业绩下滑的公司支付高于它的价值的价格。然而，如果收购公司能够纠正问题或者完全避免问题，那么，收购公司可能愿意支付比继续独立经营更高的股东价值。例如，如果一家科技公司拥有出色的产品，但是同时拥有一支无效率的销售队伍，那么一家拥有高效率的销售队伍的大型公司可能会觉得该科技公司具有很强的吸引力。

5.内在限制

许多小型和创业型公司最终都会受到其自身的内在限制。虽然少数公司能够克服自身的限制，但是，大多数公司会因为受到这些内在的限制而蹒跚前行。在这种形势下，将公司出售给更具能力的公司可能是使股东价值最大化的最好方式。公司会受到各种各样的内在限制，有些是基于行业本身的性质。下面将会讨论一些特别普遍的例子。

（1）管　理

小型和创业型公司通常都是由企业家来经营的。这些公司的某些管理者具有经营管理大型机构和公司的经验，而其他一些是把大部分职业生涯放在创业上面的创业型企业家。这实际上是公司早期发展阶段具有的明显优势。新创立的、奋斗中的公司与大型的、已建立的公司相比，需要完全不同的管理技能。

创业型企业家可能会了解并准备好应对困难和公司初创的挑战。然而，随着公司的成长，管理团队的管理技能需要随之变化。在多数情况下，初始管理团队会随着公司的成长而被大量地留用。你可以对这提出反对意见。为什么要换掉帮助成功创立公司并使之成长的管理者呢？因为这些管理者不具备管理现有规模公司的技能，也不能带领公司应对突破瓶颈的挑战。股东对这些帮助创立公司的管理者内在忠诚度的质疑将会加速这一问题的恶化。有时，公司的股东和创始人会注意到公司对新型管理人才的需求，并会随着公司的发展聘请新的管理者。谷歌就是这样一个很好的例子，创始人和股东选择聘用一位有十年CEO经验的大公司的经理来出任公司的首席执行官，但留任执行主席。

组织内部也面临着更新管理人才的挑战。随着公司的发展，不仅首席执行官和高层管理人员，而且整个管理团队可能都缺乏合适的管理技能。当公司选择提升其管理团队时，这往往是一项艰巨的任务，在过渡期内，公司要冒着被毁掉的风险。在这种情况下，公司可能会考虑出售。出售公司的好处是收购公司可能会有很多合适的管理人才（管理同类公司的经验以及管理更大的公司的经验）并能更加有效地、迅速地应用其管理技能。你可以想象，如果因为你缺乏使公司发展的管理技能而要卖掉公司，你肯定会感到特别愤怒。管理团队可能因为这样的暗示而被激怒，即他们缺乏能使公司持续增长的技能，而没有管理层的支持，要出售公司是很难的。但是，在出售中能够获得的意外收入可能会促使管理层支持出售。

（2）资本和资源

即使公司的管理团队能够战胜上述挑战，但有时，公司也会因为没有所需要的资源而难以持续增长。正如他们所说的"有心无力"。突破瓶颈或者只是持续增长，有时需要公司不具有的资本和资源。在某些情况下，该公司可以借助其投资者或新的投资者，但是在另一些情况下，却很难缓解资金不足的压力。下面是几个受到资源限制的例子。

一些公司的资源需求增长率是线性的甚至是下降的。规模经济意味着公司的成长速度高于特定成本的增长速度。例如，一旦执行了员工福利计划，那么，新增员工的边际成本是很低的。类似的，如果你建立了一个完整的呼叫中心，那么，每个额外呼叫的成本也是非常低的。然而，在公司成长过程的特定时期，某些成本会突然地大幅上升。当一个公司进入一个规则很多的行业时，会因为遵守这些规则而导致成本增加。提供技术解决方案和达到一定规模的公司会应规定或客户的要求而执行更高的安全性和可靠性标准。或许最好的例子是技术平台，技术平台的成本增加往往不是线性的而是跳跃性的急剧增加。例如，一旦你生产的处理器达到了最大效能，你可能会情不自禁地想把它升级到更高水平。当公司的成本达到极限成本时，如果公司不能获得合适的资源来支持，那么，公司的发展将受到阻碍。

无论资源限制的性质是什么，问题往往可以归结为资金。尽管公司总是试图筹集额外的资本，但是，有时需要得太多以至于超过了小型公司的能力范围。即使商业模式是健全的，但投资者在将大笔投资投入小公司时，可能仍会犹豫。这往往会发生在拥有优秀产品的公司身上，但是在公司有效出售之前，应该依靠雄厚的公司基础。这类公司无法负担公司进入初创阶段的费用，因为之前需要花费大量的资金。例如，即使只是在一个城市建立电缆网，其成本也是非常昂贵的，因此，小公司从来就没有想过尝试完成它。一个低科技含量的产品只有依靠低成本、批量销售才能成为受欢迎的消费品。

即使产品获得了众多消费者的青睐，投资者可能仍会犹豫是否应该给小公司投入资金以大量制造产品从而获得利润。在这种情况下，将公司出售给拥有资本和资源的大买家可以实现公司价值和股东利益的最大化。

（3）整体规模、临界产量

整体规模和临界产量是广义上与内在限制相关的问题。除资金外，还有很多其他限制公司发展的因素。许多公司无法提高市场地位，是因为缺乏某种业务要素而无法达到临界产量。尽管无法达到临界产量有时纯粹只是因为资金限制，但实际情况往往更加复杂。在某些行业中存在着很多依靠小规模获得成功的小公司。在大多数情况下，这些小公司无法扩张，无法与行业内主要的大公司竞争，而且永远是小生意。

咖啡屋就是一个很好的例子。大多数城镇都有很多非常成功的小咖啡屋。这些咖啡屋也许能够在其第一家店面附近范围内扩张成一个小型连锁店。然而，要想从单一市场上的小型连锁店发展成为像星巴克这样的全国甚至世界名牌，无疑是一个巨大的挑战。要想成为一个成功的全国连锁公司，公司需要打造高知名度的全国品牌。同样的情况也适用于制造业公司。小规模的公司可以进行小规模生产，但是，要与大公司竞争，制造业公司常常需要达到某种水平的临界产量，这样才能降低边际成本。你可以想象一下，一家每年只生产5 000辆汽车的汽车制造商，是不可能去尝试直接与通用（GM）或福特（Ford）这样的大公司进行价格竞争的。小规模公司如法拉利（Ferrari）之所以能够在低产量中生存，是因为小规模公司不同大公司直接竞争，而是满足不需要临界产量和规模效应的专业化需求。或许，以临界产量来支持公司基础的最鲜明的例子就是联邦快递（FedEx）。联邦快递需要全球化的运输网络来提供服务。实际上，联邦快递的第一个包裹的航运运费高达数十亿美元。为了持续经营，联邦快递和美国邮政（UPS）的运作模式都面临着巨大的临界产量障碍。

基础设施是最常见的面临临界产量障碍的例子。制造业的基础设施必须达到一个最小产量才能实现成本效益。这类基础设施可以是一个制造业的工厂，比如钢管厂；可以是一个技术平台，比如电话网络；可以是一个金融平台，比如贷款机构。在上述每种情况下，都有一个维持基础设施的固定成本，如果没有一个最低交易量来分摊这一固定成本，就无法实现成本效益。

除了制造业，还有很多的基础设施和固定成本平台要求有一定的临界产量。另外一个例子是受到监管的基础设施。一些监管体系需要大量的固定成本投资，这些成本必须通过大量的旨在避免公司因秘密交易而导致资金流失的业务来分摊。例如，运营共同基金就需要遵守1940年《投资公司法》的有关规定。如果共同基金没有收取最低咨询费，那么，共同基金的成本将超过其收入。

不论临界产量障碍是存在于品牌知名度、制造数量、监管要求方面，还是其他的基础设施方面，在某些情况下，小公司无法达到临界产量以支持基础设施。这成为公司发展的先天障碍，并且导致出售公司成为具有吸引力的选择。如果收购公司有能力自建或者已经拥有小公司发展所需的基础设施，那么，比起小公司独立经营，收购公司可能更有能力使小公司获得更多的利润，增长得更快。

3.2.2　变现：投资者/所有者出售的原因

即使公司基本上不受进一步发展和成功的制约，公司的股东也有兴趣出售公司。尤其是私人公司，其股东决定出售的原因往往与公司的成功或者运营无关。虽然业绩是出售的一个重要卖点，但是如果不是最佳时机，则出售的主要动机可能与公司完全无关。创始人、专业投资者、公众投资者和管理层都可能有寻求出售的理由。

1.创始人

有几件事情能够促使创始人寻求出售。对于创始人而言，出售往往是大量增加个人财富、改变终生的财务事件。创始人往往因为公司发展带来的压力和精力消耗而筋疲力尽。创业型企业家会发现他们不喜欢由创业型公司向更大型、更官僚化和更公司化的企业转变过程中的角色转换。创始人可能也意识到他们不再具备合适的经营公司的技能，同时，他们也缺乏学习管理技能的能力，此时，他们可能会认为出售公司是保证公司持续成功的最佳方式。

在大多数情况下，出售公司将给创始人带来意外的、大量的财务收益。虽然在某些情况下，这些创始人可能已经非常富有，但是在大多数情况下，出售公司仍将对他们的生活方式产生巨大的影响。对于一些创始人来说，这不是最强烈的动机。如果公司经营得好，创始人可以在多轮融资中从公司支取大量的资金，并为自己支付高额的薪酬。对于一个低调的创始人来说，他通过经营公司赚到的钱就能够满足他的所有需求。对于其他创始人而言，他们可能梦想过富有的生活，那么，巨额回报则是其出售的主要动机。

即使创始人不为出售的财务收益所动，他也可能选择出售，以无痛的方式退出经营。创建一家公司是一项耗时、艰巨的工作。到公司发展壮大时，创始人通常已经持续工作了很多年。此时，创始人可能视出售为较好的退出选择，因为这可以允许他们离开公司——他们的孩子——并将公司移交给优质买家，同时，他们也收获最后的劳动成果，抽时间去放松一下，陪伴家人。

具有讽刺意味的是，企业的成功反而会让创始人无立足之地。大部分企业家能够在狭小、瞬息万变和非结构化的环境中达到最佳工作状态。随着企业的发展和成功，企业需要一定程度的结构化和官僚化。这对创始人而言，喜忧参半。因为企业成功带来的不可避免的结果是，他所创立的企业文化逐渐消失，企业变得越来越公司化。我们经常发现，大企业和成功企业的创始人会回忆在小厂房中摸爬拼杀的美好时光。创业型的企业家往往会回到起点，重新创办新的小型企业，并力图使这些小型企业成长。对于喜爱创业型小企业文化的创始人来说，出售是退出沉闷的现行公司的最好方式，同时，也可以让他们退回到他们喜欢的环境——一个全新的创业型企业中去。

虽然创始人有些时候不介意发展官僚化的企业文化，但是这种文化不合企业家的胃口。创办公司并使之成功所需的技能与经营成熟的大公司所需的技能不一样。创始人的技能对于一个成熟的公司来说可能不再够用。聪明的创始人会意识到这个问题，他们会引进拥有合适技能的管理人才来经营发展壮大公司。谷歌的创始人就是一个很好的例子。早在公司的发展阶段，他们就意识到公司需要拥有成熟的大公司管理经验的总裁，于是他们聘请了埃里克-施密特（Eric Schmidt）来经营该公司。虽然引进专业管理人才的需要不总是导致公司被出售，但是，一旦创始人决定将权力移交给新的管理团队，那么，保留公司的控制权和不出售的动机就会大大减少。

在参与出售决策的各方中，创始人常常会带有最强烈的情感和个人喜好来处理问题。除管理层之外，参与出售决策的其他各方大多会完全或部分地受到财务动机的驱使。只有创始人和管理者会在处理问题时带有个人色彩，并期望出售决策能影响他们的日常生活而不仅仅是钱包。

2. 专业投资者

专业投资者不会像创始人那样，他们一般会采用纯粹的逻辑和财务方法来解决出售问题。也就是说，他们有自己独特的影响他们如何看待出售决策的偏爱和喜好。专业投资者的关注点集中在他们所投资的公司的业绩与备选投资方案的比较上。他们也关注其整体投资组合。对于替人理财的专业投资者来说，他们也关注部分投资者的感觉。

当一个私人投资者将资金投向公司，他会对投资的风险和回报有一个预期。他对投资回报的预期是基于投资的风险水平。例如，对创业型公司的投资，考虑到其较高的失败风险，就需要有一个潜在的高回报；对于已成立多年的大型公司的投资，考虑到其较低的失败风险，其投资回报也较低。专业投资者在考虑已有的备选投资方案的同时，会继续考虑其他的投资方案。当一个专业投资者认为未来持续的投资回报已经低于其初始水平时，他会寻求出售。例如，在一家公司的预期增长急剧放慢时，可能就是一个专业投资者决定出售之时，也是其再投资于高速增长的处于早期阶段的公司之时。

私人投资者往往会关注投资的特定类型和阶段。当公司没有向着这种"最佳击球点"发展时，投资者可能会寻求出售。例如，一旦科技公司变成大型的、成长缓慢的公司时，投资于早期技术开发阶段的投资者可能想退出。这不仅是因为现在的投资与过去的投资相比有不同的财务性质，而且因为投资者的专业知识和建议已不再适用于现在的公司，因此，他对公司发展的控制力和影响力已经减弱。在某些情况下，当公司由专业投资者的"最佳击球点"变为其他专业投资者的"最佳击球点"时，专业投资者会将其股份出售给其他的专业投资者。通常情况下，早期阶段的风险资本投资者会将其股份出售给关注信誉卓著的大型公司的私募股权公司。

私人投资者必须考虑某一特定投资对其整个投资组合的影响。所有为他人管理基金的私人投资者——比如私募股权公司和风险投资公司——都会向基金投资人定期报告基金的业绩。如果整个投资组合表现不佳，那么私人投资者可能会考虑通过出售一些业绩非常好的公司来弥补投资组合中业绩较差的公司。相反，如果基金今年有一个不错的业绩，但预计未来增长将会放缓，则私人投资者可能会有维持投资和获取未来收益的动机。在某些情况下，私人投资者可能想要出售，但这只是想向投资人证明其基金多么能赚钱。

3.公众投资者

与私人投资者不同的是，一家公司的公众投资者倾向于持有少量股份，并且不太参与公司的管理。不论他们是个人投资者或是机构投资者，他们都倾向于认为他们对公司的所有权只是纯粹的财务投资。有鉴于此，他们可能只是以单纯的目的来看待出售。在大多数情况下，任何高于当前市场估值的要约收购都将受到股东的追捧。也有例外的情况，即管理层或董事会使股东确信公司的价值被市场低估，即使要约价格高于当前的市场估值，但它仍低于公司继续独立运营所产生的股东价值。在恶意收购中，董事会反对要约，收购公司会直接呼吁股东并发动代理人展开董事会控制权的争夺战以铺平批准这项交易的道路。

在少数情况下，公众投资者能够在公司的管理中扮演更积极的角色。在一个公众投资者拥有大部分股份的公司中，他或她可能更像私人投资者一样做事，在公司的管理中发挥更积极的作用。在这种情况下，私人投资者可能不会出售公司来获得短期利益，他会考虑公司的长期潜力。

4.管理层

当公司要被出售时，会面临管理层的利益问题。在大多数情况下，高级管理人员既是雇员又是重要的股东。出售公司既会影响他们的职业生涯，又会影响他们未来的财务状况。所以，必须把这些个人动机与他们作为股东受托人的角色平衡起来。

当一家公司被卖掉后，管理团队的成员会遇到三种情况。

（1）收购公司将积极主动地挽留团队成员，并视他们为宝贵的、核心的公司资产。在这种情况下，出售公司确实能够为管理人员的职业生涯带来好处。

（2）收购公司对他们会比较冷淡，会愿意挽留他们但是不会视他们为整合后的公司取得成功必不可少的因素。在这种情况下，管理人员可能会接受新角色，但他们将会发现这个角色没有太大的意义。

（3）收购公司将不会继续使用这些管理人员，或者不再雇用他们，或者只是将他们留作短期的过渡。

对结果的预期会决定管理人员如何看待潜在的出售。

虽然管理人员可能对公司有着与创始人一样的情感依赖，但是，管理人员的团队精神和忠诚度可能不如创始人。高级专业人员更是习惯了进入和退出公司，由于他们没有创建公司而仅仅是使其成长，所以他们与公司的感情不可能同创始人一样。

出售公司对管理人员来说是一个巨大的财务事件。大部分小公司的高级管理人员拥有大量的股份。在出售公司事件中，管理人员得到的财务收益相当于创始人获得的财务收益的"迷你版"（在某些情况下，是相似的收益）。如同创始人一样，突然改变的生活方式可能致使管理人员失去兴趣和动力。财务收益是管理人员支持出售公司的一个巨大诱因。

　　一般来说，虽然管理人员可能受到与创始人一样的动机驱使，但是，他们的反应更专业、更理性。他们可能倍感股东利益所带来的压力。有鉴于此，他们可以更理性地看待要约收购，对股东收到的报价与独立经营情况下股东所获得的价值进行比较。然而，由于管理人员对自己制订的计划和战略的成功持乐观态度，更不用说保住他们的工作了，因此，管理人员对出售存在内在的偏见。

第4章 买方为交易做的准备

考虑到战略交易的复杂性和重要性，投资开发适当的能力和团队成功、高效地执行交易是完全值得的。如果适当的准备能够对由交易产生的价值具有少量的累积影响，那么准备本身就能产生价值。从这个角度来看，即使只获得价值10亿美元的交易的50个基点（0.5%），也能获得500万美元。再考虑到可以避免不良交易或者同时做多重交易时，准备的作用更为惊人。不论是买方还是卖方，培养执行交易的适当能力不仅可以确保交易顺利进行而且也能增加交易的价值。

4.1 制定战略

对于买方来说，交易机会往往出现得非常偶然——投资银行家选中买方，产业关系直接将买卖双方联系起来，目标公司给买方高管直接拨打陌生电话。没有规定说纯粹的投机性交易就是不好的。除了纯粹的财务协同效应外，"被发现"的交易对买方具有更久远的意义，最终也会成为资本和资源的卓越投资。不过，在大多数情况下，没有基本战略的收购充满风险。大多数有效率的收购往往先由公司宏观战略产生，然后在派生的收购战略中形成。这些收购同时也是得到董事会和管理人员广泛支持的交易。

4.1.1 公司宏观战略

我们不再对制定公司宏观战略进行论述，因为大量文献和 MBA 课程对此都有所涉及。保持并不断调整能给公司业务指导方向、确定目标的战略是非常明智的做法。该战略有助于有效地指导不同的团队，同时可以协调公司进行多种经营。

如果认为公司战略是其有效运营的重要因素，则可以得出结论，任何战略交易都需要从公司战略中产生，并助推该战略的发展。交易是公司能够采取的最具影响力的单一决策或行动，所以把这些交易与公司战略很好地衔接起来是尤为重要的。更重要的是，战略交易是实施企业战略及创造新的战略目标所需要的突变性转折的最强有力的工具之一。产品开发就是一个例子。如果新的战略目标需要开发新产品线，那么公司会选择在一段时期（数月或数年）内有序地开展这项研发工作，或者公司会选择通过全部收购以获得新产品线。在将战略交易放入公司战略中时，它们是强有力的工具。当公司不这么做时，它可能会偏离其发展方向，最严重的可能会完全脱离其发展目标。

就像你不会基于与螺丝起子相比更愿意使用锤子的偏好来进行房屋设计的选择，交易的目标不能驾驭战略。然而，交易的潜力（或缺少潜力）能够显示什么是可行的战略决策。例如，如果一家公司想刺激增长，其选择是在欧洲或亚洲实现地域增长，而事实情况是亚洲有大量吸引人的收购目标，欧洲能帮助其完成此目标的收购目标却少得多。收购计划通过显示特定工具能最有效地使用于何处及有何限制与公司宏观战略相互影响。

4.1.2 战略性交易战略

一旦制定了公司战略，公司就需要决定为了实现其宏观战略，需要在何处将战略性交易作为执行工具来使用。需要考虑的因素很多。每个特定领域都需要比较收购和自建的益处，在此公司将收购与依靠自然增长做比较。在每个收购的潜在领域里，公司需要考虑很多因素。可供选择的目标对象有很多，因此需要作审查。通常情况下，这与目标公司的市场定价关系密切。只有为数不多的有吸引力的单个参与者，收购溢价可能会很高，这时公司会发现自建战略更具吸引力。是否易于整合是另一个需要考虑的因素。有些能力或资产非常难以整合，还不如从零开始自建。类似的，公司需要考虑其有效转移资产或能力的核心价值的能力。例如，把品牌忠诚度和市场形象转移给更大的收购者是非常困难的。收购可能会完全毁掉"反叛"、独立的品牌形象。当考虑在什么情况下将收购用作工具时，公司需要考虑所有这些因素并决定战略性交易在何处会更有效率地发挥作用。除了在每个个案中考虑是收购还是自建外，公司还需要对这些因素进行总体考虑，资本和能力会制约公司能执行的战略交易的数量。即使是活跃的收购者，如思科或谷歌，在既定的时间里也受限于它能执行的交易数量。另外，高级管理人员需要注意的是，不要使交易的渠道负载过重，也不能冒所有交易所必需的组成部分不到位的风险，如产品开发和销售执行。

一旦决定了一项收购所涉及的主要领域，就需要为这些领域制定特定的战略。这项战略需要包括对成功交易关键要求的分析。这些关键要求以潜在的公司战略为指导，且因公司和交易的不同而不同。在某些情况下，紧跟市场可能是最重要的；在某些情况下，关键要求可能是最大化财务指标，如股本回报；在大多数情况下，存在大量不同的需求需要平衡和排序。从中很有可能显示出最具吸引力的目标公司和主要交易目标的清晰概况。这里有一个例子，我们假设有一家成衣制作公司，该公司的战略是进军年轻人市场。

其中一个收购战略可能涉及收购一家拥有前沿设计的小型精品服装设计公司。其首要目标是寻找具有合适设计风格的公司，其次是选择其生产系统能顺利被买方现有的大型生产系统接纳的公司。在这种情况下，购买者不会很关心盈利或客户关系，因为它计划通过现有零售网络出售其设计。最后，如果收购者想为了来年秋天的时装季节而将新产品线及时整合的话，那么进入市场的时间就很重要。列示这些目标不仅确保了潜在交易与公司战略相吻合，而且能够为交易团队在谈判中指明在采购目标及优先问题方面的方向。每一个环节都有一个优先选择问题。纵使是完全无利可图，设计公司也应该力图留住设计人员和工作人员，而不是现有客户。

瞄准这一理想交易的设计蓝图，收购者公司的发展团队现在可以制订一个目标列表，并且根据要求对这些目标进行分类。当然，他们还需要考虑可用性，因为在大多数情况下，并不是所有的参与者都是待售的，并且当然并不是所有的参与者都是以合理价格待售的。然后，收购者的团队可以与不同的潜在目标进行交涉，并且尝试达成交易。在一些情况下，他们应该更加积极主动，并且通过代理（第6章中有所讨论，"直接交易与代理"）和/或直接与潜在目标进行联系。在其他情况下，他们应该更加被动，制定一些标准，然后等待一些可用的财产。

虽然这绝不是达成交易的唯一办法，但是，希望这能够在不考虑广泛的企业战略的情况下指出交易过程中的一些陷阱，从而发展一种特有的收购策略。这一方法可能在公司与公司之间以及行业与行业之间都不相同，但是对于发展一个有意识的计划和方法的需要是永远存在的。

最后，牢记一点，公司所处的不是静态环境，这很重要。在公司的其他部门更是如此，公司在发展，世界和实践方式也都在快速地变化。要想真实反映公司的潜在收购目标和公司战略，收购战略必须考虑环境的变化并去适应变化了的环境。例如，一家糕点公司可能想收购零售食品连锁店以销售其美味的甜点。然而，如果它发现可供收购的目标很少，或者另一家更大型的公司就此交易与其展开竞争，那么它可能会改变收购战略转而去收购咖啡连锁店，因为咖啡连锁店也能为其产品提供销售渠道。

4.1.3 董事会和管理人员对并购的支持

正如公司宏观战略一样，收购战略需要得到董事会和管理人员的批准和支持。在某些方面，规划交易甚至更关键。收购是风险极大的事件，因此决策者在制定决策之前必须有很大的把握。虽然董事会或CEO在没有得到事先通知的情况下，基于一次演示就同意某一大额交易是完全可能发生的，但他们更有可能拒绝冒此重大风险。在为获得批准而提出详细交易内容之前，积极地为收购战略寻求支持者往往非常重要，甚至纵横商海的商业领袖通常也会需要时间去了解像大型收购这样的行为的风险，给他们提供发问机会并对反馈进行反复讨论通常能使他们从审慎转变为积极支持。至今还没有发生过没有决策制定者大力支持的大型交易。当然，及早知道决策制定者坚决反对收购战略会为团队节省数星期或数月的努力，使他们重新制定战略以获得董事会和管理层的批准。

虽然在早期阶段无法详述未来的交易，但至少能设定由收购战略确定的参数并使决策制定者对这些关键问题感到满意。其中最重要的是变量，如交易规模，被收购公司类型，如何来适应公司宏观战略以及收购可能带来的公众和市场反应。在早期阶段提供的信息越详细，决策制定者反对交易决策的可能性越小。当然，与提供详细信息相对的风险是，收购战略中的不确定性可能会引发某些变量中途改变，并导致交易团队看起来不可靠。因此，关键就是在提供的详细程度和获得对收购战略的早期信心所需的详细程度之间寻求平衡。

4.2　能力建设

无论买方是打算发布持续不变的收购计划还是仅做一项交易，培养适当的能力是执行交易的首要条件，从而确保买方从其交易价格中获得良好的价值。显然没有必要为个别交易而建立一个大规模的公司内部发展团队。依赖于买方是否为未来收购制订计划以及制订计划的频繁程度在内部资源与外部顾问之间寻求平衡，可以使买方创造出协调的方式来完成交易。然而，值得注意的是，公司利用外部顾问的程度是有限的。完成一项有效的交易总是需要一定数量的公司特定专业知识的。因此，即使买方确定没有后续战略交易事件，还是需要公司把一定数量的内部资源用于完成交易。

4.2.1　公司发展团队

如上所述，公司发展团队成员不仅是拥有专业技术（如估价和谈判）的专业人员，而且承担着更广泛的角色（如战略交易的管理者）。管理和运用所有的资源（包括公司内部和外部的）是他们的工作。即使买方计划执行单一交易，公司内部也需要建立发展团队，使公司具备管理交易流程、建设网络并使交易在公司不同部门得到信赖的能力。对于制订了持续收购计划的公司来说，公司发展团队往往是交易的基础。当建立公司发展团队时，要牢记的是，为了完成交易，发展团队不仅需要具有专业技能，而且需要在公司结构中存在时间更短但更核心的特质和可信度。公司发展团队如同支点，他们可以让公司通过组织机构支配各种各样的资源和技能，但他们必须足够强大并有能力胜任此职责，否则他们会陷入无法有效完成交易的麻烦。

1.关键技能/能力

这次讨论可以分为两个方面：专业技能和一般能力。在专业技能方面，公司发展团队需要拥有财务能力来做复杂的估价演练，并查看、了解和评估财务报表。他们还需要了解整个交易过程需要采取的关键步骤、高度整合的计划以及在此行动中的内在挑战。虽然他们不一定需要成为律师，但是需要了解战略交易的法律结构和问题，因为许多这样的问题将转化为业务判断，此时需要律师来审视并做出判断。他们还需要对买方的运营和业务情况以及他们即将收购的业务部门有全面的了解。从这张列表可以看出，公司发展部门需要变成一个"文艺复兴组织"。公司发展团队的每个成员不必具有所有这些技能，但是若要有效率，整个团队必须具备这些技能，同时，公司发展部门的高级主管也必须具备所有这些领域的基本技能。

除了这些专业领域的技能外，公司发展团队的成员需要具有一般技能来适应新情况和新问题，因为每项战略交易都会带来独特的战略转折或挑战。公司发展团队的成员需要适应高压力和快节奏的环境，因为战略交易常常发生得很快，而不是缓慢发生。公司发展团队的成员需要具备在高级主管面前谈话并与他们谈判的能力，因为公司发展团队的成员可能需要向自己的主管陈述交易，并与对方公司的主管谈判。也许最难计划和完成的是公司发展团队的成员需要在公司内部树立可信度和权威性。公司发展部门通常需要监督和管理不需要向公司发展部门汇报的来自公司其他部门的副手。这些人通常有本职工作，并且他们的收入和提升也多基于这些本职工作。员工通常不愿去从事战略交易，因为他们认为战略交易偏离于使他们获得报酬的本职工作。

为了使工作有效率，公司发展团队的成员需要在高级管理人员中树立足够的权威，以获取他们所需的资源并激励他们采取行动。在大多数情况下，公司发展团队的成员实际上不得不督促员工更快、更努力地在更大的压力下（与他们当前角色所承担的压力相比）工作。要想拥有一个有效的公司发展团队，公司需要向整个组织灌输公司发展团队角色和行为的重要性。在某些情况下，这可能是比较容易的。部门经理会受到鼓舞，促使收购行动的完成，并帮助培养员工的紧迫感和重要感。在某些情况下，管理层必须进一步促使上述情况的发生。这对于目前组织内部缺乏收购氛围，并因此缺乏发起的部门经理的收购是非常正确的。

由于收购需要不同的技能，因此公司发展团队的成员可以从各种职位招聘。无论如何，他们都有各自的优劣势，并且需要完善。因此，潜在的公司发展部门的管理人员是否具备独持的背景有时并不重要，重要的是他（她）在学习新技能和不断在工作中学习方面表现得聪明而熟练。如上所述，公司发展团队的成员普遍的来源包括（但不限于）投资银行家、律师、顾问、财务主管，甚至各级职能部门的管理人员。

2.在组织和交易中的角色

正如第 2 章所讨论的，公司发展团队的功能如同管弦乐队的指挥一样，汇集内外部各种资源并带领他们完成一曲协调的乐章。具体而言，这意味着大量的清单、表格、会议、召集人和最终期限。这种形式肯定具有实质意义，战略交易需要在极短的时期内和谐有序地展开大量的工作。指挥的角色至关重要。公司发展团队的项目经理角色类似于一个指挥，是至关重要的。指挥需要面对一支虽然曾在一起演奏但合作机会很少的乐队，而且在大多数情况下，指挥对即将演奏的乐曲是完全陌生的。

公司发展团队也有他们自己的工作需要完成。一般来说，他们负责定位公司内部交易以及批准申请。在小公司这些可能是相当容易的工作，但在大公司——最有可能进行收购行为的活跃收购者——这些通常是耗时且复杂的工作。在大公司，审批需要经过几个层级的管理人员，一般都包括董事会。作为审批程序一部分的分析工作，不同的公司会有不同的需要，而且为审批而作的演示通常必须不仅展示基本的财务信息，而且还展示整个收购过程的概览，包括基本战略、财务预测和整合计划。虽然其中部分内容明显是来自不同的来源（特别是部门经理），但公司发展团队还需负责合并材料并制定整个战略，同时作现场演示。

有时公司发展团队的首要责任是制作财务模型（虽然在有些公司这个角色

由财务部门①来担任），同时评估工作几乎也总是由他们负责的。他们几乎总是带头进行尽职调查，虽然他们常常能使用各种资源，特别是技术、运营和营销领域的专业人员，但他们的最终责任是保证尽职调查及时、彻底地完成。公司发展团队很少在事后继续负责整合已购得的公司，但是他们经常负责草拟整合计划或者至少与部门经理一起草拟整合计划。在大多数公司中，这一工作是获得最终批准以圆满完成交易的前提条件，而且由于通常需要公司发展团队来获得此批准，因此，很自然的，公司发展团队就必须在交易审批提交之前，确保所有交易事项都已准备妥当。鉴于此，公司发展团队自然会清除交易过程中的失败事件。因为他们是交易的领导者和倡导者，所以他们将进一步承担未完成、未核查的工作。

综上所述，在建立一个公司发展团队时，考虑技能设置的范围与考虑专业技能是同等重要的。公司发展团队的领导者必须具有灵活性和适应性，同时精通整个交易。他们需要足够自信和果断以进行谈判，更需要足够的政治性以整合整个公司的资源。并购（M&A）通常是成功或失败的实践，因此，在建立一个公司发展团队时，需要考虑的不仅仅是现场交易的工作量，而且还需要找出数以百计的潜在交易和数十宗失败的交易，这些交易通常发生在每次成功交易的前后。这并不是说一个公司发展团队需要庞大的队伍。对于大多数公司，甚至包括那些有较大收购可能性的公司，公司发展团队是由少于10位的专业人员组成的小型支持性组织。

就其性质而言，公司发展团队的任务是最重的。但是由于许多繁重任务能够通过从公司的其他部门获得资源而完成，因此公司发展团队倾向于由经验丰富的、至少具有分析家水平的专业人员和管理人员组成。大多数公司发展团队像是由大量高级专业人员和少量普通人员组成的倒金字塔。因此，虽然公司发

---

① 也许有人会说，对金融集团来说放弃金融模型是抵消公司发展中固有的"交易主张"偏见的一个好方法。关于交易的成功或者失败，金融集团没有既得利益，并且可以自由地以一种怀疑的眼光来看待财务预测及其协同效应假设。对于拥有复杂会计政策的公司来说，这也将会确保提出的财务预测能够真正展示被收购公司是如何对收购者的财务造成影响的。

展团队通常规模很小，但是报酬很高。鉴于团队成员的背景，这样做是非常正确的。很多公司发展团队成员不是从咨询公司或投资银行聘请来的，就是从报酬很高的内部优秀员工中吸纳进来的。公司发展团队的差旅和餐饮费用也是很高的，因为他们要在旅行上花费大量时间，以会见潜在的目标公司。就像特种装甲运输车队一样，一个公司发展团队往往是具有良好基础的小规模专业精英群体，其行动起来非常迅速、积极——虽然有点夸大但很真实。

4.2.2　顾　问

在大多数情况下，公司只有在进入战略交易流程中的稳定期才会聘请顾问，但是在某些情况下，也会希望顾问在战略交易过程的早期给予帮助。然而即使是在交易的关键时期聘请顾问，也应该预先了解聘请的对象。在交易到达关键时刻前，与潜在顾问之间建立良好的关系网非常重要。一般而言，顾问是受聘来为公司发展事业制定宏观战略的，但在其他情况下，他们是受聘来支援特定交易的。同样，虽然投资银行家几乎总是以交易成功为获得费用的前提，但是他们通常是在参与超过数月甚至数年的一系列公司会议和讨论后受聘的。对投资银行家或阅历较少的顾问开展许多互动谈判的部分原因是，在交易或雇用前，他们做的"无偿"工作能表现出他们将会带来的金额巨大的价值。特别是投资银行家，对他们的雇用往往是对他们在受聘前所完成的大量工作，以及他们即将在交易中完成的工作的回报。

然而，还有一个更重要的原因促使公司在交易发生之前与顾问一起工作。一旦交易发生，每个人都需要迅速而有效地行动起来。在开始工作之前熟悉顾问的能力和顾问人员的组成是很重要的。在交易之前，通过与顾问一起工作，能够保证顾问了解公司的运营、公司目标和公司文化。同样，公司能够评价聘请来为团队服务的顾问的品质和能力。这将有助于选择顾问并通过顾问的见解和分析来建立信心。

除了顾问和投资银行家以外，还可以为交易聘请各种专家顾问。在某些情况下，在交易之前，公司可能不认识这些专家。在这种情况下，最好听取专业技术人员的意见，以选择正确的公司或个人。公司常常会借助于它建立的外部咨询关系选择其他"二级顾问"。例如，公司可能依靠其法律顾问来聘请环保咨询公司，或依靠其咨询公司来聘请技术整合专家，或依靠其投资银行家来聘请资产评估专家。

4.2.3 其他的公司资源

建立公司发展团队是一个好的开始，但这只是战略交易所需的资源的一个小方面。整个公司的资源需要被充分挖掘，从而为公司发展工作的开展做准备。推动公司发展工作的初始战略的制定需要战略规划团队以及业务领导者和管理层的参与。一旦制定了战略，潜在交易的发起者需要向业务管理团队求助，特别是那些熟悉战略所关注的部门、产品和公司的业务管理团队。一旦交易发生，资源将来自相关业务部门以及各司其职的全体职员，包括整合计划，以及更为关键的尽职调查。虽然不同的交易所需的专业技能不同，但是它们需要包括具有以下领域专业技能的人员：技术、产品开发、市场营销、财务、风险管理、固定资产及其他。特别是法律人员和总公司财会人员，他们将在所有战略交易中发挥关键作用。有一种选择是给公司发展团队配备涵盖从营销到技术领域的专业人员。在大多数情况下，上述选择是一项极无效率的解决方案，并且公司发展团队会无法理解相关的业务单位。同时，为了能有效地工作，公司发展团队需要在公正有序的基础上使用资源，从事尽职调查并完成交易。设立虚拟团队是一个趋势，在这个团队里，当公司发展工作需要支持时，来自相关业务单位的人员被指派为"完成使命"的人。[①]

4.3 设计流程

有活力、有效率的公司发展工作的运作很像指挥一支乐队，不仅需要配备合适的人员，而且需要所有人共同演奏出一首乐曲。寻找机会确实非常好，之后执行这些机会需要将不同的资源、方法和分析以协调的方式汇集在一起。在

---

① 这里引用了安永（Ernst & Young）一项研究的一篇文章，指出"许多公司正在趋向于使用安永所称的'虚拟团队'"。Ken Klee，"So Who's On Your Team?" Corporate Dealmaker（December 9，2004）。

缺乏深思熟虑、根据并购者的需求和文化量身定做的程序的情况下，公司发展工作也许不能有效推动交易，甚至会对公司造成损害。

4.3.1　利用专门技术

在开发一项公司发展工作时，需要对工作的重要性、可能性和影响做出判断。在一项活跃的、大规模的公司发展工作中，需要利用来自整个公司的资源来执行交易。这些资源越是提前被安排、被利用，工作将越有效率。然而，在实际交易前利用公司发展团队以外的资源会消耗公司其他部门的资源。例如，在尽职调查期间，公司可能需要从 IT 部门获得专业技术人员。然而，这些技术人员都有自己的本职工作，这些工作对于业务的核心运作非常重要。越是尽早、尽量多地将这些人力资源用于交易，对公司业务的影响就越大。

对于一家公司发展团队比较活跃的公司而言，公司的其他部门可以为资源外流作一些预算和规划，因为这些预算和规划是相对可预见的。在比较极端的情况下，一些部门可以在给定的时间内，按照交易流程和期望安排处理交易的人员。对于大多数具有不太活跃、不成熟和不可预见性的公司发展团队的公司来讲，在整个公司的人员和资源配置中实施必要的预算以创造缓冲是非常难的。然而，在为公司资源的使用作计划时，不做任何工作会使快速、有效地执行交易变得不可能。大多数公司都有一个折中的办法。公司发展团队能够为即将来临的交易所需要的资源的使用制订计划，同时他们还与为公司贡献这些资源的部门分享计划。公司发展团队也会将潜在交易的进程告知这些业务部经理。最后，公司发展团队不仅要告诉业务部经理需要的资源，而且要说明如何使用资源。这将有助于整个组织的业务经理更好地为正在进行的交易中突发的振动效应作计划。

以服装业为例，品牌是重要的资产。在考虑并购一家服装公司的时候，品牌的质量和实力可能是目标公司评估中的一个重要变量，甚至会是并购的真正原因。当并购发生时，公司发展团队将需要从营销或产品开发团队中调集资源，以测定和评价目标公司的品牌价值。这样的评估不仅仅要考虑目标公司作为一个单独公司时其品牌的价值，而且要考虑统一到并购者的品牌投资组合中后的品牌价值。事前确定这样的需要，能够使营销经理考虑其团队内最有能力进行品牌价值评估的人选，同时还可以考虑他们需要处理的信息。营销经理可能需要将品牌评估方面的专家与了解公司未来品牌战略的团队成员结合到一起。例如，如果 Gap 公司制定了一个"提升市场"的战略，应该能够想象到，Ralph Lauren 作为并购目标，其品牌价值对 Gap 公司的特殊重要性。当交易发生时，考虑和规划交易的程序能使业务经理更好地支持交易。

具体而言，公司发展团队的工作可以从会见关键业务领导者并为他们提供公司发展战略的全局意识开始。此外，审查交易程序也很重要，因为很多业务经理，甚至非常资深的经理，可能从未参与过战略交易。公司发展团队需要提供各种资源的概况和总体看法，这些工作需要明确的执行表和时间表，并可能有助于提供尽职调查报告的标准格式和交易期限。当然，收购和从业务经理处补充资源必须根据保密性进行权衡。就其本质而言，战略交易是高度机密的。即使是在公司内部，公司发展计划也只限于高级业务经理知晓。但另一方面，信息分享得越多，业务经理将准备得越好。

必须提及一些对于任何战略性交易都特别关键的一些资源。必须将公司的法律和财务/会计人员与其他公司资源单独分类。在一定程度上，他们才真正是公司发展团队的实际成员，因此在公司组织机构中，相比其他人，他们更应该与公司的发展努力保持高度紧密一致。这对于法律人员尤其适用，因为他们将高效率地列席任何一次与公司发展有关的交易谈判。

虽然公司其他的业务领导需要与公司的发展努力保持并列关系，但是公司的法律人员应该在更早阶段紧密参与到公司的发展努力中。从与潜在交易对方的初次接触开始（有时甚至更早），法律人员就必须参与到这一过程中。一个简单的例子就是，对于特定并购的保密协议的需要。法律人员将负责制定这个协议。

4.3.2　审批程序

战略性交易是公司能够做出的最重要和最重大的决策之一。因此，任何人都不得低估批准过程的重要性。更重要的是，制定和设计审批程序是非常必要的，它可以保证成功的交易不会受到阻碍甚至阻止。这不是杞人忧天。我们经常会碰到潜在的收购竞标人因为未能及时得到必要的内部审批而中途退出。可以肯定的是，这几乎不可能成为提供给对方的理由，但这种情况却非常普遍。这不是一个仅限于大型跨国公司的问题，甚至较小的公司也能面临来自审批的挑战。事实上，因为他们不可能使控制的流程和结构规范化，有时候小公司会发现审批程序非常麻烦。

本书不再详细讨论战略交易的法律审批要求，但是记住任何对公司有实质性影响的交易是很重要的。当然，所有的公司出售都由规范公司运作的法律条例监管着。某些交易需要股东批准，某些交易可能由董事会来核准，另外一些交易可能仅需管理层批准。审批的级别通常与交易的规模有关，但也应该考虑其他一些因素。例如，如果一家价值 1 000 亿美元的上市公司想要收购一家价值 2 000 万美元的私人公司，那么既不需要股东批准也不需要董事会批准。事实上，像这样仅仅代表收购公司一小部分价值的一个交易，交易权将下放至子公司或单位的总经理。当然，一些人如 Larry Ellison（甲骨文）或者 Larry Page（谷歌），对于这样小规模的交易，他们将不会做出批准甚至有可能他们根本就意识不到有这样的交易。但是，其他因素，比如公共关系和法律风险，肯定会影响审批的级别。如果一家目标收购公司经营特别有争议或者有风险的业务，对其进行收购，预计会给公司带来负面新闻报道或者其他重大风险，那么该项收购就需要更多高管人员的批准。例如，当收购一家经营有争议的业务（比如色情文学或者烟草等）的公司时，或者当收购一家在有风险的市场（如政治不稳定的一些非洲国家）进行经营的公司时，那么可能就需要公司高层的批准。

在通过法律和行政上的审批后，就需要根据内部业务标准来进行进一步宣批。CEO 可能是最终批准交易的人，她当然并不想了解组织中所有部门提议的每一个潜在交易。交易通常要求一系列的审批，审批不仅可以确保正当的权威和对公司规章制度的遵守，而且扮演着交易过滤器的角色，所以在公司中交易的审批等级越高，审核和批准交易的人员的级别就越高。每家公司都有不同的审批级别和程序，但是都倾向于遵循某个层级系统，在这个系统内，不同的交易要求不同的审批级别，在公司中审批级别越高，就有越多的人需要参与审批过程。关键是事先确定审批的标准是什么，以及在每个级别上由谁审批。如果没有事先确定这些因素，那么交易会因为团队在组织中寻找适合人员而陷于停顿，甚至更糟糕的是，在没有恰当审批的情况下完成交易。例如：

■ 交易需要公司发展部门主管和各级业务经理的审批。

■ 交易需要符合法律条件。

■ 涉及大型资产的交易也要求风险评估审批。

■ 1 000万美元以上的交易和没有部门经理（例如，即将独立的新业务）的交易要求各事业部CEO另行审批。

■ 1亿美元以上的交易要求总公司CEO另行审批。

这仅仅是一个例子。需要为每个公司量身制定审批程序，尤其需根据其业务的性质进行量身制定。例如，在大多数公司中，知识产权是微不足道的问题，但是对电影制片厂或大型出版社来说，知识产权是很重要的，因此知识产权律师是核心人物。关键是事先确定好审批的标准及授权的审批者。附录D中列举了公司可能在战略交易中使用的审批步骤的标准范例。

下一步是考虑如何获得批准。任何审批者都希望看到一份有关交易的详尽报告。此报告可能是一次性完成的，但它将会延缓流程，而且会导致审批者未能获得所需信息。在理想情况下，公司应该制定清楚的标准报告模式用于报告一项交易并说明所需分析的类型。正如第8章所讨论的，不同的公司对交易的财务影响有不同的看法。在报告一项交易时，辨别与公司最相关的关键指标并将它们囊括在交易报告中是非常重要的。合理的交易尽职调查、规划和宏观战略也应该囊括其中。在理想情况下，公司制定标准的报告和分析模式，只需微调即可在每一级别的审批中使用，这可保证审批程序最流畅。在实践中，审批很少能很好地融入公司中，或许有人会说，由于每项交易都不相同，所以总需要调整。然而，某些标准化的模式和分析需要花很多的时间才能完善，才能避免公司发展团队重新制定模式，也才能保证审批者的期望与申请审批交易时给他们的材料相符合。附录E是收购陈述报告的主要议题。

4.3.3　组织的并购支持

战略交易的有效执行需要正式和非正式批准。公司的正式批准是一项战略交易成功的必要条件，但绝不是充分条件。如上所述，虽然公司发展团队可能领导交易的完成，但是各级业务部门和其他领域的公司员工都贡献了完成交易所需的绝大多数的人力和精力。或许对战略交易的成功来说，更重要的是有效整合（如上所述，有效整合是一项交易成功或失败的最重要的决定因素），这几乎完全由各级业务人员来实施，很少得到公司发展团队的指导。没有获得组织内部对交易的广泛支持会阻碍交易的成功完成，最终必然会导致整合过程的失败。

参与战略交易的员工涉及面广得惊人。公司大多数部门（例如法律、财务、固定资产和人力资源）的员工的作用是非常重要的。管理人员和许多与各级业务相关的高级经理也很重要，而对于尽职调查和整合计划有重要作用的各级员工也是不可或缺的。如第 7 章所讨论的，几乎在各级业务的每个专业领域都会涉及对被并购业务的尽职调查或整合。其他相关实体，如工会，也需要支持至少是不反对业务的开展。战略交易中所涉及的数十或数百人中，实际上仅有少数是公司发展团队的成员。如果没有无数其他参与者的支持，公司发展团队的成员的角色就像试图管理暴民的警察。

当然，公司内部的公开反对是非常少见的。如果 CEO 批准了一项交易，那么不可能有人会公开拒绝参与，但是大家都知道，勉强参与和积极支持之间有巨大的差别。虽然员工不会正式罢工，但是像怠工和病假等手段常被工会用来妨碍公司的工作。无论是飞行员因为再三检查飞行系统而推迟飞行，还是当走在大街上被 5 岁的小孩拽住右腿，总是有各种不同的非正式方法可以阻碍事情的推进。因此，不仅是通过渠道获得正式批准很关键，而且获得组织内部的更广泛的支持甚至是热心的参与也是非常关键的。

并不是每个交易都能获得广泛支持。战略交易的本质就是给组织带来混乱和变化，其中几乎总有赢家和输家。不是每个人都乐见交易成功，很多人可能会出于个人原因或其他复杂的原因而反对交易。有些员工可能担心交易会损害他们的事业甚至给他们的工作带来风险。例如，如果一家提供咨询服务的小公司设法并购一家更大的咨询公司，那么在整合大公司的过程中小公司的员工可能担心他们在公司中的作用将有所减弱或被完全替换，因此他们可能认为收购对公司来说是一个错误的做法，并将其作为一个冠冕堂皇的理由来反对交易。

当然，当联合利华（Unilever）收购本杰瑞（Ben & Jerry）时，很多员工都反对这项交易，因为他们害怕这会稀释甚至消除浓厚的企业文化基础，如关注慈善和环保事业。

虽然不能够在任何时候使所有人都参与其中，但是在进行交易之前获得多数员工，至少是管理人员的支持，对交易的成功执行是至关重要的。我认为，这个过程的关键是沟通和适当的激励。具有逻辑性的战略沟通不仅有助于员工了解他们的角色并扮演好角色，而且可以让他们在交易中感受到公司的所有权。战略交易就其本质而言是机密的，所以沟通会受到很大的限制。然而，即使可以为战略交易创建一个被广泛认同的总目标，想要员工满意还是需要经历很长时间的。对于买方而言，重点应该放在交易给整个公司和具体业务部门的员工带来的价值上。虽然公司无法就收购战略的细节进行沟通，但是它能够就收购战略的意图进行沟通，告诉员工交易为什么会加强业务。一旦交易开始，并且员工了解了机密信息，那么就交易的目标进行清晰的沟通就变得非常重要了。

除了要让员工感觉到参与其中之外，还需要考虑员工的动力。尽可能把交易的成功与员工奖励联系起来将确保员工有热情参与。从广泛的层面上说，你可以在某种程度上减轻失业和裁员带来的恐慌，赢得员工的支持。了解交易不会损害员工的事业对员工来说非常重要，明示交易将有助于公司的成长也很重要，而同样重要甚至更重要的是将特别的个人奖励与交易联系起来。记住，对于大多数员工来讲，战略交易不是全职的长期工作。这相对于员工的"本职工作"来讲只是他们的副业，往往被视为是使其不能专心工作的因素。实行战略交易的公司，尤其是那些想要保持公司发展工作持续进行的公司，应当确保员工因参与成功交易而获得奖励。在某些情况下，这可能是正式奖金；在其他情况下可能是管理人员发出的强烈信息，即交易上的业绩会放到年度业绩考核中考虑并有所反映；通常，还可以通过增加一个新的职位来实施奖励。在许多公司中，当员工被分配到被收购的公司中时，会得到晋升机会，他们通常会承担起比原来大得多的责任。任何奖励方式都需要在交易之前跟员工沟通。对员工在交易中的出色表现给予的事后奖励是没有作用的，他们需要事前知道有奖励。不同的组织需要不同的奖励，甚至高级经理也需要适当的奖励。通常，业务总经理有固有的动力完成收购，因为这将使他可以管理更大的企业，但我们还需要考虑其他管理人员。甚至经验丰富的经理也需要个人动力，因为他们对交易的看法将影响其下属所有员工的动力，所以赢得他们的支持也是非常重要的。如果一个部门主管不积极支持交易，那么他部下的所有员工也不可能支持该交易，因为这些员工的奖金和职业发展是由部门主管掌握的。就像里根时代的经济学（至少在理论方面），管理人员对交易的支持遵从涓滴理论。

4.4　规划信息

战略交易作为对公司影响巨大的行为，往往会引起公司内外部人员中最相关人员的强烈反应。在某些情况下，人们对交易的印象与交易最终带来的实际影响一样重要。不论是市场反应及交易对股价的直接影响，还是员工反应及交易结果对士气的影响，早在确定交易的实际财务影响之前，人们对战略交易的印象和反应已经对公司产生了直接的、实质性的影响。一旦交易发生，公司需要管理内部和外部信息（我们将会进一步讨论这个话题），然而在宣布交易规划，甚至是在开始设想规划之前，需要完成的事项还有很多。虽然公司可能无法透露正在进行中的谈判的细节或者是正在制定中的收购战略，但是公司能够通过规划最终信息和发布更多初始的一般性信息来奠定交易的基础。

不同团体利用这些信息的目标将在第 9 章和第 11 章详细讨论，但是，最广泛的目标在于，人们能够利用这些信息来缓解对交易的忧虑并保持乐观。其实，在准备发布交易信息之前，也可以建立一套在合适时间实施的机制。由专人负责起草内外部信息是非常有用的。这样的人通常来自于公共关系部门或投资者关系部门。同时，这也有助于识别即将投入交易或需要对上述信息进行审批的小组，并有助于尝试识别接触点。这些通常也是该部门中参与交易的人。由专人负责起草内外部信息也可能对开始讨论关于你想要发布的广义而言的信息种类有所帮助。预先做好所有这些工作将有助于确保现场交易，使有效的信息得到及时、很好的执行。例如，如果周一早上7点钟宣布交易，召开概述交易和说明交易对公司的价值的招待会，就能在股市开市前发布为新闻。否则，在公司有机会说出交易情况之前，市场可能会消极看待这项交易并看低公司的股票。

除了为特殊交易准备信息以外，还有一些事前可以准备的信息。一家规划了持续的公司发展工作的公司，甚至是一家正在规划单一交易的公司，在准备披露信息时，会在特定交易之前考虑发布关于其总体目标的信息。如果一家公司计划从事一系列的并购，那么在宣布其首次交易之前，公司可能会向市场合宜地说明其宏观战略。当宣布一项交易时，向重点客户或员工提供同样的说明可能也有助于消除他们的惊讶和担心。一家公司计划通过在新兴市场上收购相似的业务来实现地理上的扩张，该公司应该考虑事前通报的信息。实际上，向市场说明宏观战略可能会提升其形象，当然要给市场一些时间去消化在新兴市场上实施收购战略的思想。向有关员工公示这一战略有助于减少员工的担心，在某些情况下，战略会导致他们离职。向客户详述收购战略是一种很好的方式，能够扩大公司满足国际需求的能力，使战略更好地服务于公司的国际需要，这将事半功倍，并且可以避免客户担心公司的重点市场将从国内市场转移。

第5章　卖方为交易做的准备

卖方一旦做出出售决定，其战略大致上就完成了，此时卖方关注的焦点也会缩小。卖方决定出售公司或其中一部分，仅仅只是迈出了第一步，为确保公司股东和/或母公司在交易中获取最大价值，卖方还需要付出大量的努力。在前面章节描述的买方为交易所做的准备中，卖方也需要做许多相同的准备。此外，卖方还需要采取一些具有显著区别或者额外的措施。

5.1　能力建设

顾名思义，当卖方不打算重复买方可能经历的过程时，卖方发展销售能力就显得尤为重要。当用价格的增量差异来衡量公司对团队、过程和所需知识进行的适度投资时，投资所产生的效益是巨大的。出售一项业务需要卖方做大量的准备，同时具备合适的内部，通常是外部专家团队。为确保销售价格最大化和交易的顺利完成，在启动出售程序之前，卖方就应该很好地具备这样的能力。

5.1.1　公司发展团队

卖方可能不需要长期的公司发展团队，但需要致力于管理销售过程的团队。在某些情况下，如果公司在一段持续的时期内计划剥离许多部门，那么建立专门管理重复销售工作的公司发展团队是有意义的。在以上任意一种情况下，卖方都需要组建内部团队来管理销售过程。因为销售涉及大量的工作，像买方一样，卖方需要一个核心团队来掌控销售过程。卖方公司发展团队的人员与买方公司发展团队的人员相似，但有一些显著的差异。最根本的是，如果公司发展团队的目标是出售公司本身，那么卖方公司发展团队的工作就会使自己失业。可想而知，这些发展团队成员会注意到这种尴尬职位将对其职业生涯产生的影响，所以适当地奖励他们以获得他们的良好表现非常重要，甚至使他们享有控制权变更奖金体系（也即留任奖金）——通常只有公司高级管理人员才能享有，以确保他们不会产生反对交易的动机。即使只是出售公司的某些部门，也要关心公司发展团队的士气和激励问题。部门剥离是一个例外情况，公司发展团队的大部分工作是进行收购，所以出售对于团队来讲是一项非常刺激的挑战。然而，如果公司在较长期间内持续进行一连串剥离，可能很难调动公司发展团队成员积极参与整个过程。因为就本质而言，出售会造成公司萎缩而不是成长，所以运作出售过程也就没有与运作收购过程一样的声望，也无法获得同样的热情。员工会担心这些交易无法帮助他们在事业上获得进步，而这是情理之中的事。以一个好价钱卖掉了1/3的公司当然无法与通过精明的交易使公司增长50%相提并论。即使是管理最卓越、最仔细和最精明的缩减也无法比增长更具吸引力。

5.1.2 顾 问

卖方也需要保留与买方所需的同类型的顾问。如果一家公司被全部出售，那么风险显然更高。结果是顾问的利用具有更少的随意性和更多的强制性，因为董事会会将重点放在确保顾问谨慎行事并证明顾问确实是谨慎行事上。即使是仅仅出售部分业务，出售过程所具有的更多的劳动密集型性质，使卖方对顾问的需求更为必要。由于卖方通常会发出若干个要约，且有时会与若干个合作伙伴同时进行谈判，卖方可能既需要顾问提供专业意见，又需要顾问有足够的体力。与公司发展团队一样，卖方的顾问会存在一些负面动机，记住这点很重要。不像买方代表一个潜在的常客，卖方（除非是只出售一部分业务的卖方），顾名思义，是一次性客户。顾问可能因存在负面动机而"迁就"潜在买方，因为交易完成后，买方就变成了一个潜在客户。大多数顾问非常专业以至于不会允许这样的动机影响他们的行为，但牢记这一点非常重要。在一个不太显著的水平上，卖方顾问当然很少会削减成本或提供折扣，因为他们没有机会在将来的业务上挽回损失。出售部分公司的卖方对顾问的吸引力可能小于买方的吸引力，因为卖方一般是"萎缩"的实体。然而，这样的卖方仍然可以为顾问提供维持目前关系和开展重复业务的机会，因而大量减少顾问的负面动机。

相比于购买过程，出售过程通常相当复杂且需要做更多的准备（本节将会讨论），卖方通常会较早地聘请顾问为其服务。如果卖方公司发展团队不具备公司出售所需的专业知识，卖方公司则需要更早地聘请顾问。

一般来说，虽然出售过程需要顾问做很多的工作，但他们也能获得更多、更可靠的酬金。出售过程通常需要花费更多时间，因此对于根据工作量获得报酬的顾问来说，如律师和会计师，他们会获得更高的酬金。对于以成功出售为基础来获得酬金的顾问来说，如投资银行家，由于出售成功的可能性很大，因此他们更有可能获得丰厚的酬金。例如，如果一家公司身处困境，且吸引了 5 家潜在收购公司，而每一方都拥有一家投资银行，那么，除非交易完全流产，卖方的投资银行是最可能获得酬金的。相比之下，每家买方的投资银行仅有 1/5 的机会中标并因此获得酬金。

5.1.3　其他公司资源

就像买方一样，卖方不得不配置多种公司资源以有效地完成出售过程。管理交易的团队不得不调动一组与公司职能部门职责相同的人员。事实上，出售过程通常需要投入更多的资源，尤其是在准备阶段。这里的挑战与收购过程是不同的，因为出售或剥离对员工来讲通常并不是好消息。在大多数情况下，公司出售使许多员工的工作充满风险。出售也会打击员工士气，因为出售往往意味着公司的失败。无论从公司财务，还是从公司员工的职业发展来看，出售公司很少会代表潜在的好处。激励员工投身于出售过程并且努力工作是对卖方公司的更大挑战。同样，对于公司发展团队的成员来说，奖励（具体的财务奖励或是对员工更好职业发展的承诺）往往是有用的激励工具。对交易机密的保护也会对公司使用员工造成阻碍。就出售而言，对卖方的潜在损害比对买方大得多。出售的信息会影响公司的公开市场价值，影响公司与客户的关系，更会影响员工的士气和留任率。

实际上由于卖方必须为公司价值建立基础，而不是仅仅完成对某员工业务的尽职调查，卖方可能需要更多的高级管理人员。同时，管理团队的技能和专业知识实际上可能是影响公司价值的一个重要因素，这使得高级管理人员也很重要。在某些情况下，向买方展示卖方管理团队的能力和经验，实质上能够提升公司的价值。最后，高级管理人员需要积极参与出售过程，因为卖方为了在出售中最大化自身价值，常常不得不对出售业务做实质性的改变，这些我们稍后将在本章讨论。从某种意义上说，卖方的工作分配与买方的正好相反。买方在交易的初始阶段工作量适中，在交易完成后工作量增加，需要做整合工作。相比之下，大多数卖方工作发生在交易开始之前，为出售交易做业务准备，在交易完成后工作量迅速减少。因此，相比收购而言，高级管理人员的早期参与和资源的早期贡献对一次成功的出售更为关键。

5.2　使公司最易于出售：清理公司

出售公司类似于在纸牌赌博中"梭哈"。出售公司好比做一次最终决策，其不可逆转地决定了股东投资的价值。赌注就是使交易价值最大化。正如第6章所讨论的，这使卖方在运作出售过程时考虑各种结构。然而，在公司出售之前，卖方能做许多事情来影响最终结果和最后估价。卖方为出售所做的准备可能会花费数月甚至数年，但即使在估价上只带来些许的财务增长，这也是值得的。

使公司更易于出售所做的大量必要和可能的工作，因公司规模不同而迥异。大型上市公司要做的工作通常最少，而小型私营公司则要做最多的工作。然而，值得注意的是，即使是最大的上市公司也可以采取有效的措施以增加公司对潜在买方的价值。私营公司不仅要关注业务基础而且要关注各种标准，这些标准将作为其与买方合作的评价。这些改变包括遵守财务和法律上的标准、程序。上市公司会按要求遵守财务报告准则，并在公开披露中提高经营的透明度。私营公司的努力将主要集中于转变其基本的业务经营以适合潜在买方。

使公司更易于出售需做出更多的努力并消耗宝贵的资源。在某些情况下，这可能迫使公司选择对其本身并非最优的决策。例如，设计可伸缩的技术平台，并与大型公司所使用的平台在空间上高度兼容，这可能使公司更易于出售，但如果这些改变对于作为独立实体的公司而言并不是急需的，这些改变反而会增加公司不必要的运营成本。因此，使公司易于出售的决策通常需要经深思熟虑后的战略思想和行为。当然，少数情况下，一些小事可以几乎不费任何努力完成，但通常情况下，做出使公司易于出售的决策需要花费成本，需要管理团队付出极大的努力，需要在董事会甚至股东层面自觉地做出这样的决策。要注意的是，做出使公司更易于出售的决策并不需要与出售决策的最终确定同步进行。从某种意义上说，这个决策是套期保值或期权。意欲出售的卖方可能在做出出售的最终决定之前，就已经做好准备了。

正如所讨论的，公司有时会因战略原因而做出出售决策，当公司发展或增长到一定点时，通过出售公司或成为大型公司的一部分就能使股东价值最大化。在其他情况下，公司从创立到最终出售（上市）都是按计划进行。后者对于私募公司更普遍。由于私募投资人投资期相当短暂——往往是 3 到 5 年——除非公司快速增长并能够迅速进行首次公开发行（IPO），否则出售对于投资者来讲是最有可能获得流动资金的策略。虽然他们可能还是希望进行首次公开发行，但他们也需要为出售做规划。

讨论使公司更易于出售的最佳环境就是考虑潜在买方的需求。虽然这听起来相当明显，但令人惊讶的是，很多公司在发展期间都未曾考虑到这些问题。也许部分原因是，很少有公司或首席执行官（CEO）会考虑他们在制定出售业务决策中所扮演的角色。虽然股东可能把公司出售视为成就，但大多数 CEO 着眼于创造长久的、重要的和独立的业务。CEO 的目标是成为比尔·盖茨，而不是成为集团一个小部门的领导。以这种性格创立和经营公司，他们很难积极地去规划公司的出售。尽管如此，为了使出售的价值最大化，这样的规划又是不可或缺的。

5.2.1 买方的需求

预测潜在买方的需求更多的是一门艺术而不是科学。第一步是尝试预测潜在买方。接下来，卖方需要考虑买方和其自身的业务性质。关于不同的因素具有多少价值，在行业甚至在具体的买方之间差异巨大。然而，有一些因素对几乎任何一个买方而言可能都很重要。尽管如此，投入时间来认真地考虑买方的可能需求是在这些努力上投入资源的重要前提。本节将讨论卖方可能通过改善其业务或经营来使公司更易于出售的一些主要的种类和方法。注意，这些种类和方法是具有广泛意义的，对个别公司可能不完全正确，但可以用于指导公司思考如何使公司更易于出售。

然而，有一些贯穿于所有这些领域的主题值得我们注意。正如上面所讨论的，透明度总是很重要的。买方对目标公司的经营、财务和业务了解得越透彻，其收购风险就越小。另一个主题是易于整合。大部分交易最终都未能给买方创造价值。[1]整合是导致收购失败最重要的一个原因，即使消除一部分整合的挑战也能极大地提高业务价值。[2]熟悉可能引起个体间的不尊重，但却能让买方安心。由交易本身造成的机体损害是另一个主题。在一项业务的某些领域，比如精美的瓷器，可能会在搬运中受损。卖方制造有效的"垫子"以使损害最小化，能减少买方另一个重要的忧虑。

1.人力资源/遵守规则

对许多公司来讲，人力资源是核心资产，确保公司福利结构符合行业标准，且与潜在买方的福利结构保持一致，能带来如下好处：

- 就透明度而言，透明度将使买方感到欣慰，买方将不会陷入定价难的困

---

① 关于失败的战略交易的研究已经非常成熟。近期一篇文章说明 1985 年至 2000 年间，美国 64% 的并购交易导致价值流失。"The Return of the Deal," The Economist (July 10, 2003)。另有一篇文章提到，如果合理估测，数量接近于 30%。Robert Bruner, "Does M&A Pay? A Survey of Evidence for the Decision-Maker,"Journal of Applied Finance, vol.12, issue 1 (Spring/Summer 2002), p.48.

② "Integration failure is the most frequently cited reason for unsuccessful acquisitions." Haig R.Nalbantian, Richard A.Guzzo, Dave Kieffer, and Jay Doherty, Making Acquisitions Work: Human Capital Aspects of Due Diligence and Integration (Marsh & McLennan, Fall 2003).

境，也不用承担潜在的高福利的责任。

- 更为关键的是福利对整合的影响。卖方的福利待遇与买方给员工提供的福利待遇越接近越好。如果收购目标是大型公司且/或者直接将目标公司整合到一个现有公司中并将双方员工合并在一起，那么买方可能因为采用"最高共同标准"的压力而终止交易，因为要降低其中一组员工的福利尤其困难，而且维持两种不同的福利体系会使公司面临重要员工不满的风险。例如，如果买方提供三周休假而目标公司提供四周休假，那么缩短被收购方员工的假期会非常困难，且延长所有员工的假期成本又非常高。无论哪一种，两种福利结构之间的差异使买方在整合期间非常痛苦。如果买卖双方公司内部都存在较高和较低的福利待遇，每一方都有压力将各自较低的福利提高到对方较高的福利，结果是双方都制订出最好且成本最高的福利计划，进而给公司带来灾难性的后果。

- 如果员工的福利和补偿不必向下调整，这会提高员工士气。如果被收购公司员工的物质补偿降低到与买方公司相匹配，那么收购公司就存在着失去大量被收购公司员工的重大危险。对于员工是宝贵资产的公司来讲，这种危险将是灾难性的。当公司考虑出售时，公司需要使其补偿和福利结构与整个行业保持一致。最令人关切的领域可能是补偿、股权或期权、休假和医疗福利，而这些将基于劳动力的性质而改变。在小型高科技公司里，提供大量的期权可能是最大的问题，而在制造业和劳动密集型公司里，员工对医疗福利和休假可能更为敏感。

在这方面需考虑的其他问题包括工会、合规和法律责任。尝试整合有工会的公司和没有工会的公司是极具挑战性的。但是，允许有工会的公司扩张比强迫其签订合同更容易。这里最大的挑战是将有非工会劳动力的买方吸引到有工会的目标公司中。买方不仅要与被收购公司员工的工会作斗争，而且要考虑在给予工会一个"桥头堡"后，对其大量非工会员工劳动力的影响。在某些行业，尤其是有大量不予免税的钟点工的劳动密集型行业中，遵守联邦和各州的劳动法是一个重大问题。无论出售与否，确保公司遵守这些规定应该是很重要的，但是卖方也需要考虑目前的免税规定，这可能会影响到买方。例如，一家小型公司可能从提供残障辅助设施中获得免税，但是，被一家大型公司收购后可能就需要履行交税义务了。潜在规则的深度和广度是不容低估的。

公司被收购的时候，新的母公司将承担所有的法律责任。当小型公司变成大型公司的一部分时，被小型公司忽视的违规行为可能会引起直接罚款或其他法律行为。一位律师会说，公司必须始终遵守所有相关规定，但众所周知，小公司可能有偷工减料的情况。然而，为了使公司易于出售，公司必须考虑偷工减料对大型收购公司的影响。严格遵守规定和制定更完善的程序以监督和确保对规则的遵守会让潜在买方安心。

一个与此相关的问题是证明公司已遵守规定。保存完整准确的合规记录会让买方及其律师安心，也能使出售过程进展顺利。某些特别常见的例子是对房地产的环保审查、对财务报表的审计及对遵守消费者保护法的审查。对于大型公众公司，这些记录不仅会使其放心，而且是所有交易的强制性先决条件。财力雄厚的公司会关心从一项收购中继承来的义务和违规事件，因为这样的公司是众多诉讼的目标。

最后是与人力资源相关的法律责任。虽然没有人愿意在这些问题上被起诉，但是这一问题对不同公司的影响还是有所不同的。性骚扰诉讼可能对小型私人公司是不好的事情，但是它对大型上市公司的影响要大得多。公司需要考虑的不仅是纯财务责任，还有非财务影响，如对公共关系的影响。大型上市公司会受到媒体的关注，因此一旦寻求与更大的公司联合时，后者将不愿意收购可能引起全国性关注的带有多项诉讼的公司。在出售之前解决这样的诉讼可能是值得的，因为一旦大型买方成为继承权的订约方，解决诉讼的成本就不可能降低。

2. 技　术

这个方面有特殊的行业性质。在某些行业，技术充其量是附加性的，而且其优点在收购中也没有被认真考虑。而在其他一些行业，技术是公司的绝对核心。在技术非常重要的公司里，考虑技术价值最大化、创造受保护的技术价值及整合技术系统都很重要。

使技术的价值最大化意味着保持技术的价值，而且买方能够转让和杠杆收购这一技术价值。对本土技术而言，无论公司是否将要出售，确保所有知识产权得到保护很重要。明确表明对知识产权的保护已经到位对买方也很重要。例如，公司应该能够表明，它已经将专利和版权的管理纳入工作范围内，而且已经创建了健全的法律文书来确保员工所做的所有工作都是公司的财产。一个公司无论如何也应该具备使技术得以保存、升级并适应时代变化的能力，而有文件证明这一点对买方来说很重要。

与业务的其他方面相比，自建或收购的成本更可能决定技术的价值。除非公司的技术是独一无二的和具有可防御性的差别，否则买方总是能够简单地选择构建相似的技术。这并不是说技术一文不值。自建（例如从一无所有开始构建一项技术）的成本外加在这段时间内所失去的收入和市场地位，能够使技术收购显得非常有价值。然而，受保护的独一无二的地位往往通过专利保护或难以再现的开发来提升巨大的价值，并且使买方选择自己新建而不是购买该技术。这在估价中是非常重要的，因为在买方和卖方之间分割利益是由新建的成本与该业务对买方的全部价值而定的。

从广义上讲，技术的第三个方面，可能是最重要的一个方面，是整合的问题。在某些情况下，被收购公司的技术会作为一项独立的基础设施得以保留，但是，在几乎所有的情况下，这些技术都会以某种程度整合到买方的系统中。整合会在不同的方向发生。由于我不是技术整合方面的专家，而且其他作者对这个问题倾注了大量工作，所以我在这里会较少地评论，但是我会提到许多问题的大概观点。[①]买方可能想要在同一硬件平台和操作系统上合并系统，通过合并具有合适的专业知识的员工和合并许可证来使维护成本最小化。例如，如果买方使用甲骨文的数据库，通过收购一家也使用甲骨文数据库的公司，买方

---

① McKinsey & Co.provides a good overview of the issues in Lisa Aberg and Diane Sias's article "Taming Postmerger IT Integration," McKinsey on Finance(Summer 2004).Other Useful texts include Alexandra Reed-Lajoux, The Art of M&A Integration:A Guide to Merging Resources,Processes and Responsibilities(New York:McGraw-Hill,2004)and Timothy Galpin and Mark Herndon,The Complete Guide to Mergers and Acquisitions:Process Tools to Support M&A Integration at Every Level(San Francisco:Jossey-Bass,1999).

也许能够合并这两个许可证从而节约成本，同时买方可以只使用一个擅长甲骨文的数据库团队。第二个整合方向就是卖方与买方客户之间的技术整合。能够将被收购公司的产品和服务销售给买方的客户群，是并购交易中存在的一个较大的潜在协同作用。然而，如果被收购公司与买方客户的技术不能很好地整合起来，那么这方面的努力将会受阻。另一个方向是可靠性、冗余度和安全性的整合。如果卖方的基础设施不符合买方的标准，则可能需要进行实质性的、代价高昂且费时的升级工作。同样，当一个规模较小的卖方已经建立了平台来支持其较小的客户群，但必须对其系统进行扩大或彻底的重新设计，以适应买方数量众多的客户时，通常就会存在可扩展性的问题。在某些情况下，实现这一点可能只需要购买少量硬件进行扩展，但在其他情况下，则可能需要在技术上取得重大突破，而这样将使得被收购的平台几乎报废，从而使买方为一项纯粹的建设战略承担成本，却享受不到收益。

对卖方来说，他们不仅需要全面考虑这些问题，而且也要将这些问题完整地记录下来。技术平台是很复杂的，而在尽职调查过程中，卖方将只有很短的时间来论证所有这些问题。全面的规划和记录能在说服买方时产生实质性作用，尤其是当卖方试图让买方相信某些尚未证实的事情时，如尽管卖方的系统只支持200个客户，但它们也能够很好地支持200 000个客户。

进一步而言，对技术驱动的公司来说，构建基础设施时考虑到这些问题是有必要的。为实现新目标和达到新标准而改进技术要远远难于"翻新"。对任何有很大可能要被收购的公司而言，在建立平台时很有必要考虑这些问题，也许还需要为此进行更多的投资，从而使平台能够适用于潜在买方。这可能包括从选择工业标准协议到建立备用技术以保证大容量的可扩展性等诸多事项。此外还应该考虑到较大型的公司更为注重的问题，如安全性、防欺诈和数据完整。即使公司保持独立并非常成功，以上大部分的措施也都是有用的。

3. 产　品

能够获得新产品是收购一家公司最常见也是最吸引人的原因之一。最简单的形式，就是取得所收购的产品并将其销售给现有顾客，这样只需增加少量成本就几乎可以立即获得收益。潜在卖方所面临的挑战则是，在没有强烈阻碍其自身作为独立实体出售的同时，充分考虑潜在买方的需求。一个公司当然不会开发只能由买方公司销售而自己却无法销售的产品。然而潜在卖方生产的产品如果可以很好地融入潜在买方的产品系列，则会使其成为有吸引力的收购目标。当然，选择能与潜在买方相匹配的定价、配送体系以及其他要素，并且确保这些选择不会破坏公司的销售能力而只会使产品更加容易整合，则是明智之举。更广泛地说，卖方应考虑其产品是否适合加入不同类型公司的产品系列，这种做法也有助于确定潜在买方。例如，一家针对广告计划提供咨询业务的公司对咨询公司和广告公司来说，可能都是有吸引力的收购目标。通过收购，前者可以在水平方向上扩大其产品系列，后者则可以在垂直方向上扩大其产品系列。

有一种有趣的方法，既可以降低买方的生产成本，也能够吸引买方，即实行交叉销售计划。在交叉销售的合作关系中，买方转售卖方的产品（反之亦然）。这样的计划能够达到双重目标，即不仅能有效承担卖方为使其产品与买方产品线匹配而产生的成本，而且使买方在能够预先进行尽职调查的同时，掌握卖方产品价值的真实信息。通常大型公司会在确定小厂商的产品对其客户具有吸引力之后才进行收购。

4. 客　户

能够获得客户是一家公司进行收购的最简单、风险最小的原因。实际上买方是直接购买收益，因此收购价格能够迅速回笼。这种收购行为中有几个需要特别注意的问题，卖方可以采取一些措施依次解决这些问题。客户方面的关键问题在于由多种指标所衡量的顾客群的价值，以及如何在收购交易流程中保持该价值。

客户对买方的价值由几个因素决定。由于为得到客户而进行的收购的成本是很高的，因此客户关系的维持时间是客户价值的乘数。短期客户的价值很小。同时，这对独立的公司来说是正确的，但对买方而言可能并非如此。独立公司可能较为注重增长率和即期收益，乐于接受客户的高流动率。然而规模较大、较为成熟的买方则会更加注重客户维持时间。即使卖方注重客户维持时间，仍然需要将其有效地记录下来，从而获得客户群价值的实际收益。虽然对小公司来说，保留详细的客户数据通常是比较困难的，但对注重客户关系的行业来说，则有必要尽早开始记录这些数据。如果一家公司需要显示其客户关系的持续时间和弹性，那么记录客户数据就显得更加重要了。

另一个变量则是客户品质。客户品质可以通过客户支付的及时性、信用、历次采购量的增加和其他变量来衡量。同样，关键在于将这些数据用某种方式记录下来，并确保这样能够向买方显示这一客户价值。某些情况下，买方并不熟悉卖方的客户群，这样一来，通过向买方展示度量品质的新指标，可以提高客户群的隐含价值。这些指标应该包括对更多客户的介绍，客户用于支付的其他现金指标（如现金支付与信用支付，信用支付需要厂商支付一项费用）。买方通常会对重要客户的关键增长动态进行尽职调查。例如，随着时间的推移，前10至20名主要客户的增长展现了这些客户的稳定性和潜在的未来价值。

客户人口统计也很重要。如果买方在地理、文化、经济或其他社会学的细分市场中处于弱势，而目标公司在该细分市场拥有强大的客户群，则该目标公司对买方非常具有吸引力。卖方应试图通过使用各种人口统计学因素来分析其客户群。即使客户群中的某一部分对卖方不是很重要，买方也可能十分重视该部分，因此重点展示这一部分的客户群则会为卖方的业务加分。例如，一家提供互联网接入服务的公司可能不会非常注重其客户群的年龄，但如果潜在买方拥有在线音乐服务，则卖方可以通过向年轻人细分市场强势渗透来促进交叉销售业务的开展。

卖方如果拥有客户群的优质数据，则有利于展示其客户群的价值，并且能够根据潜在买方的业务和需求量身打造这种展示。这些结论是在假设客户易于转移的前提下得出的，但该前提并非始终成立。除了拥有详细的客户数据外，卖方还需要考虑收购交易完成后潜在的客户流失，因为买方一定会考虑该因素。事实上，在留住客户方面，买方往往预计会发生最差的情况。

有几个因素会影响收购后客户流失的可能性。由于使客户发生购买行为的主要驱动力——如卖方的文化、关注焦点或其在市场中的地位——某种程度上会在收购后改变，买方会因此丢失很多卖方的客户。举个具体的例子，如果客户比较偏好关注于其产品的小厂商，那么当该小厂商被大公司收购后，该客户很可能会终止与其所开展的业务。在某些行业中，许多客户都对某些大型供应商有抵制情绪，因此当小厂商被某个大型供应商收购后，客户流失十分明显。在一些收购案例中，收购公司和被收购公司的客户可能是另一市场领域中的竞争者，这时该客户就会犹豫是否还要与其竞争者开展业务。打个比方，如果花旗银行收购了一家保险公司，而该保险公司此前是通过由多家银行组成的销售网络来销售其产品的，那么收购后这些银行很可能会停止与该保险公司的业务，不再直接与自己的竞争对手进行交易。

在许多收购交易中，卖方对减少客户损失是无能为力的，但是，在某些情况下，卖方可以通过主动向其客户传递信号来消除一些风险。例如，一家专门从事小型业务的供应商将被大公司收购，该供应商可以向其客户做出保证，即收购后这些客户仍会得到同等水平的服务和关注，这样做可能会促使这些客户仍然保留业务。由于收购交易具有保密性，交易完成前卖方很可能无法这样做，但如果买卖双方在交易完成后的第一时间主动携手联系客户，就可以将损失降到最低。在处理客户对收购交易的态度时，时间是关键因素，即使只耽搁几周也可能造成客户的大量流失。

即使问题无法解决，就像上面所提到的花旗银行的例子，对这些风险的了解也有助于卖方调整对潜在买方提出的估价，进而有助于卖方选择更有吸引力的买方。在某些情况下，卖方可能放弃所有的潜在买方，因为被这一类或这一系列的买方收购后会导致其客户群严重流失。

5. 员　工

在"人力资源/遵守规则"部分中，我们已经讨论过员工的管理和合规等内容。这里将把员工作为一项具有价值的资产和资源来讨论。虽然不是所有的交易都这样，但是在很多交易中，员工都是业务收购成功与否的关键原因，甚至是最主要的原因。与客户类似，收购交易所带来的员工流失会严重影响公司的价值。买方对这个问题很敏感，因此它们通常会与核心员工签订合同，并且将这些合同作为完成收购交易所必须执行的文件。这些是买方在交易完成前需要遵守的先决条件。

就员工是交易中重要的资产这一点而言，卖方可以采取各种措施确保买方能够继续保留这些员工，并且向买方展示这一点。首先是要确定在这项交易中，哪些员工最为重要。在某些交易中，这一点很容易确定，通过分析业务核心资产的性质即可了解。例如，在软件开发公司中，最重要的员工群体可能是技术及软件开发人员，而一家消费品公司中最重要的员工可能是产品开发人员和营销人员。不同的买方重视的员工群体不同，这使得分析重要员工的工作更加复杂。假设Brooks兄弟公司收购了一家销售男士服装的小型连锁店，以扩大其店铺布局网络，那么Brooks兄弟公司不会关心店铺运营及房地产员工的保留问题；但如果一家拥有强大品牌但没有店铺网络的公司，为了扩大其销售渠道也收购了该连锁店，则会比较关心店铺运营及店里员工的去留问题，两家公司出于不同的原因购买了相同的资产，前者是为了进一步扩大其已有的大规模店铺网络，后者则是为了建立新的店铺和提高零售能力。

辨明核心员工及员工群之后，问题就变成怎样确保买方能够保留这些员工。有时要做到这点非常困难。如果员工们感到收购后公司文化将变化很多，他们可能会选择离开。当小型公司或具有独特文化的公司被大型公司或主流公司收购时，这种问题更加突出。有种方法可以解决这种文化转型的问题，那就是尽量在收购交易前对文化进行调整，从而缩小文化差异。当然，卖方需要避免重要员工因为变革而离开公司所造成的损失。卖方也可以与买方携手合作，尽量保留公司文化的重要特征，并且将其约定传达给其员工。由于买方需要保留这些重要员工，它必须在维持其原有文化和保证有效整合两者间寻找一个平衡点。

如果员工拥有相当数量的股权，那么他们通过交易本身就会获得大量财富，以至于失去工作动力。在20世纪90年代后期的技术繁荣时期，这种情况很常见，那时甚至有些中层员工也拥有大量股权，因此他们通过收购或首次公开发行获得了数十万甚至数百万美元。大额财富的影响很难抵消。一个解决方法就是避免给予员工过多的股份，这样既可以确保交易不会给员工创造巨额财富，也能持续提供同样有效的激励机制。然而，如果高级管理层及公司创始人在交易时撤出资金，则很难证明这种无法立即获得收益的激励机制是有效的。特别是当公司规模小，并且创始人亲自雇用员工时，创始人很难在股权方面为员工提供与自己不同的差别条款。此外，这些差别条款可能会影响员工留任的士气。解决员工留任问题的另一个方法是从购买价款中拿出一部分，作为核心员工的留任红利。这将在第8章"交易架构与对价"这一小节中讨论。

不同的卖方在潜在交易中所存在的员工问题都不同，但都需要采取一套有效的沟通战略。正如下面将要提及的，管理层员工对收购交易的期望和理解对于买方是否能够留住这些员工有重要意义，这样做同时也有助于为潜在的交易储备员工。卖方为更好地与潜在的买方公司配合会进行"公司化"流程或薪酬体制改革，此时，卖方应与员工有效沟通，这样不仅可以使交易顺利进行，而且可以避免业务在出售前遭受损失。每家公司在其发展过程中都存在问题，而公司规模的扩大和文化的变迁总是伴随着员工的迷惑、忧虑以及不满情绪。向员工传递一些信息，使他们理解所发生的变化，并向他们证明这些变化将为其带来收益等举措不仅需要在交易完成后实施，而且更需要在交易进行前就开始。由于交易的保密性，卖方能在交易前告知员工的信息很有限，但是提前为其做准备是很重要的。在交易进行过程中，卖方与员工的沟通是很重要的，这能够确保卖方有机会控制交易，管理员工的期望。不能与员工有效沟通将会严重地影响交易完成前公司的业绩，因为此时员工都很烦躁、沮丧，同时也会导致交易完成后员工的流失。在大多数情况下，卖方应该在宣布交易之前与员工直接沟通。这里存在一个微妙的时机选择问题。如果卖方太早与员工沟通，很可能会导致交易信息的泄露；但如果卖方太晚与员工沟通，员工很可能最终从媒体或第三方那里得到交易的信息。前者将破坏交易的进行；后者则会打击员工的积极性，导致员工流失。通常，沟通采用常见问题（Frequently Asked Questions，FAQs）的形式，卖方需要仔细陈述这些问题，并将交易及其好处传达给各位利益相关者，包括买卖双方的员工和客户、股东、媒体和公众。FAQs因利益相关者组群不同而异，但其中的许多问题和解答是共同的。在交易宣布的时候，买卖双方需要会晤就FAQs与核心管理者进行讨论，然后向员工群公示FAQs。同时，公司员工有机会发问，询问交易的情况和交易对他们产生的影响。

6.公众形象问题

卖方在计划交易时有必要考虑其公司的公众形象。因为良好的公众形象有助于吸引买方，提升公司价值，也有利于为交易准备包括员工、客户和合作伙伴在内的各种要素。注重公众形象对私人公司来说是一个巨大的转变，因为私人公司很少考虑公众关系和公众形象问题。有些私人公司只与相对少量的大客户开展业务，并且直接与这些客户联系，甚至可能根本没有考虑过公众形象问题。

更重要的是，公司的公众形象对潜在买方来说可能是积极因素，也可能是消极因素。在通常情况下，私人公司不用太在意公众形象，尤其是在只与少数客户直接开展业务的情况下。规模较大的公司，尤其是上市公司或开发出有价值的大众市场品牌的公司，则无法忽视公众形象这一问题。在很多收购案例中，卖方都因为负面的公众形象而使自身吸引力降低甚至成为"不可购买"的目标公司。举个极端的例子，色情产业。一家色情产品公司无论多么赚钱或者运营得多么好，绝大多数媒体公司都会因为其负面的公众形象而不会考虑收购其业务。如果一家公司曾因违法而被调查，或者曾经成为公开论战的目标，那么这些负面信息会一直伴随该公司，影响其出售的价值。

当一家公司考虑出售时，应考察自身的公众形象，并分析它是如何影响公司价值和潜在买方范围的。卖方也应在准备被收购的过程中考虑改善公众形象的可能性。在不与法律法规冲突的范围内达成协议，借由公众关系及产业媒体来改善自身的公众形象等做法，都将提升公司价值。关于这一话题的更多内容将出现在本章后面的小节，具体会在"准备出售业务"这一小节中讨论"价值贬低因素"时出现。

7.财　务

如果说音符是音乐的语言，那么财务就是商业贸易的语言。无论战略、计划和建议多么完美，公司的最终价值仍是由其财务状况来衡量的。延续之前所做的语言类比，财务是用来衡量业务的最通用、最精确的方法——国内和国际交易的语言。财务的通用性很重要，因为买方需要在很短的时间内对业务有深层的了解。为了完成交易并使业务价值最大化，卖方最需要做的就是为潜在买方提供一份详细、精确、完整的财务报表。这对卖方来说存在几个方面的困难。

财务报表的编制规则在美国公认会计准则（generally accepted accounting principles，GAAP）中有非常详细的规定，并且财务报表必须遵循 GAAP 编制。[1]一些卖方本身就遵循 GAAP 编制财务报表。但在很多情况下，私人公司则是应其投资者的要求而遵守 GAAP 规定的。如果之前没有按照 GAAP 要求记录财务信息，那么任何一个准备出售的公司都应该从现在开始按照 GAAP 重述其财务信息，并且把公司财务约历史记录也按规则要求转换成财务报表。虽然没有这方面的严格规定，但是买方一般都要求卖方提供最近三年的历史财务信息作为评估依据。买方需要多少财务信息是由业务性质决定的。比方说，一家公司的业务非常稳定，且过去的变化较小，当买方评估其财务状况时，可能会需要较长时期的历史财务信息，从而证明该公司业务的稳定性。相比而言，当买方评估一个经历过巨大变动的公司时，可能只需要一个较短历史时期的财务信息，因为公司发生了变动，其历史财务信息已经无法用于估计未来业绩了。

如果一家公司要逐步按照 GAAP 记录财务信息，则需要花费一定的时间和金钱，需要在交易进行之前就开始实行。公司需要雇用一名审计师，以及一名能为审计师提供其所需财务记录的员工。公司并不一定要选择一家最大的审计公司，但是最好选择一家在全国或至少在本地有着良好信誉的审计公司。不过鉴于前十年发生的众多财务丑闻事件，大部分公司似乎倾向于选择中型但仍具规模和信誉的会计师事务所。[2]这种事务所收取的费用较低，同时也有许多高级员工参与其中。无论选择哪家事务所，卖方公司都应与该事务所建立良好的

---

① 尽管在美国以外，许多国家都采用美国公认会计准则或其变体，但还有一些国家的会计监管部门另外制定了会计准则。当并购双方或一方不是美国公司时，在为交易编制财务报表时，目标公司需要考虑的不仅是并购公司，还要兼顾并购公司的会计准则。因为一旦被收购，目标公司采用的准则将被谨慎的买方重新审查。

② 例如，2003 年，55% 的公司都将其审计工作从四大会计师事务所转换到一些小公司。这种趋势持续到 2004 年。Jill Lerner，"Rollins Dumps E&Y in Favor of Grant Thornton，" Atlanta Business Chronicle（September 17，2004）.

关系，因为收购过程中将需要该事务所向潜在买方提供财务审计结果的详细说明。除了准备基本财务信息外，潜在卖方也应该开始准备表格完备、内容详细的财务报告。一旦进入收购阶段，潜在买方首先需要的就是一份完整的历史财务信息。可信的财务报告将降低买方交易的风险。换句话说，如果买方在尽职调查中发现前后不一致甚至是误用的会计政策，买方可以质疑整个财务状况的真实性。对卖方不幸的是，为了降低风险，买方很可能要求卖方在价格方面提供折扣优惠。

一家公司的财务状况包括两方面：历史财务状况及未来财务状况。买方并不需要卖方具有良好的历史财务绩效，但却希望其能具有良好的未来财务绩效。由于其理论上的真实性和准确性，历史财务信息是买方用来预测未来财务状况的重要工具。然而卖方还应该向买方提供一份自己对未来财务状况的预测。不像以账面价值入账的历史数据，买方对预测如果不是完全不相信的话也必然会持保留态度。即使如此，预测报告是卖方证明其业务价值的最直接和最易被了解的方法。同时财务预测也给卖方提供了一个探寻迄今尚未发现的商业机会的平台。

财务预测也相当耗时，因为财务预测是战略和财务信息的集合体，需要一系列的重复工作和不断的调整。提出假设是财务预测中最重要的步骤，同时对买方来说也是最主要的内容。这是一项需要自我反思的工作，因为即使确定了假设中使用的变量，公司也需要仔细考虑所有影响其业务的核心因素。一旦在众多的动机和财务信息中挑选出一系列影响公司的驱动力及这些驱动力与财务之间的关系后，公司就可以对这些驱动力提出假设。以汽车制造商为例，能够影响利润表中收入项的驱动力包括对新车的需求以及消费者的购买力，而这些驱动因素又会受到油价、经济实力以及诸如外国汽车制造商的实力和这些国家货币与美元之间的汇率等更直接因素的影响。影响利润表中成本项的驱动力则包括人力成本、钢铁成本、尾气排放标准甚至房地产价格等。令人信服的财务预测会清晰地说明主要假设，并尽可能详细地证明该假设的合理性。对这些预测进行现实性检验也非常重要。一种较好的检验方法就是对比其他类似业务的增长率和利润率等变量。如果一家公司的预测模型中，其主要财务变量与其他类似公司的偏差很大，那么该公司就需要仔细考虑是否有合理的原因解释这些偏差。例如，如果一家私人货车运输公司所作的财务预测显示，其增长率为20%，净收益率为10%，而同等规模已上市的货车运输公司则预计有5%的增长率和3%的净收益率，那么就有必要怀疑私人货车运输公司所使用的模型的准确性了。在这里反复修改模型非常重要，因为一旦模型的结果受到质疑，就需要对驱动力假设进行检查和改进。

　　详细、有凭有据且合理的财务预测能够成为说服买方的有力工具，使买方相信卖方的业务存在未被发掘的潜力，并证明由历史财务业绩估测的业务价值应该能增值。财务预测也有助于证明管理团队为公司的发展及盈利性制定了经慎重考虑而得出的战略，这点可以通过对假设的检验来证明，而对假设的检验则会引发双方讨论如何实现这些假设。买方往往不完全相信预测所说的突然增长，有时也称为"曲棍球棒"收入增长，除非有充分的理由来支撑这种快速实现的增长，而且买方更信任"自下而上"和"自上而下"的财务预测，因为前者展示了所预测收入的基础以及收入和成本的相互作用。许多卖方错误地进行"电子制表程序运算"，或者设立收入增长的上限，然后基于某一因素推算增长上限（例如，设立10%的年增长率）。证实这些假设很困难，因为预测缺乏根据，除了握有稳定市场上的一些历史性结论，我们几乎没有其他根据。自下而上的方法向我们展示卖方如何做出预测（由一些具体的假设驱动，如销售单位、定价、员工人数等）。

　　在准备历史财务信息和财务预测时，卖方考虑好选择哪些指标和术语进行陈述以及为检查做准备是很重要的。虽然一般规律是越详细越好，但卖方不想让这些材料太过详细全面，因为买方能够通过这些财务数据对业务有所了解。也就是说，卖方在选择指标时，要考虑到潜在买方的需求和意向。当然业务经理或公司所有人期望看到的很多指标与买方关心的指标是相同的，但是两者之间也会存在一些显著的差异。潜在卖方应该站在买方的角度来考虑如何说明财务信息的问题。比方说一个只有单一产品系列的卖方可能只关注其客户群的最基本数据，但如果买方打算向被收购的客户群交叉销售多种商品时，买方就需要关注更加详细的客户群指标了。对于一家主要销售软件和提供会员服务的私人公司，GAAP会要求该公司确认在某段时期内，基于包括顾客退货权利和合同期限等变量的收益。私人公司的买方可能只关注现金流，而上市公司的买方会非常想了解这些现金流是怎样被逐步确认的。提供买方感兴趣的指标和评估标准不仅能够增加买方对交易的兴趣，而且还可以通过减少卖方在交易过程中需要提供的其他财务数据，使交易效率得到提高。

8.关于买方需求的最后总结

在交易开始前，要开展这么多的工作是非常困难的，尤其是对资源有限的小型公司而言。员工都集中精力从事其主要工作——促进业务增长和增强实力，他们不愿放弃这些工作而去从事具有失败感的工作。正如前面所提到的，出售业务这个概念本身就存在一种失败感，而为这种交易做准备就几乎像是在计划失败一样。然而高级管理层和股东需要优先考虑这种准备工作。

正确的计划可以带来巨大的财务回报。从理论上来说，买方只愿意支付卖方为适应买方而做出的改变所花费的预期成本。例如，如果卖方实施的质量控制标准较高，则买方只愿意支付本公司在收购这家公司后实施改变所花费的成本。实际上买方为这些变化所付的价钱要高很多，买方之所以愿意这样做是出于几个理性和不太理性的原因。这些调整工作的价值不只包括实施成本，还包括这些工作对投放市场时机的影响。由于整合已收购公司需要耗费时间，这会推迟买方从交易中获利的时间，而获取利润正是买方最初进行收购的目的。有时为消除这些使买方获利延迟的因素不仅需要被收购公司的努力，也需要买方的努力。比方说，如果被收购公司的产品线需要升级才能符合买方的标准，那么不仅被收购公司的产品开发团队要转而实施这些变动工作，就连买方的产品开发团队也需要派出一部分成员完成这一工作。这些调整工作能够加深买方对被收购公司的了解，消除不确定性。正如第8章中所述，不确定性是造成买卖双方对价格预期差异的主要原因。买方对任何不确定性都会预计最差的情况。

增进对目标公司（包括其财务、运营、客户等）的了解能够显著提高买方的出价。除了这些具体原因外，还存在信心和风险等更广泛的因素影响出价。买方公司中促成交易的员工将他们的声誉押在交易的成败上。从理论上来讲，买方愿意为消除风险而付出溢价，通常推动交易进行的个人所担负的潜在风险足够使其愿意付出合适的溢价。房地产的例子能够从某一方面对此做出解释，房地产经纪人会告诉潜在买方，买方对房屋修缮所付出的成本能在几年后出售房屋时以若干倍的价钱收回。这就像在收购交易中买方为实施一些变动而付出的溢价成本一样。

5.2.2 站在子公司的角度思考

一家公司在策划一项交易时，一定不要低估伴随由独立公司转化为子公司过程中的文化变革。具有讽刺意味的是，尽管将独立的公司大规模地整合到收购公司可以产生更大的协同效应，提升业务的价值，但是这也给公司文化带来了剧烈变化，而这将影响公司的全体员工，下至普通员工上到高层管理者，无一例外。从公司文化特有的指标，如薪酬福利，到包括正规性、凝聚力以及事业管理等的非特有指标，文化变革将会蔓延到整个组织。同样，由独立公司转化为子公司也会对业务的实际运营产生重大的影响。

策划交易的公司应该从子公司的角度思考问题。对不同的公司来说这意味着不同的变化。最应该做的首先是使薪酬福利政策与市场标准接轨，另外就是使文化更具现代进取精神。将审批流程正规化就是开始变化的好例子。这有助于公司昭示对监管结构的正式遵守。这些变化不只给普通员工带来压力。正如程序员不再享受无限制的免费零食一样，创业者已习惯于对他或她的整个组织分配职责和制定决策。这里又引出了另一个重要问题，虽然有时买方会把收购看作资产交易，但大多数时候买方会保留整个或部分管理团队。最高管理者可能不会再在新组织中担任职务，但通常管理架构的核心人员都会留任。所以建立一个组织并赋予管理人员合理的决策权和职责是非常重要的。如果所有的关键决策都由最高管理者制定，而这些管理者在收购交易后可能不再留任，那么买方会担心该组织在交易后将无法正常运营。

通过审批程序的专业化和决策权的分配，公司能够在业务的其他不同领域推行正规化。这种做法的一个特点是能够促使公司广泛整理不同领域的资料，这些资料涉及合同和法律文件、产品、技术开发以及规划的各个方面。增加正式文件可以使公司更好地融入到规模较大的收购公司的文化中。在做尽职调查的过程中，在全面收集公司不同部门的资料时，这些文件能证实该公司的价值。①

在可以接受的范围内，高级管理层可能也想向公司员工灌输战略交易的思想。在一些情况下，交易的保密性更加重要，但在其他情况下，特别是在谣传公司要被收购或是该公司计划进行一场大范围的公开拍卖程序时，公司着手与员工进行沟通可能成效显著。虽然几乎不可能保留每个员工的职位，但是卖方仍能采取很多措施来减轻员工对这种重大变动的担忧。一个普遍的做法是向那些正从事于公司交易的核心员工提供留任红利。这给公司员工提供了安慰——如果被解雇，在他们找到另外一份工作之前，他们知道会有一笔红利帮助他们渡过难关，这种安慰抵消了他们对交易完成后可能面临失业的担忧。关于销售过程中对员工管理的进一步讨论，见下一小节"与成员一起设定期望值"中的"管理"部分。只需将纷乱的谣言变成清楚的事实就可以促进工作环境的平静。

5.2.3 建立市场信誉

在筹划交易时，卖方要评价自身的公众形象，并且制定战略来管理和展示其形象，这样做能够在交易中使其业务价值最大化。战略的目标在于影响一些潜在的要素。虽然每个卖方的方法和关注焦点都不同，但都不会完全忽略公众形象的问题。

公共关系通常是吸引买方的一个有力工具。很少有卖方对潜在买方的业务有完全的了解，即使能够完全了解买方，卖方也很难与这些潜在买方沟通联系。对于与大型收购公司作交易的小型私人公司而言，更是如此。卖方建立良好的公众形象有助于引起买方的注意。这可能显得太过简单了，但由于市场中公司的数量庞大，买方确定潜在目标是非常困难的。在许多情况下，买方会使用公共关系这种基本工具及新闻、网络检索来识别某一市场内的小公司。

建立公众形象的方法包括制作用户友好网站的界面，委托公关公司在业内

---

① 如果交易正在秘密谈判中，这就非常真实。而在组织中要进行秘密谈判过程，其中一个最大的挑战在于如何秘密地收集经营文件，从而为买方提供尽职调查的材料。如果大部分的经营能够像日常运营一样被合理记录，那么大部分文件都能迅速、隐秘地被收集起来。当然，在交易过程中，相比让员工从初稿中收集，在标准化运营的过程中建立的文件和材料能够更迅速地被收集起来。

新闻媒体刊登本公司的文章，参加行业会议或刊登各式广告等。当然所有这些做法都有双重作用。除了能达到上述目的外，这些行为还能够改善客户关系，增加品牌价值。

卖方也可以通过各种"代理人"来建立其市场信誉。投资银行、咨询公司、行业协会和律师事务所等公司都能协助卖方建立公司信誉，尤其是面对潜在买方时。困难之处在于如何控制"代理人"的行为，因为交易中不利的诱因太多了。例如，一家投资银行可能会把公司正在考虑收购的事情作为有价值的信息透露给其他客户，导致潜在交易的消息过早泄露给过多的人，甚至泄露给媒体。

公司也能够在业务交易中建立其市场信誉。主动与潜在的合作伙伴及买方保持牢固的关系，是一种非常好的投资行为，即使在交易不成功时也是如此。这样做同样也有双重作用，因为建立起来的关系能够促成合作伙伴关系以及其他有价值的业务关系。在理想情况下，买方会在交易前实施一个全面的行业调查，识别每一个潜在目标。然而实际上，买方通常既没有资源也没有耐心这么做，它们会依靠本公司和顾问的关系网整理出一份目标公司列表。同样，由于正式的尽职调查使得买方能够审查每一个目标，所以如果买方对某家公司有着正面的第一印象，那么它通常会倾向于把该公司作为潜在收购目标加以关注。就像选择用餐地点一样，如果可选的餐馆很多，人们通常会倾向于选择他们熟悉的、之前有过良好就餐经历的餐馆或曾经听说过的好餐馆。

1. 新闻媒体

新闻媒体是建立市场信誉的最有力的途径，但是显然这也是最难利用的途径。尤其对规模较小的公司而言，它们很难引起媒体的注意。即使引起了媒体的注意，这些小公司也很难控制结果。与将要讨论的其他代理人不同，新闻媒体既不是直接也不是间接地为卖方服务。难点是制造一个既正面的，又足以引起媒体注意的信息。这对卖方而言绝非易事，通常情况下，雇用职业公关人员或第三方公关公司效果较佳。这些专业人员不但知道如何制造信息，还拥有关系网能将该信息正确地送达给媒体，并且有足够的可信度以引起媒体的注意。

本书不再详细讲述如何制定公共关系战略，但是会列举一些比较重要的因素。首先，卖方需要明白，媒体就像一个扩音器，与媒体沟通的任何信息都可能会使所有人都知道。媒体是一种直接的手段，而不是灵敏的工具，所以如果公司想要将信息传达给某个特定组织，那么就不应该选择媒体这个工具。人们总会忘记媒体不仅仅能够接触到预期的目标，如股东和客户，也能够触及其他的目标，如监管者或竞争对手。并且，媒体误解或误报信息的风险总是存在的，一旦这种情况发生，在信息得到纠正之前危害就已经造成了。财经新闻媒体的错误报道，会导致相关公司股票价格受到毁灭性的影响，这样的例子数不胜数。即使公司事发后迅速发表了更正说明，媒体所导致的看法也很难被扭转。

在战略交易中使用媒体工具是非常冒险的行为。在大多数情况下，在交易完成前或准备发布明确的最终消息之前，都应避免与媒体接触。利用媒体工具的弊端常常会超过其潜在的收益。通常情况下，在交易发生之前，当卖方试图建立更全面的公众形象时，媒体的价值比较高，尤其是在卖方设法吸引潜在买方注意力的时候更是如此。唯一例外的情况是，卖方要开展正式的拍卖程序，由此可以吸引尽可能多的买方并且也同意将其出售消息公开发布。在这种情况下，新闻媒体就成为吸引买方的有力途径，因为公司将被收购已经是公开的消息，所以就没必要回避媒体了。

2.投资银行家及律师

不同于新闻媒体，投资银行家和律师要"友好"得多，他们在某种程度上是可以控制的。一定要记住他们并不是完全可控制的，尤其是投资银行家，他们也存在一些不良动机。律师和投资银行家都拥有能用来识别潜在买方的关系网。更重要的是，他们能作为代理人与买方联系，使卖方能够将精力转到考察并确定交易的利润水平上。即使是在交易流程启动前，这些代理人也能够帮助卖方建立市场信誉，并使潜在的买方对卖方公司更加熟悉。

律师和投资银行家都会在行业内建立关系网，特别是当他们关注某一特定行业时更是如此。专注于某一特定行业的律师或投资银行家很可能会与业内每家公司的高级主管人员都有直接或间接的联系。此外，由于他们的个人信誉及其所在公司的信誉，这些专业人员的可信度高，他们与高级主管联系起来更方便。当小型独立公司的 CEO 很难联系大型公司的高级主管时，律师和投资银行家可能有更加便捷的联络途径。

投资银行家和律师也是暗中获知公司盈利水平的最佳工具。投资银行家或律师会与一个潜在的交易对手联系并代表这家不知名的公司询问其利润水平。通常他们会为得到有价值的答案而不得不给交易对手一部分信息。例如一个投资银行家可能致电花旗银行，询问其是否有意向收购一家中型地区性银行或一家全国性的抵押贷款公司。显然卖方的直接竞争对手越少，且卖方公司的规模越大，在向买方提供有价值信息时保持匿名就越困难。代理人在为像通用汽车或波音这样的公司寻找买家时，很难不透露该公司的身份。可以想象这样一个电话："请问您有意向收购一家美国汽车制造商吗？""哦，美国的汽车制造商很少，你在说福特、特斯拉，还是通用汽车？"

卖方也可以通过这些代理人使潜在买方对本公司更加了解。律师可以把卖方介绍给其他公司，并且安排会谈。投资银行家也能做到这点。更重要的是投资银行家能够参加买方的分析员会谈。大多数投资银行都为投资者团体举办某一行业的年度行业会议，与会者大部分人都是受雇于机构投资者和投资银行的分析人员，对某些行业进行研究。这些会议通常都会吸引到该行业中大部分大型公司的高级主管参加。在会议上发言是在市场上和在潜在买方中建立公司信誉的有力途径。当然要拿到这些会议的入场券需要经过激烈的竞争，所以规模较小的公司可能很难获得席位。

虽然从理论上说，律师和投资银行家都能够提供这些服务，但卖方通常都会选择投资银行家。这些投资银行家往往关系网更广、对行业的关注度更高，而律师关注的事务则比较均衡些。更重要的是，收购事务是投资银行家的主要业务，所以他们往往愿意付出更大的努力，而律师则根据交易获得酬劳，按小时计费，并且一般情况下，他们已经与卖方建立合作关系，这就保证了交易开始后他们仍然会被雇用。相比之下，投资银行家则被雇用来服务于某一特定交易。通常他们会确定交易的性质，并且雇用这些投资银行家的一部分原因是投资银行家能够利用其关系网考察市场，提高卖方公司的盈利水平。当然，一旦确定进行一项交易，卖方很可能会利用投资银行家来考察市场。有时候，卖方会雇用投资银行家完成这项工作；而另一些时候，卖方则会假装要雇用这些银行家，从而促使他们帮助自己考察市场。

重要的是要记住投资银行家具有不良动机这一问题，尤其是在利用他们考察市场并建立市场信誉的时候。投资银行家总希望能尽快促成一项交易的完成。如果卖方仅仅是要评估市场或建立市场信誉，则要保持警惕性，以防止投资银行家试图推动交易完成，或者甚至试图通过使买方主动提出收购来引发交易，从而促使卖方启动交易程序。同样，也要记住投资银行家（有时也包括律师）会买卖信息。信息是一个投资银行家使其自身与客户产生差异的最佳途径之一，一家公司被其他公司收购的潜在可能性则是投资银行家乐于与客户分享有价值的信息。

3.其他行业资源

有些行业的联系非常紧密，这时候利用行业组织、出版物和会议来建立信誉并最终达到与潜在买方联络的目的是十分有效的。当然这种方法的主要局限性就是卖方只能在一个特定的公司团体中建立关系网。这一点需要特别注意，因为这是卖方常犯的错误。虽然卖方所在行业的竞争者是明显的潜在买方，但很多时候，它们并不是唯一的或者最有吸引力的买方。在计划一项交易时，广泛考虑潜在买方是很重要的。也就是说，通常情况下最有可能成为买方的是本行业中的其他公司，所以行业资源是一个有价值的工具。

行业组织将公司集合起来有多种方法，包括游说、设置标准和互换信息等。卖方主动加入这些组织能使其与业内其他公司建立非正式的关系网络。在很多情况下，大型公司在这些组织中特别活跃，因为行业组织所解决的问题对这些贡献资源很多的大型公司有重大的影响。例如，规模最大的几个公司可能投入最多的资源来游说国会放松管制，并且力图建立行业标准。

行业会议及展览会也是在其他公司中树立信誉的好机会。简单的可以搭建一个小展台，复杂一些的则可以主持一个大型招待会或担任发言人职位。就像投行会议一样，这些职位需要通过竞争才能获得。行业会议同样也为建立非正式且有效的关系网络提供了机会。既然这些活动使众多不同公司的主管聚集在一起，并且这些主管都会腾出时间来参加会议，那么这会是安排会谈和建立联系的难得机会。买方发起人经常把这种会议作为调查卖方的有效手段，并设法确定其收购目标。

归根到底，建立市场信誉最好是在一段长期时间内集中精力完成。这项工作可能显得很困难，但是公司最终开始交易程序的时候，其信誉不仅会影响潜在买方的数量，还会影响买方支付的附加费。从本质上来说，收购是一项充满风险的活动。买方竭尽全力使风险降到最低，并且这样做通常需要向卖方额外支付费用。呈现良好的财务状况，采取其他具体的措施，能明显地降低风险和增加买方确定性。然而，建立市场信誉正是这样一种做法，虽然很微妙但却有价值。受到重要的行业影响者（例如，Garter 魔力象限中所列示的）的认可对卖方来说是无价的。对买方而言，收购一家完全不了解的公司似乎要比收购一家经常打交道的公司危险得多。熟悉度和市场信誉对买方愿意支付的附加费有实质性的影响，虽然这个影响难以估算。在一些情况下，熟悉度和市场信誉甚至会影响作为风险规避者的买方进行交易的意愿。

5.3　与成员一起设定期望值

公司的收购交易对很多相关人员来说都是重大事件，甚至是改变人生的大事。在交易开始之前，收购对很多小型公司来说很可能就是终结游戏。因此，公司所有成员的期望值都需要控制，甚至可能比任何其他事件都更需要控制。对有决策权的成员，要确保他们的期望一致，否则可能会出现很大的矛盾。即使是决策权很小的成员，控制他们的期望值也很重要，否则交易有可能在进行过程中被破坏，给所有成员带来损害。

这里的困难在于公司的收购交易通常是秘密进行的，所以能与公司成员沟通的信息非常有限。即使如此，控制大家的期望值也非常重要，只有这样才能保证交易秘密地进行并且在向组织内部成员透露消息时，不会出现任何损失。在一些情况下，这会涉及对经济驱动力的控制，保证交易能够增加每个人的利益。除了纯经济驱动力外，还存在感情及个人驱动力，因此除财务动机以外，公司还需要考虑各个成员可能会有的个人反应。

5.3.1　所有者

首先，需要记住公司中通常存在不同类型的所有者，而每一类甚至每一个人的目标可能都不尽相同。私募股权投资者可能注重在相对短期内的清偿事件，公司创始人则注重建立一家优秀的公司，而战略投资者则可能注重保持稳定持续的增长率，以维持被投资公司与该公司之间的关系。

这里的关键在于有效沟通。在某些情况下，收购提前就计划好了，公司的建立就是为了出售。在这种假定的简单情况下，全部所有者的期望大致相同。在大部分情况下，所有者的最初焦点并不是出售公司，而是使公司随业务发展而不断成长。即使公司的建立不是为了出售，所有者也需要明白这是一件普通的退出事件，并且应该提早开始讨论。他们要尝试达成某种程度上的一致意见，确定他们对要约收购或者可能发生的出售（可能基于投资银行家确定的性质）应如何应对。可能很难设置明确的衡量标准（比如"我们能拿到 5 000 万美元以上的话就出售"），但考察出售的积极性将有助于确保预见潜在的冲突并进行处理。业务中可能出现的破坏事件之一就是所有者之间公开表现出明显的矛盾。

要留意那些沉默的所有者。很多公司中的重要股权都掌握在不积极参与公司管理活动的人或实体手中，而公司在计划出售时常常会忘记这些所有者。虽然他们可能不积极参与日常管理，但战略交易肯定会引起他们的注意和参与的积极性。根据公司的法律结构，即使一小组少数投资者也会阻止收购的进行。至少，他们能够使交易流程复杂化，有时候会扰乱正在犹豫是否参与股东冲突并面临诉讼危险的买方。

5.3.2　管理层

在某些方面，管理层对交易的影响甚至要大于所有者。很多时候管理层拥有重要的股份，尤其是在小型公司或刚起步的公司中。即使管理层不是重要股东，他们也能够显著地影响出售计划。没有管理层积极主动地支持，公司很难出售并且很难实现其全部价值。管理层人员不仅可能成为出售流程的管理者，而且也有责任实现公司的价值，事实上也有责任在出售之前的数月和数年中创造价值。如果 CEO 不支持公司的出售，那么他会有很多方法拖延甚至终止交易流程，并且使买方失去收购意向。

其中一个关键因素当然就是经济驱动力。无论是以股权的形式使管理人员得到部分出售价值，还是以"金色降落伞"和其他薪酬结构使其获得出售利益，总是可以采取很多方式从经济上来调整管理层的动机。然而，管理人员不仅仅受财务动机的驱动。通常公司的出售意味着很多高管的降级甚至解雇。即使这些高管在收购之后的公司中仍占有一席之地，但在大型公司中担任小组领导或业务经理的积极性远不如在自己的公司里担任 CEO。

和公司所有者类似，这里的关键问题也是沟通。虽然所有者可能不愿意将其详细计划告诉管理层，甚至有时候在管理者不知情的情况下进行交易谈判，但至少与最高管理者就潜在交易进行一般讨论是比较好的做法。管理层在被雇用时就了解建立和出售公司的详细计划，和管理层被雇用时期望公司经过数年的成长能够上市，却在一两年后突然得知公司要被出售，这两者相差很多。管理人员自身可能很敏感，所以被告知存在潜在出售的可能性会有助于使他们把交易看作是一种成功而不是失败。

5.3.3　员　工

如果潜在出售是公开的信息或者至少得到了普遍的同意，卖方也许能在宣布交易前与其员工进行沟通。这给卖方一个好机会，使其能够让员工做好出售的准备，并且控制他们的期望。更重要的是，潜在出售使卖方有机会消除员工的恐惧。与管理层不同，通过出售公司，大部分员工即使有回报也只是适量的财务回报。他们几乎都要继续工作以谋生，而交易的进行无疑使他们有失业的风险。不同类型的交易能增加或减少这种风险，但无论怎样，恐惧总会存在。如果交易是公开的，那么对恐惧和忧虑的处理就很重要。即使无法提供确定性和保证，公司通常也能够减轻最严重的恐惧感。

如果交易不是公开的，或者消息还没有公开，公司很难与基层人员沟通。然而，如果在今后几年中很可能会出现出售公司的交易，那么从现在开始对员工进行教育，使他们接受这一计划是有意义的。这里的困难在于避免引发恐惧和不安，因为这些感觉会使员工受到伤害，员工很可能会考虑辞职，公司人员流动率也会增加。当然，一旦交易开始，这种风险就会明显地增加。如果员二听说交易正在进行，他们会担心在交易后期的整合过程中被解雇，成为可怕的"成本协同效益"的牺牲者，从而可能匆忙寻找稳定的新工作。这会给公司带来沉重打击，因为最优秀的人才很容易找到其他工作，而剩下的员工都心烦意乱，公司的士气就下降了。

最后，卖方必须在保持士气和保证保密性之间找到平衡点。大部分时候公司会更注重保密性，员工被告知的信息很少。这种情况下，卖方所能采用的最好方法就是尝试在员工中营造一种感觉，即他们是独一无二的，暗示他们不会在交易中被解雇。然而卖方也需要好好计划交易公开时员工所得到的信息。行动不够迅速、明确仍会给公司造成损失，即使已经到了交易的后期。

5.3.4　计划的矛盾所在

在刚开始创业或投资一项业务时，很少有人会花时间考虑如何退出和清偿事件，即使专业投资者也是如此。此时的焦点通常是那些促使业务成功的驱动力。在某些情况下，这可能是他们自认为是"下一个比尔·盖茨和微软"的自大想法，而其他人则仅仅是谨慎地关注近期目标——实现盈利和早一点成功。他们的逻辑是如果努力工作则公司就能成功，而如果他们面临多个选择——出售、上市或持续收益率——就会存在一个"做出最优选择"的问题。在某种程度上，这点是正确的。当然，当公司还不值得收购或上市时，把大量精力放在对清偿事件的担忧上是很愚蠢的，但是忽视对这些收尾问题的考虑或讨论将为今后的主要冲突埋下隐患。拥有和运营一个公司就像经营婚姻一样，既然今后几年内可能会要孩子，那么在结婚前至少应该讨论这个问题。夫妻两人可能无法制订详细计划，但他们至少能够确定双方拥有相似的期望。否则他们可能生了一个健康的孩子，却发现他们在如何养育孩子的激烈争论中伤害了孩子。

5.4　准备出售业务

当决定出售公司时，公司所有者需要准备出售业务以使公司价值最大化。一方面，意味着消除或减少买方觉得可能不具备吸引力的项目（价值贬低因素），另一方面，意味着扩大买方觉得具备吸引力的项目（价值提升因素），即愿意支付附加费。同时也意味着塑造"故事"，便于买方理解公司的价值——尤其是基于买方自身公司背景下。准备工作应该尽早开始，差不多开始于找准潜在买家的前 18 至 24 个月。接下来的讨论将仅仅涉及一些常见的价值贬低因素和价值提升因素。

有一点需要预先声明：经营公司的目的似乎并不是为了出售——很显然，没人知道（即便知道）公司什么时候会被出售。换句话说，长期经营自己的公司。下文建议的措施不仅适用于以出售为目的的公司，且对于不以出售为目的的公司而言，这些措施也是良好的实践和思考。短期内装饰门面不会提高公司的价值，如降低不可持续的成本，因为大多数买方会看穿这一点，并在其估值模型中将成本加回去。有一点值得警惕：并不是所有的价值贬低因素或价值提升因素对每一个公司都是适用或可行的。你需要避免驱使公司做出不当改变的诱惑，以创造更高的公司价值。例如，有一些产品和劳务适合于经常性收入经济模型，而另一些则不适合。如果你试着强行做出改变，而这一改变对你的公司/市场/客户来说是不正常的，那么你会严重地损害公司价值。

5.4.1　价值提升因素

1. 可预测性

买方偏好可预测性；换句话说，买方不喜欢不确定性。买方关注一家公司的发展预测，并想弄清楚公司增长假设背后的基础。从收入开始，经常性收入和可预测性收入比一次性总收入更有价值，因为经常性收入是公司增长的基础。经常性和可预测性订阅收入（subscription revenue）优于庞大的总收入。以软件领域为例，与多年合同捆绑的订阅收入比一次性许可费用以及服务和维护收入更高，尽管后者具有高度可预测性。

● 策略：在商业模式中，将收入转化为经常性收入而不是一次性收入，关注这一点可以带来更多的交易价值。维持高的客户保留率能够增加收入来源的可预测性，即使与客户签订的合同通常是短期的。买方会查看公司前 10~20 个最大客户 3~5 年的历史资料，来评估公司客户的保留率（或者其对立面，流失率）。

2. 增　长

公司过去的增长是另一个价值提升因素。通常，增长被定义为收入强劲增长，来自新客户和现有客户群的收入增加得越多越好。一个多样化、不断扩大的客户群是公司的重要资产（见下文的"客户群"）。相比于增长缓慢的公司，买方对增长较快的公司报价更高。

● 策略：检查出售计划，以确保交易能带来回报，尤其是在客户流失很普遍的环境下，同时也要扩大来自现有客户的收入；并且/或者公司应该聘请公司发展专家，以扩大收入基数。专心于维护现有客户或许比开发新客户更有价值——可能得到更高的客户保留率。因此，如何促进增长需要评估市场，合理地平衡销售资源的分配。

3. 创　新

买方正在寻找未来几年公司新的收入增长点。一般而言，如果公司在创新领域（例如，开发新产品）的投资成功且有效，那么公司在出售交易中将获得回报。一连串的持续创新意味着公司时刻关注市场趋势、市场竞争和新的市场机遇。买方的尽职调查问题围绕产品生命周期展开，相信处于生命周期早期的产品能在未来几年给公司带来收入。处于生命周期末期的产品产生的收入较少，或者至少需要增加更多的投资来更新产品的性能，以维持产品的机会集。

● 策略：关注创新。设计展现产品发展方向的产品规划图并予以执行。开发能与现有产品形成互补的新产品（例如，能通过相同的销售渠道进行销售）。一连串成功的新产品和/或者产品拓展将为公司增长预测的可信性提供支撑。

4. 客户群

公司客户群是交易中的宝贵资产，尤其是在界限清晰的交易环节。公司往往单独地追寻客户群。买方可能试图招揽相同的客户群，并且失败了，因此想要通过收购的方式获取客户。或许买方意识到这些客户是自身产品和服务的潜在买家，所以买方重视这些潜在的收入协同效应，而且基于卖方与其客户的关系，收入协同效应在交易完成后是可以实现的。

● 策略：制定战略使自己成为目标市场上重要的竞争者，建立差异化品牌，尤其是与高价值、可持续发展客户一起建立。然后，抓住最适合公司发展目标的机遇，并保持专注，来执行这一战略。应对任何一次未来机遇都可能分散你完成这项任务的注意力。借助参考销售，以增强在市场选择中的可信性。

5.销售渠道

公司的销售渠道是另一个为公司创造价值的资产。例如，一个有效的再销售渠道能将买方的互补产品带进市场，因而得到买方的高度重视。如果目前公司拥有买方需要的国际销售渠道，情况尤为如此，因为建立国际销售渠道昂贵、费时，且公司没有现成的技能。类似于客户关系，公司应该建立牢固、差异化的渠道关系，使自己在面临试图建立相同渠道的竞争者的挑战时，处于可防卫的位置。

●策略：制定渠道扩展战略，聘请合适的销售人员（用于直销）或者合适的公司发展人员（用于开发间接渠道）。确保销售计划能给公司员工带来适当的回报。渠道销售计划的制订最初可能是基于所招募的渠道合伙人的数量，然后基于这些合伙人所创造的收入，而直销则是基于为销售人员准备的销售通道。向渠道合伙人提供完善、差异化和有价值的计划，以确保相互关系的牢固和可持续发展。

6.才　能

一个强大的资深团队不仅可以管理目标公司，还能为目标公司创造价值。许多企业家重视对公司的控制，安排一支管理团队，以便在他们离开后经营公司，这种做法是错误的。他们欠缺连续的计划。如果公司所有者工作的持续性对该公司的成功至关重要，那么买方会避开这样的公司（或者至少会因为风险而调整评估）。一个强大的管理团队能降低这样的风险。而且明白，对重视他们专业知识的买方而言，公司及其市场是一大卖点。"人才收购"这一术语现在很流行；它描述了这样一种收购——收购的主要目的是得到精挑细选的、稀有的人才，而不是产品或服务。作为潜在的卖方，拥有合适的团队能促使买方做出"人才收购"的选择。

●策略：开发符合公司长期发展需要的组织设计。然后聘请资深团队把组织设计构建出来。认清一点：小的公司可能没有能力一次性全员聘请一个完整的资深团队，你也许想要循序渐进地建立自己的团队，那么从几个核心员工开始。然后，资深团队根据各个职能部门的需求完善管理团队的建设。成功不依赖于任何能降低风险的个人。因此，在价值创造过程中，建立替补团队也很重要。

7.度量指标

一个经营良好、记录详尽和监测全面的公司易于被买方了解，因此能降低不确定性。使用一组明确定义的关键绩效指标（KPIs）和其他度量指标有利于公司更好地经营。使用这些方法经营和改善公司，可以向买方展示，公司清楚地知道自己在做什么，而不只是公布公司财务状况。在尽职调查过程中这些度量指标非常有用，可以展现公司如何将战略落实为行动，而不是被动或者凭感觉经营。

• 策略：建立一组度量指标，帮助你了解公司的运营状况。度量指标很多，如收入驱动因素、流失率/保留率、每客户增长额、每员工收入和客户满意度（如净推荐值）。这些度量指标的组合可以形成一个平衡计分卡。除财务状况外，每月检查这些关键绩效指标/度量指标，并适当地做出调整。

5.4. 价值贬低因素

1.不满意的客户

买方经常通过电话对客户进行尽职调查。在公司出售过程中，了解客户满意度非常重要。一个不满意的客户群就是一个警告标志，警告我们公司的产品或者经营从根本上出了差错。如果买方决定进一步调查，基于对更坏情况的担忧，买方会估算用来消除这些担忧而采取的相关措施的成本。换句话说，对估值进行折价很重要。导致客户不满意的因素很多，包括产品质量、服务质量、创新水平、客户服务和价格。

• 策略：如果客户现在感到不满意，那么立刻花费时间和精力去满足客户的需求。即使在公司出售的时候依然存在客户问题，一项解决这些问题的计划已经在进行中，而且表现出成功的迹象，计划降低了买方心里的风险，即客户群将来可能成为问题（例如，客户维持成本高），或者在交易后将恶化。

2.合约协议条款

处于发展早期的公司往往会签订让买方反感或者对买方具有限制性的合

约。令人反感的合约可能包括控制权变更条款，当出售公司时，客户或卖方能跳出合约，或者至少占据有利的条件。如果契约条款规定，在控制权变更期间，当事人有权得到一份知识产权，这样的契约条款对买方也具有负面影响。买方甚至可能要求在交易结束前修改这些条款。其他常见的合约问题如下：

● 转让：理想情况下，卖方与客户签订的合约允许卖方在公司控制权发生变更或者公司资产大量出售期间转让合同，而不需要经过另一方同意。这种情况加速了出售和交易过程。如果这样的条款不包含在协议里，结果往往是在签订购买协议和完成交易之间存在一个延期，这里的完成交易指公司所有权实际地发生转移。买方在知道大多数客户交易完成后继续与公司进行业务往来之后，才会完成交易。所以，公司会利用从签订协议到交易完成的这段时间，争取买方对协议转让的同意。在一些国家，如英国和澳大利亚，某些合约为了将义务从卖方转向买方，通常不得不进行约务更替①。

● 策略：在签订协议之前，确保控制权条款（包括未经同意就能转让控制权）的变更是合适的，且已经准备就绪。进一步地，在可能的情况下，通过改变格式合同来解决这些问题。优秀的法律顾问能帮助公司创建协议形式。然后，认真考虑这些格式协议条款的偏差，因为在交易过程中这些偏差将不可避免地为公司制造麻烦。

● 卖方开放的或者不明确的承诺：有时这是上文所描述的不满意客户产生的原因——卖方所提供的产品或服务与客户想要得到的相脱离。范围渐变、激进式营销或者口头承诺往往会产生大量的工作，完成这些工作能满足客户的需求，但通常卖方需要承担额外的成本。

● 策略：精确地指定工作的范围、所提供的各项服务的水平、产品的特征和性能，指出协议中任何有修改的内容，提供改进客户交流的措施。这样做可以避免与客户之间就什么时候履行义务这一问题产生纠纷。

---

① 约务更替不同于转让，因为约务更替需要一份新合约来替换原来的合约；转让则是保留原来合约的条款，但改变合约当事人其中的一方，而且合约的所有三方都必须同意约务更替：卖方、买方和受牵连的第三方。

3.独家协议

卖方可能提早就与大客户或合作伙伴达成独家协议，以获取他们的业务。随着时间的推移，协议的约束会限制公司产品和服务出售的机会。对买方来说，任何限制公司产品销售市场的协议都会最终贬低公司价值，除非该协议能产生极大的利益（且大型买家对这些利益持有不同看法——例如，对一家新兴公司而言，与一家提供销售渠道的大型公司合作可能会产生很大的作用，但对于一家市场规模已经很大的大型公司而言，这样的合作并没有什么吸引力）。买方希望能在自己的领域内自由地出售卖方的产品或服务，不受任何法律限制。

● 策略：在可能的情况下，避免签订独家协议，即使受到金钱的诱惑。考虑一下，排他性是否会在很大程度上影响一个正常的买家，或者甚至限制你接受一些买家报价的能力。然而，如果你此刻正在签订独家协议，尽可能地限制协议中的条款及其适用的范围，以至于买方可以在交易完成后解除协议，如果买方选择这样做的话。或者，附加因便利而终止合同的条款，包括在不到半年的时间内可以退出协议或进行控制权的变更。由于协议需要办理展期，尽可能地去掉专用语。

4.知识产权所有权条款

在以知识产权为中心的交易中，知识产权的所有权非常重要。换句话说，你不能出售你没有权利出售的东西。在尽职调查中，分析公司所有权链条是买方验证性工作中的一部分。如果合适的文件还没有准备就绪，任何从事知识产权工作的人员（例如，员工、前员工、承包方）都有权索求知识产权的所有权。我们见过因为产权链条得不到证实而导致交易失败的情形。

● 策略：确保公司协议已经准备就绪，对于所有员工为公司所做的工作，协议都赋予了所有权。至于公司外部的开发人员和承包商，确保协议中有明确陈述的"雇佣"条款。否则，你可能会发现自己陷入了为难的处境：为了完成交易，你必须与员工和承包方签署具有追溯效力的条款，而且为了完成签署工作你必须奖励他们。如果你必须找到公司前员工和承包方，并与他们签署解约协议，那么你的处境将更糟糕。如果他们听到公司即将出售的风声，"赎金"

可能会很高。

5.定价模型

在制定定价模型的时候，通常需要避免这样的模型：以固定的价格，向客户企业或多用户提供服务，否则就会限制买方后续阶段从客户那里进一步获取收益的可能。曾经有一家小型软件公司，向一家大银行提供了一个并行式的客户定价方案，而不是注册或命名定价。因此，它无法理解，为什么该银行再也不需要增加其他的客户了。而事实上，使用该软件的客户数量，是预计的10到20倍，因为并不是所有人都需要同时使用该产品。

策略：使用具体客户具体定价的方式。如果实在要用固定不变的定价方式，一定要明确客户群体，矢悉具体的产品以及特色/功能。这样，当你增加服务价值的时候，如果公司在其他群体也想获得该产品/服务的授权，扩大定价范围，你就可以产生收益。订购式定价（按月或者按年）相比一次性的打包销售来说，是一个更好的长期定价方案，而且适合作为一种租购式方案。对于一些小型公司或者处于起步阶段的公司来说，在短期内，这样做可能会与公司的资金需要发生冲突。但是，从资金流动的角度来看，如果支付得起的话，这种持续性收入模型，一般来说会给公司增创价值。

6.折　扣

过多的折扣也会贬低产品的长远价值。折扣是用来改善经销商或合作伙伴业绩的。如果折扣对利润的获取起到了负面作用，也就是说，如果销售量增加了，成本却没有降下去，那么折扣反而损害了价值。如果有可能，尽量避免"最惠国"条款——如果你后期想要给其他人提供更好的定价方案，这些"最惠国"条款会迫使你把最好的定价（或折扣）提供给第三方。大型客户往往会通过预付特权使用费的方式买下折扣方案。从资金流动的角度来看，这是一件好事，但是一定要保证，如果后续阶段出现资金耗竭的情况，这个折扣方案不会造成经济压力。预付使用费，与购买产品和服务时预付费用一样，要到产品或者服务卖给第三方的时候，才能得到实实在在的收入。换言之，这是一种递延收入。在权责发生制中，债务就是对购买价格的折扣。

策略：折扣应该控制在合理的范围之内，而且背后需要有合理的商业考虑，除非你的产品是与经销商的产品打包销售的（如跟经销商的产品一起出售，且只能与经销商的产品配套使用）。折扣必须经过严格的控制，并且要有明确的针对性。如果采取达到一定销售额度就增加折扣率的方式，那么一定要认真规划，防止边际收益减少。对于预付使用费要慎重考虑是否接受，并且开出一个时间表，在约定的时间内，"要么使用，要么作废"。

7.整理合同

当出售公司时，买方希望看到目前所有的合约。这听起来简单，但是许多卖方没有把合约集中放在一起，他们不一定能准确地找到所签订的合约。对于点击合约或其他网上合约，情况更是如此。通常情况下，书面合约都放在抽屉里或者保存在销售人员的电子文档里，而不是保存在法律或行政文档里。此外，要注意合同的更新。合约已经多次失效，尽管合约双方仍然在失效协议的条款下进行业务往来。对买方而言，合约失效意味着没有合约，一份失效的合约为另一方创造了机会，有利于另一方抓住交易的"人质"并从卖方那里攫取价值。当人们知道合约的更新能促使交易成功完成时，你不想找他们商量合约的更新。

● 策略：把合约集中地存放在一起（或者至少把合约的副本存放在一起）。确保你拥有合约的执行副本，即使是点击合约。监控合约的更新日期和合约取消的通知期限。如果可能的话，使用自动更新语言，要求合约另一方不用注意合约的更新。这对你是有利的。但是要注意合约的通知期限。如果合约没有自动更新条款，在通知期限日之前，主动地进行合约更新。客户的流失会贬低公司价值，所以在合约更新过程中要先发制人。

8.会计的一致性

买方喜欢关注公司相关指标随时间变动的主要趋势——收入增长、利润率提高和因规模而导致的成本降低。为了能这样做，公司的会计基础需要保持时间一致性，以实现"同一基准"的比较。如果会计政策或会计处理发生变更，那么买方必须重新计算相关数据，以保证比较基础的一致性。不一致的财务状况会引起买方的担忧，担忧卖方隐藏或者混淆财务信息。以上这些都将减缓交易进程，在一些情况下，还会导致买方做出设想，进而降低收入，增加成本，对税息折旧及摊销前利润产生不利影响。换句话说，公司价值会降低。

- 策略：首先聘请国内或者国外有经验的会计师，建立一套综合的账目。然后，基于公认会计原则选择一套会计政策，并持续跟踪。如果会计政策需要变更（仅仅出于适当的理由），那么在出售过程开始之前，使用现行会计政策重新表述3~5年前的财务状况。同样，确保所有的预测都遵循同一会计政策。

9.缺乏扩展性

买方寻求可拓展业务或产品，主要是因为他们相信，有足够的资源保障可以承担售后事宜，从而促进业务的发展。缺乏拓展性的产品，价值相对较低，也就不怎么受买方青睐。比如说，标准的可组装性产品，比起定制产品来说，更有吸引力，因为前者更容易使用，而且当客户数量增加的时候，也更利于投产。产品建档也相对简单一些。但是，为了保护卖方，同时为了给买方提供便利，需要制定一项政策来支持之前的版本（一个或两个以前的版本），甚至还要制定日落条款。

需要高度定制的产品（比如某些软件产品）可能最开始会带来很多服务收入，但是最终会造成更多的支持开销（或者成本）。这种产品会要求我们对客户支持情况建立大量的档案，如果每个客户情况都不一样，即使当客户群扩大的时候，规模经济效益也会小很多。

策略：如果是做产品设计，要注意拓展性问题。先设计一个基本产品，并提前想好客户会有些什么样的后续用途，设计好组装变量。如果可能，尽量避免定制。如果有大量的定制需求，公司不仅需要有详细的文档，而且还要有一个明确的策略，阐明定制组件是否会自动融入下一期的发布，以及是否需要提供免费的转换服务等。

10.缺乏经验的卖方

买方所面临的另一个问题是与缺乏经验的卖方进行交易，这是降低交易价值的另一个重大潜在因素。大多数从事企业并购的人员从多次交易中获取经验；然而在许多情况下，卖方没有出售公司的经历。当出售过程和关键术语在直觉上并不那么清晰易懂时，将导致卖方困惑且通常做出糟糕的决定。一个聪明的企业家并不一定会转变成一个聪明的交易谈判者。在交易过程中，交易双方情绪会高涨，尤其是卖方。对缺乏经验的卖方而言，进行相关研究，与专家讨论市场行情，对交易中的关键因素（包括评估/定价、时间、过程）设定自己的预期，这样做非常重要。卖方做出的不合理预期能破坏或者完全摧毁一个潜在的交易。正如本书许多篇幅所描述的那样，交易过程很复杂，法律、税收和监管问题有点专业。且不说准备计划（这是协议中的一个核心部分），一个优秀的律师还能帮助客户准备专门适用于法律的尽职调查材料和磋商购买协议中的法律术语。

交易顾问会准备销售文件（例如，前导广告、机密信息备忘录或书、管理报告），招揽潜在买家，并且和卖方一起向买方展示机遇。除此之外，交易顾问还通过整理数据库为尽职调查过程提供支持，并对关键的经济和商业术语给出建议。

顾问有利于推动公司交易进程。有人曾经说过："时间是交易的敌人。"通常，交易耗费的时间越长，公司估值越低。本书作者的经历可以证明这一点。通常，一项拖延时间的交易会导致坏的结果，而不是好的结果。信任是关键。买卖双方间缺乏信任会导致交易流产。

- 策略：聘请有经验的交易律师和交易顾问。卖方应该听取顾问的建议，并做好接受市场行情的准备。卖方需要牢记，交易的价值在于市场的回馈，而不是卖方自己的估值，尤其当卖方想尽最大的可能促成此项交易且达成价格最大化目的的时候，卖方必须在该交易的其他条件上进行灵活应对、适当放宽。卖方顾问会促使交易过程进展更加顺利，而且帮助卖方理解买方需要了解什么以及背后的原因。同时，卖方在应对看起来晦涩难懂的合约条款和买方定位方面，顾问的建议也至关重要。协助卖方准备出售业务以保证事实准确且完整，准确定位公司以发挥最大优势，通过这样的方式，一个优秀的交易顾问能为卖方创造更多的交易价值（例如：多于卖方支付给交易顾问的报酬）。一个优秀的顾问能理解一项交易对于买方的价值，而且能够可靠地将此价值表达出来。在整个交易过程中，公司顾问和法律顾问能通过以下方式帮助建立公司与买方之间的信任：给予买方对交易材料的信任以及买方引导公司客户与自身进行合理反馈的信心。

11. 开始的时机

公司所有者应该什么时候开始准备公司的出售？虽然长期经营公司至关重要，从某种意义上说，你发起出售的那一天就是你为公司出售做准备的时候。准备公司的出售是一个过程，从前文的讨论中可以很明显地看出这一点。合理地准备公司的出售工作需要花费几个月时间，有的会超过一年，这取决于与潜在买家进行交谈之前公司的经营状况以及需要解决的问题。所以公司所有者不会过早地准备公司的出售。一些最成功的企业家，在开始制订公司计划的时候，就可以预见他们会成为这样的卖方，即他们可能最重视公司发展，并为创建有价值的公司而努力。但对于大多数正计划通过出售交易和首次公开募股退出的公司来说——指绝大部分的公司——准备过程应该成为公司经营中的一部分。新合约的签订、新合作伙伴关系的建立、新产品的设计——所有这些都需要根据什么能产生最大的价值或者最小化价值损失的信息来决定。

第6章　交易流程

本章将逐一回顾交易流程的每一个阶段，从交易流程的基本形式到每一个交易阶段，包括尽职调查、估价、整合、谈判、融资、成交以及交易后期事宜。本书将对每一个阶段的关键问题、交易及参与者面临的潜在挑战进行分析。本书将提供一些方法来保证平稳的交易流程并避免出现危险的错误、明显的营销不力、对公司的不准确评估、不充分的尽职调查、整合准备工作的不力或缺失以及一些最困难的谈判阶段。这一关键性的章节将对交易的核心流程进行详尽的解释，并试图指出最常见及最值得注意的失败之处。本章将使用"战争故事"这一趣闻来阐述相关知识点。

一旦做出要出售的关键性决定，公司需要确定它将怎样管理整个交易流程。在决定进行交易前，卖方需要采取几个重要措施，这些措施不但有助于保证公司能以最合适的价格成交，也有助于卖方确定在交易流程中要使用的最佳形式。

正如在第5章所述，卖方需要完成对其自有业务的评估。该项评估能够帮助卖方与公司所有者一同设定期望值，并且进一步确认出售决定。这项评估也有助于卖方确定可行的买方。举个例子，如果卖方确定自身价值在3亿美元和5亿美元之间，那么它不太可能会考虑公司价值明显低于此值的买方，除非买方拥有特殊的资金来源。要想确定有财力进行收购的公司，卖方不但需要考虑自身价值，还需要考虑其业务性质。例如，现金流充裕的公司更可能会成为私募杠杆收购公司的目标，这些杠杆收购公司能够利用这些现金流来操纵业务，同时向大部分债务收购交易提供资金。

6.1 确定买方范围

正如前面所说，一家公司决定进行收购的理由是多种多样的。当一家公司考虑出售其业务时，它需要广泛考察并确定潜在买方的范围。想要出售业务的公司自然会首先考虑到其直接竞争对手。但最具吸引力的买方却可能是一家处于完全不同领域的公司或是另一个地区的公司。在准备出售业务并试图确定潜在买方时，卖方应站在买方的角度进行思考。卖方需要考虑潜在买方的全部资产和资源，然后思考卖给哪一类公司才能从中获得最大的价值。

制作潜在买方的名单也许是一项繁重的工作。卖方需要考察很多行业、领域和公司，而卖方可能对这些并不熟悉。这方面通常可以利用外部顾问和咨询师，他们不但熟悉这些行业和公司，而且能以局外人的角度解决问题，提出卖方想不到也考虑不到的买方。在试图确定潜在买方的名单时，卖方应考虑到一家公司愿意收购其业务的各种原因。同时卖方还应考虑买方的财力和一个更重要的问题，即这家公司是不是把收购当作战略工具来使用。虽然与卖方合作的买方可能是首次进行收购活动，但更多情况下，卖方会吸引那些惯于利用收购来促进自身发展的公司。卖方同样也应考虑到目前的市场趋势以及市场周期，公司处于产业寿命周期的不同时点，其被收购的可能性也不同。

卖方需要考虑的另一个因素是买方整合其业务的方式。从理论上来说，一家只注重股东价值最大化的公司会选择出价最高的买方。然而很多公司，尤其是那些由管理层开创并拥有的公司，会更加关心收购者将如何整合其业务，他们会担心收购者是否保留其员工，甚至担心收购者将保留多少原有品牌及愿景。

一旦卖方决定要出售业务，确定了期望得到的价格，并且确定了可能的买方，就需要考虑如何开展交易流程了。出售公司时有很多不同的可供使用的流程结构，它们都各有利弊。卖方需要选择能与其特定目标、既定买方以及时间安排等因素相吻合的流程。选择正确的流程不仅可以使卖方通过交易获得最大的价值，而且对提高最终成交的概率非常重要。有一点不要忘记，启动交易流程使公司的出售成为可能，并不能保证最终完成成交。很多时候，公司在启动交易流程后最终却无法出售公司。有时候由于不切实际的期望和外部市场力量的影响，这种结果是不可避免的，但有时候这样的结果是由于选择了错误的流程和管理方法。

6.2 选择方法

正如稍后会在本章的"直接交易与代理"一节中提到的，买卖双方可能会选择使用代理人或代表与对方联系，或者自己直接与对方联系。无论哪种情况，为使交易开始必须有一方率先提出对交易进行初步商讨。从理论上来说，初步商讨应该是简单而程序化的，一方提出潜在交易，而另一方表示感兴趣，随后他们开始筹划交易。然而在大多数情况下，初步商讨的特征和性质很大程度上决定了后续谈判的基调，甚至有时候能够决定是否会进行谈判。人类天生会产生最初的感觉和印象，这些感觉和印象今后很难改变。与约会的情况类似，交易中的第一印象即使不是决定性的，也是非常重要的。率先采取行动的一方要尽量使对方对自身和整个交易留下良好的印象。

显然，有很多方法可以用于提出初步商讨。在使用代理人时，委托人会希望代理人与对方有直接或间接的人际关系，从而弱化初步商讨的影响力。卖方通过信函与潜在买方直接商讨会比较正式，如果通过邮件或直接打电话与对方联系则稍显非正式。应该记住通过信函与买方联系不只是比较正式，同时也具有潜在的危险。对有义务披露信息的上市公司来说，初步商讨越正式（对双方均是如此），就越有可能使卖方必须向投资者说明情况。通过信函进行商讨的另一个危险就是写信者无法阐明其内容和意图，因为工具毕竟只是信函。而通过电话商讨的危险性较小，并且双方可以就问题和解释相互交换意见。然而致电很难制造互动会谈的情景。虽然通过写信联系的方法使信函最终能够到达预期接收者，但通常情况下，联系上对方却很难，尤其是要联系大公司的高级主管。在采用电话联系方法时，致电方很可能会碰到语音邮件或秘书等中间人，使卖方只能留下口信，期望对方能够回应。这使致电方陷入与使用信函联系方法下相同的困境中，这样一来，发出的信息就需要精心措辞。无论是哪种情况，中间人的工作就是拦截并过滤发给高级主管的信息，卖方经精心措辞的信息可避免被过滤掉。同时卖方也有必要保持万分的谨慎。

这就会带来一个难题，即如何在不泄露中间人不应知道的具体信息的同时，将初步探讨的重要性传递给对方。很多时候像"请告知CEO回我的电话，谈谈收购该公司的事情"这样的信息是很难让人接受的。不仅如此，仅仅要求对方回电话就不够严肃、不够清楚，且无法把该信息传递给主管人员。而像"战略交易"或"战略联盟"等密语会有助于将信息的严肃性传递给主管人员，同时不必向中间人透露太多信息。

当卖方向潜在买方提出初步商讨时，卖方将面临一个左右为难的重要问题。卖方必须以某种方式表明该业务的内在价值和实力，即使正准备出售该业务时此难题也依然存在。任何买方对主动要约的第一反应都会是："既然这项业务这么好，你为什么想要卖掉它？"或者："它有什么缺陷吗？"解释这种感觉上的矛盾的一个有力方法就是迅速确定交易的原因。没有明确的原因来解释为何出售业务，买方很容易认为卖方的业务存在问题。正如第3章中所讲的，有很多原因可以使卖方选择出售一项运作良好的业务。一开始就把出售原因告诉买方有助于减轻买方的顾虑，卖方也应尽量表明，本公司将是一个通情达理的、随和的谈判对象。尤其在出售由创始人或其他个人所有的公司时，买方可能担心与这些个体谈判会很复杂、很困难，并且担心对该业务有感情因素的人可能会比较不理智或抱有不合理的期望。

当买方提出初步商讨时，需要就某些事宜与对方沟通。首先，买方应表明其严肃性。由于在战略交易谈判中，通常需要卖方提供有关业务的有价值的机密信息，所以卖方可能担心买方假借提出交易来获得竞争性信息。另外交易谈判开销很大，对卖方而言尤其如此，原因是交易谈判分散了核心业务中的高级管理层和员工的注意力。由于以上两个原因，买方表明自身对交易的严肃性是非常重要的。与买方一样，卖方也担心碰到不讲理或不理智的公司。虽然买方不大可能将个人感情带入交易中，因为他们不是将自己终身事业出售的公司创始人，但买方也有可能是难以对付的谈判对象。比方说有些买方在一开始会提出高价以刺激初步商讨的开展，而后一旦卖方已经处于"出售状态"时，他们再大幅度降低出价。提出初步商讨的买方也应该预计卖方特有的需求和顾虑，并且在商讨时予以处理。例如，一些潜在卖方会特别注重在交易中保护员工。在这种情况下，买方事前提出将会保留全部或大部分卖方员工，能够促使卖方开展讨论。买方也可以试着利用卖方的恐惧，虽然这样做会存在风险。例如，买方可以发出一个信号，暗示如果交易不成功，它将与卖方的直接竞争对手开展业务。这样可能会促使卖方同意谈判，但同时也可能导致卖方不接受任何形式的商讨。

6.3　一对一谈判

出售流程的最基本形式是简单的一对一谈判。这里，买卖双方聚集在一起进行直接谈判，并试图达成双方都接受的条款。迅速开展一对一谈判有一些明显的优点。这种简化的流程对买方具有吸引力，因为它可以消除出现竞争性招标程序的危险。这并不是说买方拥有全部主动权。卖方随时可以选择中断谈判，与其他潜在买方开展竞争性流程，但只要一对一谈判进展顺利，买方只需提出一组卖方可以接受的条款即可，而不必一直担心其他买方出价更高。一对一谈判对卖方也有好处。与潜在买方直接谈判通常是一个非常迅速的过程，也是成交可能性较高的一个过程。一旦开始直接谈判，卖方很快就能确定交易是否有可能发生，因为双方将迅速公开他们提出的条款。如果这些条款差别不是太大，卖方就能确信交易很可能会发生。因此，一对一谈判通常是买方的首选方式，卖方则会犹豫是否要进行一对一谈判，因为这样将使其失去每一家卖方公司都试图拥有的机会，即在诸多买方的竞争中实现价值最大化。一对一谈判也使卖方担负风险，如果买卖双方无法达成协议，则卖方需要从头再来，重新寻找一个买方。

要注意的是，所有谈判最终都将归结为一对一的关系。关键的问题是卖方选择从这里开始，还是使用更为复杂的程序，从而最终将多个买方淘汰，只剩一个。

当买方对卖方提出收购要约时，通常会出现一对一谈判。在这种情况下，卖方可能已经考虑过要出售业务，但并没有开始交易流程，而只是被动地与潜在买方联系。如果没有遭到拒绝，这种方式一般会促使一对一谈判的开展。如果卖方收到交易提议，当然它并不需要马上就与买方进行一对一谈判。卖方可以选择利用该初始出价开展规模更大的出售流程，并且把买方当作"烟幕弹"。但是，这是一个有风险的战略。如果不迅速开始与买方进行一对一谈判，卖方可能会失去已经到手的买方要约。当买方提出要约收购，卖方考虑是否进行一对一谈判时，卖方需要在寻求出价最高的目标与可能丧失交易机会的风险之间找到一个平衡点。

任何出售流程都没有严格规定其程序应当如何进行。一对一谈判更是如此，卖方不需要在不同的出价人之中寻找平衡。即使这样，本节还是试图界定一个标准的或至少是普通的一对一谈判程序。

第一步是建立联系，并确定利润水平。有时候交易各方将直接与对方联系，卖方可能直接与买方联系，而买方可能提出要约收购或向卖方暗示其收购意向。很多时候，其中一方会使用代理人来提出初始商讨请求。投资银行家是最常见的代理人，买（卖）方也可能聘请律师和顾问。提出初始商讨请求的一方通常会拟定一些综合而粗略的条款，用来吸引对方的注意。当买方提出请求时，只要表明其收购意向即可；当卖方提出请求时，通常意味着它需要在表明意向的同时，提供一些基本的业务信息。如果该项业务已经上市，则可能不需要这样做，但对私人公司而言，通常要提供一份资产简介。资产简介通常是一份 1~2 页的文件，并对出售的业务给予很高的评价。

一旦双方都确定对方有讨论交易的意向，他们通常会交换基本保密协议。这份文件主要起到保护卖方的作用，但同时也能为买方提供某种程度的保护。概括地说，这份文件规定任何一方都不能泄露在交易流程中获得的信息，通常情况下它还包括其他条款，如禁止主动雇用对方员工等。一旦签署了保密协议，卖方就会向买方提供更多信息，包括一些更为详细的财务数据和一份对业务、运营及一些重要资产的概述。这些信息通常以资料或备忘录的形式提供给买方，这些文件就是全面尽职调查的前提。发布信息备忘录之后，卖方通常会提供与买方及其高级管理团队成员会谈的机会，并由管理层进行陈述，这可以给买方提供更多业务的细节和特点。这也使买方有机会会见管理团队，管理团队的能力可能是买方的决策因素之一。在这一阶段，可能会出现对价格的非正式讨论，但是买方会在得出最初想法之前，考察所有这些数据。

买方一旦收到了这些基本信息，就需要提供一个指示性的不具约束力的价格。这项程序的目的在于保证买方对业务进行基本考察后仍然有收购意向，并且仍然愿意提出卖方所希望的价格。在某些情况下，这不是双方通过会谈就能解决的。很多时候卖方会要求买方提供更为正式的意向，这通常需要以信函的形式来表明或暗示买方的意向。这些文件几乎在法律上不具备约束性，但能够提供更多细节信息，关于买方的出价、预计使用的货币币种和支付方式、买方预期的交易结构、买方想要收购的业务（如果不收购全部业务）以及买方提出的交易流程等。有时候买方提出的交易流程和交易结构等其他一些内容可能是由卖方规定的。在大多数情况下，意向书中将规定谈判发生的具有排他性的时间期限。虽然具体时间不同，排他性的时间期限通常是1~2个月。目的是给予双方足够的谈判交易时间，但又不妨碍卖方在交易不可能发生的情况下开始与其他买方进行谈判。

在某些情况下，一旦意向书被认可，具有排他性的时间期限就开始了，买卖双方将开始积极谈判。很多时候他们会采取双轨制的流程，于是买方就能够在完成全面尽职调查的同时对协议进行谈判。正如第7章所讲的，尽职调查可能是一项广泛地考察业务细节的流程，可能涉及买卖双方的众多员工以及外部顾问和咨询人员。

如果双方能达成协议，完成尽职调查并完成法律文件，将开始进行交易。有时候交易会突然被终止，这种情况下，买卖双方要聚集在一起，完成所有必要的法律文件并支付款项，一次性完成这些工作。然而很多时候需要将交易分成两个步骤，签订合同和结束交易。签订合同需要具备所有必要的法律文件，但将交易的最终结束工作安排在一些不连续的事件之后。在这些事件发生后或这些条件得到满足后交易才能结束。交易达成时将签署最终的文件同时支付款项。之所以把签订合同与结束交易两个步骤分开，是为了敲定尽可能多的协议条款，这并不会以近期发生的事件作为限制条件。一个常见的例子就是交易需要得到法规文件的备案以及法律许可，在这种情况下，买卖双方应签订合同，规定只有在政府批准交易后才能结束。通常买方也会要求业务不得出现"实质性不利变化"，这样规定是因为如果卖方在签订合同与结束交易中间严重破坏了业务的正常运营，那么买方就不希望被合同束缚。其他结束交易的条件包括卖方完成业务内的某些改变或措施。例如，要等某一产品或技术拿到某种认证，或是一家医药公司得到美国食品药品管理局的批准。这就是说买卖双方已经达成协议，只是受到某一未来事件的约束，所以需要锁定该交易并等待事件的发生。从买卖双方的角度看来，这种机制能够降低交易失败或是其他实体提出更优惠条款的可能性。

在某些情况下，交易达成是唯一的最终事件，使卖方公司的股东完全脱离公司，在银行账户中持有全部的收购价款。但有时候交易可能会存在后续问题，比如根据获利后支付条件的规定，在交易达成后支付一部分出售价款，而在数月或数年后支付另一部分，这些将在第8章进一步讨论。而有时候，卖方在交易达成后仍可能对买方负有持续责任，如通常可能会要求卖方完成对交易后续法规文件的备案或其他措施。

本节讨论了使交易完成的所有方式，然而卖方所选择的流程将影响交易开始的方式。在许多情况下，卖方不会选择直接的一对一谈判，而是采取更复杂的流程。

6.4 正式拍卖

卖方可以选择实行整套正式拍卖，从而筛选出最佳买方。从理论上来说，这个流程是以卖方与能提供最优惠条款的最佳买方作一对一谈判来结束的。除了能最大化出售价格和最优化其他条款以外，拍卖还能帮助卖方确定潜在买方并考察它们的利润水平。如果卖方很快就与某一个买方进行一对一谈判，不但有可能得到低价也有可能导致交易失败。拍卖不但能够提高价格，还可以通过拍卖过程中存在的障碍来检验买方的真诚度和利益水平。

正式拍卖的流程可能是最需要投资银行顾问的出售战略。一方面这是因为拍卖需要与潜在买方针对所建立的广泛关系进行沟通，另一方面是因为拍卖程序的复杂性及其固有的工作量。实行正式拍卖程序的一个缺点是存在泄密的危险。卖方当然可以秘密开展一次拍卖，但由于拍卖涉及的参与者过多，并且每一阶段都会淘汰一批参与者，所以这就很难保证拍卖流程及潜在交易的机密性。

拍卖流程的第一步是确定潜在买方，这些买方将被请来投标。最极端的情况是，通过发布公告邀请所有的投标人。这种情况很少发生，通常只会发生在法庭主导的交易中（特别是破产流程，参见"破产拍卖"）。更常见的做法是确定一组潜在投标人，随后直接或通过代理人与之联系。大多数时候，卖方会向潜在投标人提供一份上文提及的资产简介。在某些情况下，潜在投标人会得知卖方的身份，而其他情况下卖方身份是保密的。要注意，随着拍卖流程的进展，对卖方身份的保密会越来越难。即使卖方身份没有暴露，大部分买方都能够通过一定的信息查明该公司。

拍卖流程中的投标人通常都会得到一份正式的时间安排以及流程概要。虽然法律上并不要求卖方保证竞争的公平和平衡，但如果卖方不能保证这点，那就有可能导致买方放弃交易致使拍卖遭受破坏的风险。拍卖流程并没有标准步骤可循，每项交易都有独特之处，但也确实存在一些常见步骤。投标人收到资产简介后，他们将被要求确定利润水平，之后投标人会被要求签署一份保密协议，并将拿到完整的信息备忘录。有时候，投标人也会听取卖方管理层的陈述。显然，如果投标人数量众多，整理所有的文件和管理层的陈述将是一项繁重的工作。随后投标人将被要求提交一份不具有约束力的意向书。有时候投标人还会得到一份法律收购协议，并被要求提交一份该协议的修改稿，作为他们无约束投标的一部分。在某些情况下，卖方会根据意向书选择某一投标人，并与之进行单独谈判。而在其他情况下，卖方会执行两阶段流程，利用意向书在投标人中筛选出一小部分。这一小部分投标人将能拿到排他性尽职调查信息，随后被要求进行一次精确的投标。在一些情况下，第二次投标可能是有约束力的要约。在这种情况下，投标人会以比收购协议中更高的价格投标。第二轮投标结束后，卖方几乎总会选择与某一投标人谈判。然而，类似的情况下，卖方也有可能同时与多个投标人谈判。整个拍卖过程中卖方始终试图在让多名投标人互相加压、抬高出价、改善条款以及使投标人失去兴趣之间寻找平衡点。

意向书是一种容易被误解并且常被滥用的文件。用简单的话来解释，意向书就是潜在买方发表的一份简短陈述，概述其提出的收购交易中的关键条款。意向书在谈判流程中有很重要的作用。意向书中要求买方说明其提出的高级条款，这能保证买卖双方处于同一层次，这样就会大幅提高交易成功的可能性。事实上提供意向书是很有目的，因为这会促使买方，尤其是大集团买方与高级管理层和律师一同考察交易的关键条款。在某种意义上，提供意向书能够确保买方不是一时冲动，而是很严肃地对待这项交易。既然说到这儿，就有必要说明意向书究竟是什么。

大部分时候，意向书是一个不具有约束力的文件。这意味着会有律师明确指出该要约只是表明对潜在交易的意向，并不具有任何法律约束性。虽然买方会试图提出需要卖方在尽职调查过程中解决的关键问题和领域，以使该意向书最终成为约束性承诺，但实际上，买方会利用一切理由来避免交易的完成。很多人太过相信意向书，认为某种程度上它规定了具有法律约束性的责任。实际上意向书通常只是为了证明谈判过程中的友善意图，表明真诚度以及为了获得高层的关注。意向书是从全部投标人中筛选出的特别严肃的投标人的文件，这些投标人非常了解一般条款，愿意进行交易。然而意向书不是在每项交易中都需要的。当卖方实施非正式流程，并且与潜在投标人有特别好的关系时，也许不需要获得正式的意向书就能确定利润水平和条款。

在某些非常少见的情况下，卖方会要求有约束力的意向书。我们一直认为这是非常奇怪的文件。严格地说，有约束力的意向书永远不会具有完全完整的约束力。简短的文件永远无法表明收购交易中所需要的全部法律条款。一份有约束力的意向书仅仅是想减少买方取消交易的借口。从某种意义上说，一份有约束力的意向书只是让被轻视的卖方有机会起诉投标人，要求其赔偿由于中断交易而造成的损失。由于很难让投标人做出这么明确的承诺，所以有约束力的意向书是非常少见的。只有在被收购的资产或公司易于评估，并且各项条款都非常具体且不需要争论的交易中，这种意向书才最常见，也最有效。

不论流程的结构如何，其最终的目的都是与最具备交易可能性的买方进行详细谈判，随后开展上述流程。拍卖流程有一个优点就是一旦与某一买方谈判破裂，卖方还可以转向参加拍卖的其他买方。虽然其他买方不一定仍有交易意向，但卖方不需要从头开始，至少已确定了最具备交易可能性的买方和可能的出价水平。当然重新选择买方会让其他买方认为卖方实力较弱，因为它未能与首要买方达成交易，这将会损害卖方的谈判地位。

正式拍卖流程的另一个优点是它允许卖方采用更复杂的结构，涉及多个潜在买方。例如，拥有两个以上部门的卖方可以采取一种流程结构，使投标人能够同时向一个或多个部门投标。这使得卖方能够最大化整个公司的价值，因为有时对某一部门来说最有吸引力的买方并不一定在其他部门的投标中也最具吸引力。当然，流程越复杂风险也就越大。与多个投标人同时谈判，谈判破裂的可能性至少有50%。但某些情况下冒险是值得的，因为这样做能够大幅提高卖方得到的价格。

拍卖流程的一个微妙之处在于发送信号措施。从理论上说，卖方会希望实施公平而平衡的拍卖流程。但是卖方也有促使买方提高出价的强烈动机。卖方能够从买方之间的竞争中获利，并且也能利用不同时期的投标来提高价格。随着拍卖的进行，卖方可以正式发出信号，告知买方要想进入下一轮投标需要满足最低条款。卖方也可以通过非正式的一对一会谈来向买方发送信号，用各种方法诱使买方提高出价。例如，卖方可能会联系某一买方，该买方提出了最高购买价，但要求使用股票来支付大部分款项。卖方可能会告知买方，如果想要增强竞争力，就需要增加现金支付比例。

正式拍卖也能为管理层和董事会提供一定程度的"掩护"。正式拍卖能证明董事会确实已经尽力使股东所得价值最大化。尽管正式拍卖可以得到最高出价并未得到完全证明，但是与董事会直接跟单独一方进行一对一谈判相比，拍卖可能会得到更高出价，更难指责董事会因实施正式拍卖而未能履行其职责。因此，如果公司的股份比较分散，而管理交易流程的人不是拥有大部分股权的人，那么就可能采用正式拍卖方式。正式拍卖在大型公司的出售交易中更常见，因为此时复杂的拍卖流程所耗费的时间和费用能够被交易规模所抵消。董事会成员也因为同样的理由选择正式拍卖，他们一般在对子公司进行剥离时采用拍卖流程，此时决定出售的管理层希望表明为了让公司获得最大价值采取了适当的措施。

6.5　非正式拍卖

有时在一对一谈判的简便性和完整的正式拍卖流程的复杂性之间存在着一个诱人的中间点，即非正式拍卖。非正式拍卖通常能够使卖方在投标人竞争中获利的同时，也享有直接快捷的一对一谈判所具有的确定性。简而言之，非正式拍卖是指潜在卖方同时与多方谈判。此方法对卖方的挑战在于，如何同时控制对方的期望值以及流程的时间安排。在理想情况下，卖方能够做好流程的时间安排，同时得到所有潜在投标人的回应，从而进行同类比较。控制潜在买方的期望值非常重要，因为它们可能期望或要求获得排他性资格。所有买方都会试图促使卖方与其进行排他性谈判。

非正式拍卖在小型交易和注重非财务指标的交易中最为常见。交易规模较小时，正式拍卖所具有的复杂性和组织性对其交易规模而言可能过于昂贵和繁重。在出售小型业务或规模较小的子公司时，卖方可能需要测试市场反应并且确保获得一个好价钱。为了达到这个目标卖方会与多个投标人商谈，但不需要采用正式拍卖流程。非正式拍卖流程还能增加卖方保持秘密身份的可能，因为该流程涉及的人较少，并且进展可能更快。如果卖方担心公开市场或员工的反应，那么这点就十分重要。

非正式拍卖对注重非财务指标的卖方也很有帮助。很多时候卖方不仅关心价格最大化，也会担心员工命运等其他问题，在出售一部分业务或与母公司合作的子公司业务时，卖方也会担心买方的性质和可信度。例如，如果卖方只准备出售其业务的少数股权，它大概会选择能够成为良好合作伙伴的生产性投资者买方。如果卖方准备出售未来仍将与之保持交易的子公司，它要确保买方将继续运营该项业务并保持良好的业务关系。举个例子，如果通用汽车公司出售了生产汽车配件的事业部，而通用汽车今后仍将在其出产的汽车中使用该配件，则买方的可靠性对通用公司来说非常重要。可靠性包括如下几个因素：财务稳定和资本化、业务运营良好、总体信誉良好等。非正式拍卖使卖方在与买方一对一讨论这些非财务事项时拥有更大的自由度，不必要求买方遵守严格的时间安排及程序。

6.6 破产拍卖

美国破产法规定提请破产的公司可以被重组或出售。[①]当一家公司由于破产而出售时，会出现各种各样新鲜有趣的问题。破产拍卖流程通常是很正规、程序化而且耗时的。简而言之，法庭将指定一名受托人，由此人实施破产拍卖，而受托人的目标不仅是使通过拍卖收回的财产价值最大化——该财产用于赔付债权人，如果有余额归股东所有——而且会考虑业务的延续问题以及破产对员工、客户和其他相关人员的影响等问题。在破产拍卖中，受托人通常会组织一个非常正式的流程，与前面所说的类似但更为复杂。一旦受托人举行了拍卖并确定了胜出的投标人，就需要将交易的条款提交法庭等待批准。债权人和其他相关人员有机会提出反对交易，而法官必须做出最终裁决，批准或否决交易。传统的正式拍卖可能要求买方必须做出有约束力的投标，这使其在招标后可以操作的空间较小，而破产拍卖对投标的约束可能更加严格。大多数时候破产拍卖中的投标人会提交一份包含所有条款的完整的最终购买协议。一旦法官认可了这份协议，通常情况下不会有任何改变的可能。

破产拍卖流程通常会持续几个月，并且需要大量的资源和努力。由于拍卖流程是公开的，买方会备受公众的关注。最后买方还须接受法庭的审判，该审

---

① 关于美国破产法的文献很多，具体论文请参见 Douglas Baird, Elements of Bankruptcy (Westbury, NY: Foundation Press, 1993); or Jagdeep S. Bhandari and Lawrence A. Weiss, eds., Corporate Bankruptcy: Economic and Legal Perspectives (Cambridge, UK: Cambridge University Press, 1996).

判对除受托人以外的相关人员具有法律效力。破产流程中发现的价值能够抵消所有这些问题，因为破产公司通常都是有巨大潜力的公司。通过破产拍卖达成的收购交易通常都有很大的折扣，而且买方可能有机会以超低的价格收购该资产。

6.7 直接交易与代理

所有出售过程中都会存在的一个附带问题是交易各方直接联系还是通过代理人进行联系。最常见的代理人是投资银行家和律师，但是其他很多顾问也能成为代理人。聘用代理人主要有以下几个优点，在比较复杂的谈判流程中，代理人用处很大。这些代理人通常都擅长运作和参与复杂的出售流程。他们了解如何站在委托方的立场制定使价值最大化的战略，尤其是在交易的最初阶段，无论是买方还是卖方，都不希望对方知道自己的身份，所以可以借助代理人来提出初步问询并表达意向。随着进程的深入，代理人也能够提供客观的谈判意见。由于战略交易的性质，交易过程可能存在情绪化问题并具有对抗性。由于代理人是专业的谈判者和参与者，他们能够从客观的角度看待问题。扮演这种角色的代理人也能够在谈判双方之间建立缓冲区，从而能够远离易引起争论的问题。这使得买卖双方能够保持友好和谐的关系，让其代理人就难点进行讨论。如果双方在未来有可能进行往来交易，那么从某种程度上来说，这是一种隐秘但又极为有效的方式。

6.8 实力的相对定位

要记住，在策划运作或参与出售流程时，买卖双方交易中各方的相对实力是不断变化的。在出售流程中，谈判实力可能一次或多次地在买卖双方之间转变。显然每一方都会在拥有谈判实力时迫使对方做出让步，而将其需要退让的问题保留到不再具备谈判实力时再作商议。尽管相对实力定位可能随情况的不同而不同，但可以确定一些总体原则。

外部因素也能够影响各方的相对实力。经济波动、产业变化以及其他公司的行为等因素都会改变各方的相对实力。比方说，如果在一家航空公司准备出售其业务时油价下降了，那么其业务价值和该公司独立运营的潜在可能性（进而推迟整个出售流程）都有可能增加。

流程本身也会造成各方相对实力的改变。一般来说，在出售流程的最初阶段，卖方实力更强。通常卖方将规定流程的条款，设定流程进展节奏。卖方总是能将其他买方吸纳到出售流程。然而随着流程的开展，卖方开始与某一买方直接谈判，买方就会变得更加强势，在这个阶段失败的交易通常会对卖方伤害更大。一般来说，卖方会在交易流程的最初阶段尽量从买方处获得最佳条款，而在稍后的阶段，买方则会通过从卖方处获得更好的条款作为反击。例如，卖方可能利用拍卖流程使买方提出可能的最高价格，但一旦买卖双方开始进行具有排他性的最终谈判时，买方就可以得到卖方更好的陈述和保证，还可能会拿到一份有条件转让协议。

6.9 国际并购

2016年4月15日，TheStreet.com网站头条刊登了麦格劳-希尔集团将旗下品牌 J.D.Power 以11亿美元的价格出售给 XIO 集团。这个头条以及对它的关注度说明了目前活跃的跨国并购市场。在这个案例中，买方是总部设在伦敦的另类基金组织——XIO 集团，卖方是麦格劳－希尔集团，一家总部设在美国的信息公司，其核心业务重新调整为金融市场研究。这种销售业务部门的产生，是企业改变策略、重新定位核心和分支业务的结果。

迪罗基（Dealogic）全球数据处理公司[①]的数据显示，2015年全球跨国并购规模超过5万亿美金，打破了2007年4.6万亿美金的记录。随着资本在全球部署，跨国并购——被简单地界定为位于一个国家的买方购买位于另外一个国

[①] Investorplace.com，http://investorplace.com/2015/12/2015-mergers-and-acquisitions/#. Vv_8K_krLIU.

家的公司——不断增长。2015 年，全球并购业务中，跨国并购占据相当大一部分。根据最大的国际法律事务所麦肯锡管理咨询公司提供的信息，2015 年共计有 5 400 笔跨国交易，价值合计 1.66 万亿美元，交易价值相比 2014 年增长 17%。最近几年，跨国交易稳步增长：从 2009 年到 2015 年第四季度，跨国交易增长了 3 倍多。①

同样的报道也指出，国外买方寻找美国资产的入境交易活动正在迅速增长。XIO Group-J.D.Power 销售业务是这类活动的另一个例子。跨国交易不局限于某一特定区域，买方来自由美国主导的北美、亚太、欧洲地区，英国、中国紧随其后。而且，跨国交易不局限于任何一个垂直市场。2015 年，技术、传媒和通信行业领跑，然而从交易量来看，医疗保健行业紧随其后。②

跨国并购和国内并购之间的区别是什么？需要将哪些可能影响并购交易的额外问题纳入考虑？我们将列举几项来说明，跨国并购将并购交易的复杂程度提高到了另外一个层次。但是，如果能意识到这些潜在问题，再加上经验丰富的顾问的帮助，跨国并购能成为无机增长和企业重组的有力工具。

回答跨国公司（和国内公司）的区别——文化、规则、会计政策、税收——仅列举几项区别，就能发现跨国并购与国内并购的区别。在并购交易流程和交易后整合中，各方需要考虑这些差异。聘请当地（境内）法律顾问对理解这些差异至关重要。认真地挑选在与美国公司交易方面具有丰富经验的法律顾问，这一点也很重要。这样的话，律师既明白他们的客户如何进行交易以及客户的需要，又了解在自己的国家如何完成交易。

在许多国家，地方法律顾问同时也参与会计和税务工作，所以他们可以缩小法律、制度、税务甚至会计标准上的差异。为了保证整个尽职调查过程完全涵盖这些差异，尽职调查查询（或清单）必须能反映出这些差异。与美国境外的目标公司进行交易时，地方法律顾问通过扩增或者修正标准模板，来协助建立合适的尽职调查清单，使其与当地习惯及规则相符，而且地方法律顾问能够

---

① Baker McKenzie Cross Border M&A Index，Q 4 2015.
② Baker McKenzie Cross Border M&A Index，Q 4 2015.

发现超越当地准则的回复，并给出如何解决的建议。

例如，当收购一家荷兰公司时，买方是一家大规模数据分析公司，卖方是小数据平台公司，作者发现存在许多与组织、税务、知识产权、不动产、人力资源相关的问题，与美国的典型特征不同。认识到这一点，地方法律顾问会修正尽职调查清单，帮助我们理解目标公司的反应将如何影响我们对这笔交易的假设。最后，我们需要做额外的工作，来完善知识产权链并使税收风险最小化。由于目标公司所收集的客户数据遵从欧盟数据隐私法律，所以地方法律顾问在检查目标公司程序时，能确定其符合欧盟数据隐私法律。更重要的是，我们对于平台和数据的计划用途不会违反任何法律条例。

更让我们懊恼的是，许多与组织和人力资本相关的资料是用荷兰语撰写的，所以我们的地方法律顾问先审查所有资料，然后用英文概述资料的大意，以至于我们也能进行审查。地方法律顾问还帮助我们重新谈判租赁合约、归档结算手续所需的法规文件——都用荷兰语撰写——且帮助我们为交易选择合适的公证方，此处仅列举少许我们不熟悉的荷兰程序。

在功能性和其他尽职调查领域，跨国交易中普遍存在一些差异，下面列举一些例子。这些例子只是想要阐明其中一些需要在尽职调查过程和交易文件中解决的差异。

6.9.1 税 收

尽职调查的税收部分需要调查一些特定国家和地区的税收问题，比如欧洲的增值税、海关税、特许权税。在荷兰，在尽职调查过程中，必须解决一些税收法律问题，因为它们会影响卖方的税收义务，而且如果在交易结束前不解决这些税务法律问题，还会潜在地影响买方的税收义务。其中一些税收法案包括《荷兰工资税法》和《荷兰研究与发展法案》。国家不同，税收条例在股票期权处理方面也不同。比如在以色列，《以色列税务条例》第102节规定，尽职调查需要包含卖方股票期权的处理方式。如果卖方公司跨国经营，经营权之间的转让定价会影响税收义务，如果在一个国家的业务经营是整个集团的主要商业（例如，产生收入）实体，情况则尤其如此。

6.9.2　人力资源

某些针对公司员工的"标准"尽职调查程序，可能在目标公司所在国家并不常见或者甚至不能被接受，比如对员工背景进行调查（例如，以色列）。另一个因国家不同而不同的人力资源策略，是对带薪休假的处理方式（简称PTO）。在美国，"非用即失"是普遍的人力资源策略，或者至少有对于未使用假期的最大补偿额度。在欧洲，带薪休假可能没有任何类似这种限制，而且也不会体现在资产负债表中。所以，如果事情还没结束，如果即将产生的母公司计划在全球范围内执行它的策略标准，这种"隐性负债"的影响必须从财务角度加以了解，并且在一体化进程中得到解决。

在除美国以外的其他国家，一些津贴或者福利更加普遍，比如自行车交通补贴或者停车许可。在很多情况下，津贴代替了工资，因此降低了员工的应纳税收入。减少或者取消这些福利，使目标公司与买方策略相一致，会产生远比津贴成本更高的员工士气问题。常见的公司赞助储蓄计划，如美国的401（K）计划，在其他国家也存在与其相类似的计划。需要将这类津贴理解为员工薪酬总额的一部分，且需要做出关于如何在收购完成后最好地转变计划的决策。同样，退休计划也许在欧洲或者中东非常普遍，但是，在美国，退休计划正在逐渐被401（K）所替代。这些计划看起来更像工资，而且基本上来自公司每次发的工资。理解这些计划及其相关成本，对于了解目标公司员工现行的总薪酬成本，起着关键性作用。

在西欧国家，尤其是在德国和法国，工作委员会的重要性不能被低估。虽然美国工会无疑也很重要，可以影响并购交易，然而工作委员会拥有并购交易的否决权，大大增加了劳动和就业谈判的复杂性。

6.9.3　知识产权

不同国家的知识产权保护措施有所不同。例如，美国就业协议中标准的知识产权分配条款，可能在其他国家的就业协议中并没有体现。根据法规，这部分条款可能大部分被覆盖了（如荷兰）。尽职调查需要聚焦于可能参与过产品开发的合约人，聚焦于他们与公司在知识产权（例如承揽条例）方面的契约约定，因为知识产权法在不同国家有所区别。

不同国家的专利法有所不同。大部分美国公司希望了解到，目标公司拥有的专利权在美国和目标公司所经营的重要市场上已登记备案。在多个国家进行登记很昂贵，出于成本和管理方面的原因，大部分小规模公司并不进行多国登记。

在新兴市场或者甚至像中国这样更大的经济体，知识产权的实施相对宽松。确保目标公司的知识产权（尤其是专利和商标）在当地权威机构登记备案，这是保护知识产权的第一步，而且经常需要地方法律顾问在相应的市场发挥作用。在中国，这意味着确保专利在中华人民共和国国家知识产权局登记备案，且商标在国家工商行政管理总局商标局登记备案。[①]

不同国家或地区的数据隐私法不同，被一些国家所接受的条款，在其他国家可能是潜在的交易破坏者。在个人可识别信息的使用过程中，情况尤为如此，所以进行相关的尽职调查，需要理解以下三点：（a）所收集数据的种类；（b）所收集数据的来源和用处；（c）关于这些数据的跨国或者跨地区法律限制。

在很多国家，某些政府机构提供研发基金或者其他津贴以促进新产品和服务的发展。买方在控制权发生转移尤其是跨国交易的时候，需要理解这些基金/津贴所发生的变化，而且确保做出最佳决定，以使义务最小化。

6.9.4 结算程序

政策和程序因国家（地区）而异，而且会影响结算的时机。例如，在中国香港，结算前公司需要公示法律通告或等同物至少30天，以宣布一项即将发生的交易。这样做可以使债权人和受牵连的各方意识到，公司所有权即将发生变更。

在比荷卢地区（比利时、荷兰、卢森堡经济联盟），为了交易的合规性，公证人必须审查所有交易和转让资料，审查其所有权，并予以记录。熟悉并购交易的优秀公证人能够指出以下两种结算业务的区别：即在买卖双方签订协议后的同一天结算业务和延迟结算业务。

---

① "Intellectual Property Rights," Embassy of the United States, Beijing, China, December 2005, http://beijing.usembassy-china.org.cn/protecting_ipr.html.

不均匀地采用（或者相关的）电子合约会导致一些延误交易且非常过时的程序条件，有时候会严重耽误交易时机（比如南美和西欧部分地区的旁注和授权委托书）。所以，如果某个特殊时间点（比如年底）上的结算很重要，那么交易工作流程和时间表就需要考虑这些条件。

在美国，《哈特-斯科特·罗迪诺反垄断改进法案》（简称《罗迪诺法案》）要求在结算前备案，分析交易的潜在规模，在交易规模达到某个临界值时限制竞争（2016年，交易规模超过7 820万美元）。[1]《罗迪诺法案》审查期相对较快（例如，30天的法定等待期或者更短），如果联邦贸易委员会或者司法部要求提供更多的信息，法案审查也许会需要一段时间。在一些情况下，联邦贸易委员会或者司法部可能会质疑计划交易，要求在批准之前出具资产处置计划。在欧洲，欧盟有同样的文件要求，根据不同的公司规模和交易前营业额阈值，来理解交易中潜在的"反竞争"。这些监管机构最终对于业务交易的潜在限制可能会有不同的选择！在一些情况下，联邦贸易委员会或者司法部批准了某项交易，但是欧盟拒绝了（例如，通用电气/霍尼韦尔，司法部批准了，但欧盟拒绝了）。超过80个国家有某种合并控制条例。[2]

像跨国交易现金汇款这种简单的程序也需要纳入结算时间。卖方不仅想知道汇款在进行中，而且想要相关证据，以证明资金已经到达自己的账户。通常，受汇款发起时间和目的地的影响，资金的到账时间可能为2天或者更长。在许多情况下，利用当地公证人或者付款代理商接收买方资金和向卖方股东分配资金，可以加快交易进程，并降低汇款成本。在跨国支付过程中，使付款指令准确无误是一项挑战。

---

[1] Arthur J. Burke, Joel M. Cohen, Ronan P. Harty, Christopher B. Hockett, Jon Leibowitz, Mary K. Marks, and Michael N. Sohn, "Davis Polk Client Memo-randum: Revised 2016 Jurisdictional Thresholds Under the HSR Act and for the Prohibition of Interlocking Directorates"（January 21, 2016）.

[2] Scott P. Perlman, Mayer Brown LLP, "Overview of the Merger Review Process, "The Conference Board, Post Merger Integration Conference, June 25, 2008, https://www.mayerbrown.com/public_docs/MergerReviewProcess.pdf.

6.9.5 "市场"条款和条件的概念

在很多谈判中，律师或者交易商使用"市场"这一术语来描述，他们信任市场上买卖双方间习惯性的条款和条件（注：一个市场可以是一个区域；一个区域可以是一个州（例如加利福尼亚州），或者一个国家，或者一个市场，也可以指交易正在发生的垂直市场）。通常，律师或者交易商借助市场以合法化其地位。但是，在很多情况下，市场条款和条件在市场中更普遍地被接受。例如，在美国，转让税或者其他与交易相关的税在买方和卖方之间是均摊的。在澳大利亚，市场惯例是由买方来承担可能产生的成本。附录I，"按国家/地区分类的值得注意的交易问题"，包含一些常见的例子，即不同国家之间的某些规则和程序如何影响条款和条件。既然如此，我们选择了4个不同国家/地区——两个在欧盟（德国和荷兰）、两个在亚太地区（香港和澳大利亚）。这同时也阐明了一些在美国不太常见但在所引用的国家却很典型的惯例。

6.10　卖方行为与建立信任

正如本书其他内容所讲的，一般而言，卖方在出售公司方面并没有太多的经验。卖方往往是在艰苦地创建和发展公司多年以后才出售公司。同时，通常买方在并购方面的经验更丰富，他们的机遇在于，收购一个指定的目标仅仅只是在执行公司的既定战略或改变基金的投资组合方面多了一项业务。对卖方而言，交易过程很陌生，似乎也很复杂，而且由于公司是他们的"孩子"，所以交易过程又是一段情感历程。缺乏经验的卖方对该如何应对买方的报价和交易中各种各样的流程没有信心，尤其是尽职调查、专门术语以及文件条款等。即使卖方雇用了经验丰富的并购法律顾问，如果得不到投资银行的支持，卖方仍会担心交易是否最优。

假定这是卖方经常性的心理活动，为了减轻卖方的"忧虑"，顺利推进交易进程，买方能采取怎样的对策呢？简单地说，买方应该在交易过程中尽早与卖方建立信任。这样会使卖方心态发生转变，由防御性转变为合作性，进而有助于加速推进交易进程。但是买方这样做的最佳方式是什么呢？从非正式的交谈开始，在表明投资意向之前先谈论交易的概要。换句话说，确信卖方理解全部的交易事项，而不只是经济状况，并且理解为什么交易对买卖双方都有意义。这样不仅有助于卖方理解你的交易动机，而且有助于卖方理解为什么交易对自己有益。

卖方经常关注交易价格，未能认识到其他交易事项的重要性，如陈述和保证、障碍或者托管、转型服务等。作为买方，花时间向卖方仔细地解释全部交易流程是有益的——直接受益或者通过你的顾问间接受益，并预料交易完成后，卖方、卖方的公司、卖方的品牌和卖方的员工会发生什么变化。有时候，相比于获得最高的售价，把"孩子"移交给正确的人且/或确保公司员工安全着陆，这对卖方来说更为重要。如果买方能在交易过程中尽早地、恰当地为卖方创造这种舒适感，将给买方带来物质回报且节约买方的交易时间。一旦买卖双方齐心协力地进行一项交易，卖方就能更好地管理资源，并在交易条款和条件方面做出正确的决定。

记住，卖方会经常咨询其法律顾问（以及/或投资银行家），以对交易条款和条件做出回应，至于各种法律条款（例如，保证条款、赔偿金），需要谨慎行事。但如果卖方的法律顾问要么缺乏经验，要么很激进，就会导致许多关于交易条款和条件的谈判缺乏保证——换句话说，旷日持久的谈判成果甚微，或者更糟糕，交易失败。例如，如果买卖双方已经接受某项交易条款，而卖方的法律顾问试图通过改进该项条款赚取生活费，这样就会与买方产生摩擦。所以，卖方需要向其法律顾问及其他顾问阐明：卖方依赖顾问就与其专业领域相关的交易条款和条件给出建议，最终决策者是自己。

我们见过太多由固执的卖方法律顾问推动的交易，其结果是没完没了地进行谈判（例如，交易流程延期——对买卖双方而言都是代价高昂的）。关于并购的著作中有一句古老的谚语：存在两类交易律师——交易制造者和交易破坏者。卖方需要聘请拥有交易制造者态度的法律顾问。相比激进（如交易破坏者）的方法，通过与买方和买方律师顾问合作、灵活地交流所取得的交易成果更好。

讲个小故事可能会有所启发。在一项交易中，我代表买方，即我属于买方公司发展团队的一员，我努力与卖方建立信任关系。我花费大量时间向卖方解释交易流程中我所做的事情以及这样做的原因，甚至向卖方说明在某些交易环节我们本来可以做出对自己更有利的其他选择，但本着达成交易的精神，我们并没有这样做。当谈到股票购买协议的时候，关于一个特别的赔偿条款，我们陷入了长久的争论。我向卖方和卖方顾问律师解释说：在我方看来这是一个核心条款。卖方律师顾问极力反对，我方律师顾问以相同的方式予以回应。随着谈判的气氛越来越紧张，卖方开始感到不舒服，他打断了其律师顾问的话，然后转向我问道："你认为我应该怎么做？"卖方律师顾问为之震惊，向卖方建议这样做不是一个好主意。卖方再次打断了他的律师顾问，然后向我重复了一遍他的问题。我的第一回应是向卖方表明，我是谈判桌上另一方的代表，而不是他的律师顾问。卖方承认我的观点，但仍坚持自己的问题，他接着对我说："我信任你并乐意接受你的建议。"因此，我告诉他，他需要做出妥协，因为没有那个特别的赔偿条款我们之间不可能达成交易。他说："好，我们继续往下交谈，"这让他的律师顾问非常懊恼。因为他高度信任我，所以他选择相信我，必须明确指出，我并不是在故弄玄虚。

卖方经常担心买方可能会设下骗局，即投资意向书/投资条款清单上的报价很高，以诱使卖方上谈判桌，或者与卖家进行独家谈判，因而把其他潜在买家搁置在一边，然后买方指出在尽职调查中发现的"意外的缺点"，以此来压低报价。在某些情况下，确实存在影响公司价值的重大缺点，且买方在早期的尽职调查中并没有发现，进行重新评估可能是合理的。但是一个可信的买方不会以尽职调查为借口，以此来调整报价，除非确实有理有据。一般来说，基于尽职调查中发现的细微问题试图获取一点价格优惠，可能会"因小失大"；至少会损害对手对你的信任，进而波及交易谈判的其他部分。极而言之，这会毁掉全盘交易。有时为了规避风险，买方会给出报价的范围，并向卖方解释决定最终报价的条件。

如果卖方不相信买方会履行投资意向书中的协定，或者认为交易可能会失败，那么在进一步弄清楚最终交易条款之前，卖方会在尽职调查中隐瞒敏感的信息。例如，在交易流程中，卖方也许不希望买方与其核心客户交谈，或者过早地了解公司的软件代码。对买方而言，这意味着尽职调查流程可能需要分为两部分：一部分是对不敏感信息的调查，一旦明确了交易的最终条款，交易协议中将明文规定尽职调查内容，但不一定是全部的内容；另一部分是对其他信息的调查。在卖方信任买方且卖方因买方良好的动机而倍感舒心的情况下，卖方可能会在交易流程中提前分享敏感的信息，缩短交易时间。

在交易流程中，卖方需要关注对他们重要的事项。正如前文所提到的，这些事项包括：交易价款、公司或员工的恰当出路、公司所有者在买方公司中担任的新职务等。无论这些事项可能是什么，请注意，在交易进程中人们很容易忽视结果。在谈判中记住这一点对谈判结果很重要。换句话说，聚焦重要的事情，别为小事烦心，而且也不要让你的律师顾问为小事烦心。

例如，我作为卖方公司发展团队的一员，代表卖方出售一个非核心的业务部门。我们希望卖掉这个部门但同时希望新的买方能继续为我们的客户提供服务。我们接触了一些潜在买家，他们都具备交易的服务能力和资金，而且有几家公司对我们的业务部门感兴趣。当我们与一家提供办公设备和服务的国际公司谈论价格的时候，我们让对方把最初的报价提高了近10%。作为卖方，我们有动机进行资产剥离，并尽力提供全面的资料，提供可以解决任何问题的业务部门管理人员，以推进交易过程。在谈到资产购买协议之前，一切都进展顺利。出于某种原因，买方想就文件中的每一个条款进行协商。有一次，买方甚至希望我们声明：遵守一项尚未定义但即将颁布的法律，即《萨班斯－奥克斯利法案》。这个痛苦的交易过程使交易拖延了好几周，几乎达到了这样的地步：交易的发起者（来自买方）马上就要一走了之。作为卖方，如果买方律师顾问和公司发展团队代表要求修改协议，我们几乎都会做出让步，因为大部分的修改更多的是文字性的而非实质性的。交易成功达成，但在交易过程中，最初的购买协议由30页增加到了90页。几周后，在结束晚宴上，买方公司发展团队的代表吹嘘从我方获得了多少妥协。我微微一笑，并对他说："你的确从我方获得很多妥协，但不包括交易价格，我们本可以接受更低的报价。"他们不明白实质性问题和非实质性问题之间的区别。买方需要信任卖方，就好像卖方需要信任买方一样。建议卖方全面地、尽早地公开公司信息。这有利于与买方建立信任。没有完美的公司，达成交易最好的方法就是减少意外，尤其是交易后期出现的意外。由于买方拥有的信息不充分，他们依赖从尽职调查中获取的部分信息对目标公司进行评估。如果在调查过程中出现意外，买方会怀疑卖方认知不足以及可能会发生其他负面意外的事情。要尽快达成交易，因为与其让买方不满意自己所了解的卖方公司的情况，总比在买卖双方投入了大量的时间和资源后才达成交易更好。提早披露好的、坏的和丑陋的信息，有助于在买卖双方之间创造舒适的环境，进而促进交易更顺利地进行。作为卖方，你不希望买方一直思索："接下来我会发现什么坏消息呢？"正如本书在"准备出售业务"这一小节中所提到的，披露问题且采取什么措施来平息这些问题有利于买方设定正确的预期。"诚实乃上策"的真理再适用不过了。

关于买卖双方信任问题的另一个例子源自对买方尽职调查结果的误解，买方可能认为卖方不愿意重启谈判。买方在得知合约中产品定价模型是一个限制，而且包括一些出乎意料、目标公司需要履行的义务后，做好了退出交易的准备。由于卖方已经与买方建立了一些信任，所以他明白，这些对买方而言是法律问题，而不只是买方用于压低价格的策略。买卖双方有能力解决对方的问题，能够系统性地协商出一个公正的价格。此后，交易的进展将非常顺利。在交易结束后，一件有趣的事情需要注意，如果卖方确实忘记了保留某些权利——向外国销售产品，那么他不得不回去找买方，请求买方扩大其经销权利。由于在购买价款协商中，买卖双方之间已经建立了声誉和信任，卖方的请求会被接受，且不必考虑任何资金问题。

而且在法律文件中，这同样会发挥作用。作为卖方，购买协议中呈现了你所了解的或者你认为真实的公司情况。在交易完成后，如果买方发现了丑陋的真相，买方可能会基于协议中所明确规定的权利，就损害对你提出诉讼。通过在尽职调查中充分披露公司信息以规避上述风险，这样做很重要。如果在交易进程的后期发生了不良事件，则作为卖方，及时披露事件并与买方一起努力对交易条款做出适当的调整。结果可能是，问题对买方而言比你想象的要小很多。

正如前面提到的，卖方需要了解买方的交易动机。从战略上讲，如果买方的动机是合理的，即使在尽职调查中出现意外情况，通常也能找到双方满意的解决方案。在一次交易中，我作为卖方代表，将一个软件部门出售给最大的经销商，买方在尽职调查后要求双方立刻会面。从尽职调查中，他发现一些合约中包含特殊定价，限制了买方从一些最大客户那里获得好处。这确实令他大吃一惊，而且他认为，这会对公司未来的收入造成不利影响，最终影响公司估值。同时，他也列举了其他几项贬低公司价值的条款。所以我坦率地问他："你仍然想进行交易吗？"他回答说："也许，但不是以尽职调查前我所指出的价格。"他担心他的回答可能会终止我们的谈判。我并没有终止谈判，而是鼓励他系统地审视每一个顾虑，并试着量化其影响，以明确我们应该从哪里着手应对。结果是：我们重新协商了交易价款，随后很快达成交易。这是买卖双方的胜利，由于交易的最初理由依然是令人信服的，所以这仅仅是一件发现合理价格的事情。

最后，无论你是买方还是卖方，在交易过程中大胆地提问，并确信对方已理解你对他们提出的问题的答复。由于人们对交易情况的理解与真实情况不符，最终导致交易出问题，这样的情况发生太多次了。为了解真实情况，首先你必须提出正确的问题。正如伽利略曾经所言："一旦真相被揭露，就很容易为人们所理解，关键在于揭露他们。"[1]正常运作的交易往往是买方完全了解信息，这通常意味着卖方完全披露信息。尽职调查不只是调查，它也是对话。

---

[1] http://www.brainyquote.com/search_results.html?q=truth.

第7章　尽职调查

尽职调查听起来可能像是模糊的法律术语，但它确实十分易懂。简单地讲，它意味着一位买家适时地对一项潜在的收购进行认真而仔细的评估，确切地说是买方深入探究并且确信它所购买的正是它所想要购买业务的一个过程。换句话说，尽职调查就像是检查合同的印章完好或在买电脑之前充分检查以确保它是正常工作的。从某种意义上说，尽职调查是一项确定负面因素的活动。理想化的情况是，在尽职调查中，买方会发现对自己目标公司的最初印象及对它最初的财务假设是十分正确的，而事实上总有一些不同和意料不到的结果。虽然这些结果有时可能导致条款的调整，但它们通常不会改变一宗交易的成败。然而，在一些罕见的案例中，尽职调查则极大地改变了买方对目标公司的看法，甚至使它们取消交易。对于买方来说，这样可能是好事而不是坏事，因为它意味着买方可能避免了损失惨重的交易。

尽职调查对法律文件的谈判和整合计划也会产生影响，因为尽职调查揭露了公司及其运营的细节，它会告知律师关于部分合同的起草（包括陈述和担保），甚至被收购的细节。对于计划在交易后整合两家公司的团队而言，尽职调查也是一项数据的主要来源，因为它能帮助鉴别需要被整合的关键部分，以及在整合实施中必须克服的挑战。整合实施将在第9章作进一步的阐述。

7.1　建立团队

收购一个公司的第一步或至少是第一步中的一部分，是拥有一个能完成此交易的团队。买方是从公司发展团队开始或至少是从指派一个人来领导收购业务的实施开始的。出售者需要做的第一件事就是指派一个团队来对出售公司过程负责。第2章和第4章已经对公司发展团队及其建立的细节进行了论述，但应注意的是，公司发展团队周围如果没有强大的团队支撑，其意义甚微。如果在这个方面仅仅有一个项目领导，则整个团队将会被打垮。当进行交易时，买方需组建一个尽职调查团队。对于出售者来说，组建尽职调查团队，意义不大。但这是建立在假设尽职调查团队都相似且出售方能提供任何买方需要的信息的基础上的。第一，一个尽职调查团队包括来自行政部门人员和职能部门管理人员。行政部门人员是那些存于公司层面的职员，它包括如人力资源、法律、房地产、合规、公共关系及财务会计等方面。在某些案例中，而职能部门管理人员的一部分存于部门管理层面，但是对于大部分案例而言，在几乎最大的公司中，它们可能存于员工层面。对于一个重复交易的买方来说，试着从这些部门中指派特定的人员加入到尽职调查团队中意义重大，这将会减少其组建时间，同时也减少培养一个尽职调查团队的挑战。如果买方有一位经常处理与公司发展团队有关的问题的律师或人力资源人员，这将更有效地促进新交易。这并不意味着开展尽职调查和并购的人员必须是在这些专业领域的全职工作人员。在一些案例中，买方所作的交易需要一名全力投入工作的律师或人力资源人员。但是在大多数的案例中，这些律师或人力资源人员只需要投入一部分时间用于交易就足够了。这里的关键是交易间的持续性，不仅效率重要，而且要确保不会犯同样的错误并且能够建立和维持标准。

除了行政部门管理人员外，买方还需要来自相关业务单位的人员致力于尽职调查。在大多数案例中，买方致力于收购一个公司并且把它整合成自己公司的一部分。然而，在一些案例中，买方可能要收购一个全新领域内的全新业务，即使如此，买方所需要的资深职能部门管理人士在现有的经营单位中也可以找到。当然，这会有更多的来自于行政上的挑战，因为业务经理不会通过收购得到来自收购和发展其业务的直接利益。但是适宜地拥有这些技能是十分重要的，甚至在收购一项同自身相同的业务时也是如此。这就引出了管理承诺的关键问题。无论买方是要从即将拥有被收购的业务的职能部门管理层中建立一个尽职调查团队，还是从业务单位中寻找资源对收购作尽职调查，都需要管理层的支持，这样才能得到资源，并进行适当利用。相关业务部门的管理者需要对此做出承诺，否则其下属会对此项目中要付出的时间和精力有所犹豫。这是合情合理的，因为缺少来自管理者的直接指导，对尽职调查的持续工作没有好处，并且在一定程度上，把他们从日常工作中调出来只有坏处。因此，组建尽职团队的第一步是使相关业务单位的管理者参与进来，确保他对此工作的投入并保持团队沟通。在一些案例中，职能部门管理团队的成员将在继续他们当前的工作的同时进行尽职调查。在其他案例中，在尽职调查过程中，他们将需要"脱离"原来的部门，或者至少在某种程度上减少日常工作。文化上的挑战会让这些人不会将尽职调查看作是没有报酬的额外工作。他们同职能部门管理层的交流是重要的，这是一个重要的项目并且他们被认为会继续在这方面施加影响。当尽职调查团队被公司上下认可，并且能在高层管理人员面前展示其工作技能时，团队的工作效果将达到最佳。激励经营单位的管理者参与交易的最好的方法之一是通过收购来提高业务要求。相类似的，激励交易中业务管理成员的最佳方法即是给予或保证他们能够得到上级主管的足够重视。

7.1.1 行政部门

律师是尽职调查团队中唯一最关键的要素。在收购完成时，买方能获得一项法律权利和义务以及财产和品牌。律师能确保买方在收购一家公司时得到它想要的。

在项目中，有两种渠道能聘请到律师，即内部渠道和外部渠道。内部律师负责普通的审议，而外部律师是指能被聘请从事一项交易或项目的律师事务所的雇员。对于大多数交易或至少是较大的交易来说，内部与外部律师的组合是最理想的。因为两者都有各自明显的优势和劣势。内部律师会更加了解此业务及买方管理团队看待业务的方式，在这方面他们拥有优先权。对于买方以正常规则进行交易，内部律师在处理收购业务时可能也会很熟练。但对于大部分收购业务，他们在进行此类交易时没有外部律师那么有经验，因为虽然内部律师更可能掌握较多的技能，但也有天生受限制的能力。通常一个内部法律团体是一个相当小的团队。相反，外部律师是规模较大的律师事务所的雇员，外部律师在处理业务时几乎不受限制。如果内部律师被认为是掌握精深业务知识的人才，那么外部律师则会被认为是仅仅拥有特定业务知识的专业人才。结果是，内部律师通常能较好地充当法律谈判团队和尽职调查团队的领导者。最后，内部律师有义务向管理部门报告并且能较好地了解业务，因此他们更可能发现买方存在的特殊问题。相反，外部律师的价值在于他们是特定领域的专家，能处理比较复杂的并购、税收、知识产权、环境法以及诉讼方面的问题。外部律师也能提供其他有益的帮助。事实上，一位内部律师通常带领一个团队，这个团队拥有着能对交易过程的复杂性提出建议的高级外部律师和许多负责审阅大量的尽职调查资料并起草大量的关于交易战略的附件的下属外部律师。外部律师事务所也为像起草和修订文件、分发文件、查收设备以及其他基础设施等事务提供额外的资源帮助。

7.1.2　财务会计

如果合法的尽职调查团队告诉买方买的是什么，那么财务会计人员则是告诉买方收购能带来多大的价值以及它能为买方做什么。正如第 8 章将要谈到的，开发估价和财务模型通常在财务人员和公司发展团队之间进行分工，有时会得到外部顾问的支持和帮助。在最后作分析的时候，财务会计人员必须为此类工作负责，为解释财务报表以及在对会计处理时所作的决定负责。一般而言，财务会计的成员会被引入尽职调查团队，不仅仅审阅目标公司的财务报表，还需提供诸如价格等的基本数据。

财务会计尽职调查是一项工作量很大的工作，而且一般要求有全面的资源。就像律师一样，可在公司内外部找到这些资源。内部财务人员有了解买方会计政策和程序以及熟悉买方所进行的业务的财务结构的优势。外部财务人员就像外部律师一样，有能够立刻吸引大量资源和人员的优势。总的来说，财务会计尽职调查团队会被内部人员领导，因为收购工作结束，他们要对买方的财务报表负最终的责任。在多数案例中，这个团队会受到能提供更多职员的外部资源的支持。如果买方收购的是本公司并不熟悉的全新业务，则来自外部会计师事务所的成员可以为交易提供专业技术。在大多数案例中，这些外部资源来自于买方的审计所。其原因有二：第一，买方拥有这样的部门可以维持持续的业务关系，并且通常能使这个团队更快、更有效地完成任务；第二，在交易达成时，会计师事务所将必须思考财务整合。因此，为了确保审计时不会发生意外，引入会计师事务所非常重要。

在一些公司，财务会计团队很早就被引入进来做潜在目标的最初模型。在其他公司，只有当谈判到了关键时刻并且需要完成一个完整的最终模型时才建立这个团队。及早地对财务会计团队进行讨论是十分重要的，尤其是当出现诸如怎样处理目标公司的财务问题及需要提出财务意见等问题时。

7.1.3 人力资源

人力资源人员通常在交易过程的后期才加入其中。他们的加入不是为了评估潜在交易，而是为了整合计划并确保没有"谈判破裂因素"。结果是，他们趋向于在交易过程的后期加入团队，致力于整合计划及后期整合。通常，人力资源团队仅限于内部员工及买方人力资源部门的成员。只有在人力资源缺乏足够经验时才会寻求外部咨询师的帮助。例如，买方收购了一家雇员很多的国外公司。此时，人力资源团队可能需要外部的专门意见以指导薪酬福利的标准以及当地法规对薪酬福利的规定。

在类似的案例中，人力资源人员可能在收购过程的较早阶段就深入参与了。这种情况是因为目标公司的人力资本是收购策略中一个更为重要和关键的部分。在这种情况之下，保留目标公司的员工有着极为重要的价值，因为没有他们，目标公司中有重要意义的那部分价值就会消失。即使一家律师事务所拥有品牌以及一些硬件设施，如桌子、椅子、计算机、书及房产，但它的巨大价值仍在于其员工、社会关系以及树立的声誉。如果一位买家收购一家律师事务所，但失去了这家事务所的所有员工，甚至失去有着重要意义的那些员工，那么买方基本上就是溢价购买了其办公设施而已。在类似这样的情况下，员工是非常重要的。在尽职调查过程中，买方会试着保留员工，并在整合阶段确保员工留任。

7.1.4　房地产

像人力资源一样，通常情况下，房地产员工的引入很少是为了评估交易的商业价值，更多是为了确保房地产评估不会发生错误。房地产员工在收购中通常担当次要角色，其作用就是确保房地产是有价值的，为处置新增的区域作整合计划并增强其潜在价值。但也有特例存在，即房地产在卖方的商业价值中占了极为重要的部分。在这种情况下，房地产员工将会更深入地参与其中。多数大买家在房地产方面有内部的专家，足以应付交易中的房地产问题。在一些案例中，有时也会引入有专业技术的外部咨询师。最为典型的案例是房地产和合规工作的交集，即环境问题。这种情况就是房地产只是交易的一部分，此时就会引入外部咨询师。

7.1.5　监管与合规

监管与合规部门员工的参与程度会因交易的不同而大不同，这取决于目标公司的受控程度和买方对这些规则的熟悉程度。最极端的情况是，买方正在收购一家受到严格管制的新兴行业公司。它们会把内部律师和能帮助它们知道将要做什么以及怎么做的外部监管和合规专家聚集起来。监管专家通常是非常了解监管组织结构和监管特定公司条款的律师。一个例子就是银行律师，他们既了解银行业规则，也了解监管机构。这些律师会根据基本规则来办事，以确保其委托人行为是合法的。合规专家可能是律师，而在一些案例中，他们也可能不是律师，但他们是非常了解怎样合规守法的。这不仅仅包括对法规的了解，更重要的是还包括了解合规的程序、政策和需要保存的记录。

7.1.6　公共关系

一家大的买方通常都会有至少一位公关人员参与此类交易。公关人员通常会在交易快结束时被引入，主要是为了应付最终的新闻报道和公众对此交易的反应。最典型的反例是可能会引起重大争议或需要大量公关工作的交易。在这些案例中，公司发展团队应该极早地引进公关人员，不仅仅是为可能发生的事情做好计划，而且也是为了确认这些事情是否是"谈判破裂因素"。

一个极好的例子是发生于20世纪90年代中期在线支付行业。从表面上看，这个行业是科技产业中的一个正在成长的、很有吸引力的部门，通过这个行业，公司可以为在线零售商从其顾客处获得信用卡费提供一种路径。在这一时期，许多小的竞争者出现，并且在20世纪90年代晚期快速发展，其中大多数公司都是高盈利的。然而，即使在经历了收购风暴的洗礼后，这些公司中的多数依然是私人公司。虽然不是唯一原因，但其中一个原因在于公共关系。对这些公司的仔细观察揭示出，甚至在20世纪90年代晚期，这些公司的大量收入均来自于处理两大在线行业的支付过程：色情和赌博。大多数大型财务机构怕其公众形象受到影响，会回避收购这样的公司，即使这些公司具有高盈利性。许多公司称这个是"《华尔街日报》的考验"。它们自问："如果这类交易出现在《华尔街日报》的头版，我们会有何感想？"对于一个像花旗银行这样的公司，如果《华尔街日报》头版议论花旗银行参与色情与赌博的业务，哪怕只是在打擦边球，收购色情与赌博行业中的一家小公司，也会承担很大的风险。

公司常常会利用外部的公关公司来取代或为内部公关人员补位。特别是当公司不仅要预测公众反应而且要积极回应时，就会利用外部公关公司。虽然交易的大部分过程需要保密，但公关人员仍被及早地引入进来，从而估计可能会出现的公众反应并做好相应的计划和准备。在一些比较少见的案例中，对可能出现的公众反应所作的分析实际上会对交易产生危害。因而，初步了解公共关系是一个好办法。

7.1.7　职能部门

各职能部门的重要成员对于有效的尽职调查和整合计划是十分重要的。职能部门会在多方面提供重要的专业技术。这些对详细、精确地了解所收购的业务起着重要的作用。在交易战略中，使用职能部门的员工有两个关键的挑战。第一，要精心地挑选和利用职能部门的员工来集中处理特殊收购交易的具体问题。需要什么样的员工，以及怎样利用他们会因交易的不同而有所不同。第二，在收购过程中，买方也需意识到利用职能部门的员工本身会存在的行政和人力资源方面的问题。

公司员工以及公司发展团队需要与交易战略的结果维持一定的距离。在个人层面上，他们不可能受直接影响；而在职业层面上，完成一项交易通常会促使他们取得成功。相比之下，交易战略对其职能部门员工的职业生涯有长远而重要的影响。了解交易对职能部门员工的影响以及在交易战略中员工的感知是十分重要的。最明显的影响是人员的冗余。在许多案例中，收购会引入同买方现有的团队相重复的人员。当卖方员工普遍被解雇时，有时买方的员工也会受其影响。如果一家公司收购了一个拥有强大营销团队的目标公司，在整合时可能会导致买方营销人员被解雇。即使职能部门员工在收购结束时，没有失去他们的工作，这个交易也可能影响他们工作的发展。收购会发出转折信号并集中在使他们从当下的业务转到一个新的方向。收购也可能发出转移其资源的信号。就像是第二个孩子的到来一样，收购业务通常会让公司的老员工心有妒忌和挫败感。虽然公司级员工不用应对整合带来的挑战，但职能部门的员工必须面对。一个公司发展团队的领导者可能会看到收购高新技术的机会，而一位职能管理者或工程技术管理者可能会看到把新技术同现有业务进行整合的巨大痛处。而后者考虑的问题，即由整合带来的挑战，有时（如果不是经常的话）会因为公司员工而愈加严峻。

处理这类行政问题的关键是要预先了解收购对职能部门员工可能产生的影响。在一些案例中，这方面的影响不可回避。当然，整合有它的挑战性并且一项收购常常会导致产生员工冗余及解雇。然而，了解这种可能发生的问题后，买方至少可以帮忙缓和一下这类矛盾。第一，它可以减轻不切实际的利害关系。在许多案例中，职能部门员工不会对高级管理层的详细计划保密。分享或者只是部分分享整合计划也能减少无谓的担忧。如果高级管理层已经决定不解雇员工，那么将这个事实告诉参与此类交易项目的职能部门员工会有一定的意义。甚至是当不可能减轻这种担心时，也要弄清他们担忧什么并且控制这种担忧。如果买方意识到职能部门员工关心的特殊问题，可以试着去处理这些问题。例如，如果买家担心职能部门员工会因为害怕自己的产品线受影响而可能过度排斥目标公司的产品，公司可以考虑征求他们的意见。更具体地，如果买方公司对分析有疑义，可以要求一种更具体和量化的方法来试着消除这种疑义。例如，买方可以寻求目标公司的技术和自己公司的技术之间的量化对比，如速度、精确度及其他的可测变量，而不是寻求"这个技术如何好"的一个概括性的评估。在一些案例中，这些关系可能使买家利用外部顾问来加强甚至取代职能部门员工。

在尽职调查中使用职能部门员工的第二个挑战是，要清楚地识别所需的资源和专门技术并有效平衡。简单地说，就是根据目标公司的性质，买家会着重于不同的问题。为了有效地利用职能部门员工，买家首先要识别关键问题所在。简而言之，买方需要鉴别收购的真正价值，接着确定有足够的具备合适技术的员工来评估在这次交易中买方是否能得到其想要的利益。建立一个有效的尽职调查团队的第一步是买方必须确定需要了解目标公司业务的哪个方面。这反过来就促使公司利用职能部门的资源对目标公司进行有效评估。接着买方须同职能管理部门一起分配资源。这本身就是一项挑战。同公司发展团队的人员不同的是，交易是他们工作中的基本职能，而对职能部门员工来说，交易通常是一件令其分心的事情。由于对交易的不熟悉，职能部门员工很少因收购而得到财务上的奖赏或职位的升迁。这就是为什么买方公司通常会发现他们在为交易付出努力和时间时犹豫不决，而且对把交易放在其日常工作的前面来完成表现得更加犹豫。职能管理对于克服这项挑战很关键。

每一项交易都有不同的尽职调查要求，并且在各项交易中，都可能用到几乎难以想象的专门技术。不管是目标公司的性质还是买方自身的性质，都会促使买方建立一支尽职调查团队。不同公司要求用不同的技术来进行正确的评估和调查。下面的内容不是试图编制在交易中可能需要的不同专家和职能部门的完整目录，而是讨论尽职调查中需要的一般功能。

1. 管 理

尽早参与职能管理通常是建立一个有效的尽职调查团队的关键。职能部门管理者可以被当作守门人。没有职能部门经理的支持，很难甚至是不可能使职能部门员工集中精力于这项交易。这个原因是显而易见的。当一切都确定下来的时候，职能部门员工的职业生涯和薪酬会受到职能部门经理利益驱动力的影响。同时也很难找到这样的公司，即职能部门员工的奖金和提升会受他们参与尽职调查结果的影响。

　　这给公司发展团队带来了一个固有的挑战。正如前面章节所提到的，关于战略交易的职能管理的动机是多样化的。在一些案例中，收购是快速发展公司业务的一种工具，在其他案例中，它可能创造出一个竞争业务甚至更大型但因国际化而失败的业务。当职能部门经理支持一项交易时，他们通常会在提供资源和激励其部下提供援助方面有很大的影响。然而，当职能部门经理不支持一项交易时，他们通常会成为阻碍成功的路障。即使职能部门经理没有公开反对交易，但如果他们对交易不热心，那么他们的员工的犹豫情绪会让尽职调查团队很难有效地配置资源。在一些案例中，公司发展团队领导者可能需要对职能部门经理施加压力以确保得到有效的支持。另外，在提供资源方面，职能部门经理可以提供判断和业务上的专业技术。如果目标公司经营的是与买方类似或相关的业务，职能部门经理可作为公司内部唯一最高水平的专家来评估这个业务。一般对于员工来说，牢记职能部门经理可能会有偏见这一点很重要。看到职能部门经理通过模糊的赞扬来谴责而不支持一项交易是常见的现象。考虑到职能部门经理的权力机构职位和专业技术，这种偏见十分危险、有害。公司发展部门的领导者和管理层在考虑其固有偏见时的区别在于，一个是考虑职能部门经理存在偏见的原因，一个是从专业角度分析其偏见。这种普遍问题所具备的积极影响多于消极影响。职能部门经理为一项可以大幅拓展其业务的收购而大加游说是很平常的。核心员工，尤其是职能部门经理，都试图将他们对交易的建议与交易的最终结果相联系。其他员工在各自的专业领域内对尽职调查团队的评估，可以让他们对此言该领域内的整合和绩效负责。还有一个更明显、更直接的方式将职能管理与评估结果联系起来。确保职能部门经理对收购业务做出预测和计划，并使之反映在他们将要实现的目标中是很重要的。如果一位职能部门经理声称被收购的公司将以50%的年增长率发展时，公司需要确定一旦此公司被收购，职能部门经理的那部分业务也要达到相同的增长目标。这对目标公司的展望提出了极大的挑战。公司在没有完成目标之前，结果离目标越远，职能部门经理就越有可能为这个目标而继续努力。

　　2.其他职能部门的员工

　　一旦买方已对关键问题和促进交易的资产做出决定，就需要相关职能部门的员工进行有效的尽职调查。营销人员对评估零售业务和品牌知名度很高的公司具有特殊价值。产品开发员工不仅可以帮助买方评估已上市的产品，还可以帮助买方评估那些正在研发的产品。生产运营部门的员工不仅可以评估整合带来的挑战，还可以评估当前生产运营的效率，而这个分析可以帮助买方辨别整合后增长的效率在哪些方面将能节约额外成本。客户服务是另一个方面，在这一方面，员工不仅可以帮助整合成本和机会，以赢得效率，而且还存在一致性的问题。当买方在收购一家技术型公司时，工程和开发人员会评估技术价值，包括它的可测量性、安全性、适应性等方面。

在所有这些领域中，职能部门员工将帮助买方鉴别不同的事项。他们将评估哪些价值值得收购并考虑自建战略。他们不仅仅要评估一般意义上的价值，而且还要评估对买方公司的价值。例如，任何技术都可以被评估，但是如果作为公司的核心技术，它在相同的标准和方案下不能工作时，就可能对买方公司完全没有价值。职能部门员工也将评估潜在的缺陷，包括潜在的质量、标准、一致性和运营方面的缺陷。例如，营销人员可能会发现公司在目标客户中具有很强的品牌效应，但是在其他细分市场中却具有负面效应，会限制该品牌的扩张。职能部门员工也需要思考他们各自领域的整合成本和挑战。

影响职能部门员工有效尽职调查的关键因素之一是清晰的指导和计划。买方需要记住职能部门员工通常不熟悉尽职调查过程，因此说明交易和尽职调查的目标是非常重要的。职能部门员工至少需要明白大致过程。接下来，需要制订特定的计划和一个清晰的时间表。此外，职能部门员工不可能对工作范围或完成工作的时间非常清楚。提前设定对职能部门员工的期望值会确保他们付出相应的努力，准时完成工作并产生令人满意的结果。考虑到存在的最小或最困难的技术，对目标公司广泛的认识将帮助他们设定问题。一个尽职调查团队的所有成员对目标公司所有业务应有一个大体的了解，同时对如何与买方的业务和运营管理整合有一个整体认识。尽职调查团队的每位成员都会有具体的目标和计划任务。在大多数案例中，为主要领域或专业提供一份尽职调查的模板是非常有用的。可参考附录B中一个关于尽职调查报告的例子。为过程和每个计划制定一个清晰的时间表也是十分重要的。职能部门员工也需要清楚了解他们的数据来源和潜在的出行需求。这一点特别重要，因为职能部门员工在作尽职调查时通常不得不继续他们的"日常工作"。如果他们需要飞往全国各地并且花费一周的时间在尽职调查、检查文件和访谈上，他们需清楚地预知这些事情。最后就是需要培训职能部门员工对战略交易的特别感知。对于买方来说，由其律师提出这些问题通常是很有用的。战略交易不仅仅要服从法律保密性的要求，而且在买方公司内部也是敏感话题。职能部门员工需要了解他们可以与之交谈战略交易的对象和讨论的话题。与公司发展团队成员和专门负责交易的一些员工不同的是，职能部门员工很清楚地了解交易事项是不安全的。

定期交流对于管理尽职调查过程的职能部门员工来说，也是一个重要的工具。定期的电话会议和会见将有助于监督员工的发展，并能快速识别过程中所有的失误。定期会议也能使职能部门员工体会到更深入地参与到交易中并且让他们有主人翁感。在一些案例中，买方也可通过职能部门员工呈报职能管理的结果来形成其主人翁感。职能部门员工与经理会面会有利于正面激励。

7.2　买方希望了解的事项

正如前面所述，每项交易都各不相同，每个目标都因不同的出售原因和不同的资产而各不相同。有效的尽职调查不仅仅要审查一个公司的每一个方面，而且要识别存在的问题并且着重关注这些问题。当买方可以对每个问题作粗略的审查评估时，它应把大多数努力集中在提升收购价值的问题和主题上。例如，如果微软公司要收购有着微电脑技术的公司并将其并入 Windows 平台，微软就可能会集中所有力量来评估这项技术是怎样研发以及运行的。同时，微软只会花很少的努力去关注公司现有的客户基础，且几乎不会为品牌评估付出努力，因为微软可能会放弃该品牌。

一旦买方已决定哪个特殊领域能为业务提升收购价值，那么就需要深入研究这些主题并了解它们，了解的对象不仅仅是目标公司的状况，而且还包括与本公司的整合情况。在许多案例中，买卖双方需要避免共同缺陷。在这一部分里，将探讨战略交易中最容易被关注的领域或问题。但这不是一个详尽的列表，在每项交易中，公司都需要对交易关注点作一个新的评估。

7.2.1 商业问题

几乎任何一家目标公司都会有一系列相当综合的核心业务、运营资产和过程。从制造到产品开发再到市场营销，这些都是公司运作的关键。在大多数案例中，了解这些方面是了解公司如何运营，为什么成功及如何有效整合到买方公司并且使其增值的核心。

1. 运　营

要了解一个公司怎样赚钱，买方首先要明白其产品或服务是如何生产或提供的。运营是业务的"幕后"部分，在尽职调查过程中，它通常被忽视。在一些公司中，运营是价值诉求的关键部分。例如，运营是联邦快递（Federal Express）价值诉求的核心，它会快速送达包裹。对于有一个像联邦快递这样的服务性公司，很难把产品从运营中分离出去。甚至对于那些产品可以从运营中适度分离的公司来说，公司如何运营仍可以成为其盈利和成功的关键。买方要了解运营从而了解公司以怎样的盈利方式来传递产品和服务，以及这个模式是否可扩展。

在决定某个公司是否可以被整合到买方公司中以及需要怎样去完成时，了解运营也是非常关键的。在许多案例中，一个卓越的公司可以取得很大的成功，但是，由于其运营的性质和目的，在被整合到母公司之后，就很难再复制这种成功。例如，考虑一家拥有高端、流行风尚的服装设计制造商。假设这些服装是手工缝制的，尽管公司可以以低量高价取得高盈利，但如果不改变其运营方式，就试图以走批量低价的路线扩展到低端市场就非常困难。另一个很好的案例是航空公司。一些航空公司利用几个大型枢纽机场来运用一个中心辐射型模式，而其他的航空公司更多地采用很少经停枢纽机场的点对点模式。把一种模式的航空公司整合到另一种模式的航空公司中可能很困难。

了解目标公司与买方所使用的运营标准和程序也是很重要的。如果这两家公司有着相似的运营平台，被整合的公司须形成单一的标准并且这可能会是一个高成本且富有挑战性的尝试。在许多案例中，较小的公司可以以低水平的规则、低标准的质量或精确度运作。整合的主要成本来自于升级目标公司的运营以使其与买方公司的标准相匹配。

了解运营也可以使买方对目标公司的业务有正确的认识。一个公司的运营方式通常是根据它的条件和战略而形成的。考察目标公司的运营结构能帮助买方了解该公司是致力于产品整合还是客户服务、低成本、高效率或这些目标的综合。

对运营作尽职调查通常要求买方"深入基层"。一般审阅该方面的文件和资料就足以了解尽职调查的其他方面，但要了解运营通常要求到现场亲自检查。尽职调查人员亲自到工厂、服务中心以及其他场所去检查运营，可以让买方对目标公司及其运营有一个更充分、更清晰的了解。

2. 技　术

对于一些公司来说，技术是其业务的核心，技术在公司的成功道路中不发挥重要的作用是非常少见的。在整合过程中，技术也可能是一个巨大的缺陷。因为技术的细节通常是保密的，因此对于买方来说，深入到目标公司的技术平台和系统内部，不仅可以确保了解技术，还能了解技术是如何研发的以及其内部缺陷，这是非常重要的。

在一些案例中，技术可能是一个公司主要的甚至是唯一重要的资产。在这些案例中，尽职调查团队作一个极其详细和彻底的检查是很重要的。然而，要牢记的是，即使技术是买方的主要目标，目标公司的其他部分可能对技术支持也非常关键，尤其是当一项技术不能同创立和使用它的人分离时。即使是最有经验的工程师或软件开发人员也会花费时间来熟悉一项新技术。如果买方想有效地使用技术，留住合适的人才同购买技术一样重要。

做关于技术方面的尽职调查的第一步是要正确地了解技术及其运行。不论讨论的是软件还是硬件，或是其他工程系统，买方必须能够研究技术并且知道它如何工作。这个检查通常要求的不仅仅是对技术及其说明书的检查，而且要求同开创和使用该技术的技术人员进行详细的讨论。与了解公司的其他方面相比，了解技术十分困难。尽职调查的挑战之一是找到合适的员工，因为卖方本质上是不会将其大量员工暴露给潜在买方的。这在技术推动型的公司是一个很特别的问题。在这样的公司中，技术开发人员是公司的一项有价值的资产，并且公司也会关注那些被挖走的人员。当检查目标公司的技术时，不仅要关心技术如何运行，而且还要关心公司一旦被收购该如何利用此技术，这对于买方来说十分重要。这里有几个要注意的因素：可测量性和增长率是重要的变量，尤其是当买方计划使用杠杆收购技术横跨更大的全新客户群时更是如此。发现运行很好却不易升级的技术是很平常的事情。小型创业型公司可能在技术设计上走捷径以攫取第一桶金。合规性和可靠性是需要考虑的另外两个重要变量。如果买方保持一定的质量和安全标准水平，任何被收购的技术都要符合这些标准。安全和合规是相互关联且意义重大的问题。在当今这样一个关注身份被盗和个人资料被盗的时代，买方需要仔细评估目标公司的技术是否与自己的标准相符合。如果不符合的话，是否已准备对它做出些调整。基础设施的可靠性也是一个大的利害因素。许多较小的公司不可能维持一个大公司所期望的富余人才、可靠的基础设施。特例还包括多余的位置、集中的数据线和安全设施。简而言之，在"法律问题"之下，买方也要仔细地考虑技术的实际所有权。特别的，买方应该考虑卖方是否已经正确保护了嵌入该技术的知识产权。

关于技术的第二个关键问题是整合。即使一项技术被很好地研发和设计，整合该技术仍可能很困难。技术是建立在大量的平台、标准和协议的基础之上的。在许多案例中，这方面没有"正确"的标准可供遵守。当买方要收购一项技术并打算将其整合到本公司的运营中去时，需要考虑整合的所有成本。例如，当收购一个大型软件平台时，买方需要考虑这个软件是否在与买方相同的运营系统、相同的用于其他基础设施的硬件上运行。如果不是，买方就要准备改写软件来顺应或维持一套双重的运营系统和硬件，使之运行。这不仅要求买方购买额外的软件运行系统执照和硬件，更为重要的是还要留住拥有两项专业技术的人才。整合两个在相同的协议和标准上运营的技术平台仍然很重要。在短期内，把两个不同的运营中心和两个不同的基础设施转变成单一系统，虽然可以大大节约成本，但会面临整合的挑战。

当收购技术的时候，买方也需要考虑知识产权。对于作为目标公司核心或主要的技术来说，买方必须区分所拥有的技术和被许可的技术。对于所拥有的技术，买方需要关注公司是否有效地保护其知识产权。对于被许可但不是目标公司所拥有的技术，买方需要确定的不仅是目标公司是否有充分的权利使用它，还要确定在收购结束后，买方是否能够保证这些权利的延续。[①]

3. 员　工

对于许多公司来说，员工是唯一最有价值的资产。几乎不能看到这样的公司，即员工不是公司成功的一个重要因素。同时，员工是正确地评估和调查公司的最难的部分之一。了解员工的优势和劣势，在交易达成后留住员工都是尽职调查过程中最具有挑战性的一项工作。买方需要评估员工的优势和劣势、挽留员工的能力、将员工整合到本公司的费用以及上述任何一方面失败所要承担的风险。

对员工尽职调查的第一步是了解目标公司中不同类型的员工。最普通的区分是基于功能来给员工分类，也可以基于部门或业务单位来分类。买方接着要试着了解不同类型的员工对目标公司有着什么样的价值。在一些案例中，一些类型的员工对公司的成功有着绝对重要的作用；而在其他的案例中，他们可能已被取代或不是特别重要。例如，在像微软这样的公司里，软件开发者和设计者可能是各类员工中最重要和最有价值的一部分。通常没有任何员工可以被完全取代。在像微软这样的公司里，可能会有人说市场营销和销售人员不是公司的核心。相反，在一个更加商业化的公司里，如钢铁制造公司，其运营和设备、管理员工可能是成功的关键。哪部分的员工会成为公司价值诉求的核心会因公司的不同而不同。

接下来是评价不同类型的员工价值的第二步。买方需要看到一旦目标公司被整合到本公司中，要如何经营目标公司的业务。在一些案例中，一旦运营系统被整合到买方的公司中，对于卖方的独立运营十分重要的这类员工将变得没有那么重要。例如，如果沃尔玛要收购一个小连锁店，就会假设沃尔玛会用其拥有的更大和更综合的配货网络来取代独立公司的配货网络。在这种情况之下，作为独立公司配货网络系统的员工，虽然对独立公司很重要，但被整合到

[①]　这也是协同效应的潜在来源。许多情况下，买方已经获得了某种特定技术的许可证，这样足以使其撤销目标公司拥有的多余许可证，并且能够节省一些开支。

沃尔玛后，就会显得十分多余。

在识别出最重要的一类员工后，买方可以试着识别出特别重要的个人。这些人往往是拥有特定专业技术的人员，这些技术可能是买方公司当前所没有的且很难被替代。有一个很好的案例就是那些正在开发买方计划使用的内部技术的团队。这样的专业技术因为是专有技术而很难被复制。买方也可以利用来自卖方的信息来试着识别出独特的高新技术。在一些案例中，买方可以得到人力资源的报告，但是在许多案例中，这个信息不能被共享。在对主要的员工进行尽职调查时，买方可以得到更多的非正式反馈。

一旦识别出关键员工以及在一些案例中的关键个人，买方就需要估计留住这些人员的可能性。很重要的是要注意到，与可以被买卖的公司其他资产不同，员工可以在任何时候退出。识别留任问题的第一步，是评估员工当前得到的全部薪酬并与买方将能支付的报酬相比较。当买方将不能提供员工相同水平的报酬和其他红利时，买方将会面临失去员工的风险。除了纯粹的报酬外，还有其他原因使员工选择离开公司。了解这些决定性因素很重要。较小公司的员工，尤其是创业型公司的员工对创立者有着特别的感情且十分忠诚。收购结束后，这种忠诚度通常会消失，并且员工更可能考虑跳槽。小公司也有在大公司环境里很难被复制的文化。对于一些员工来说，更进取的创业型文化较有吸引力。收购结束后，这些员工通常会对大公司的运营方式感到压抑和不适应。收购也会为员工创造很大的财富。如果收购本身会引起员工的财务状况发生较大变化的话，那么留住员工可能会成为一种挑战。最近谷歌的IPO就是一个恰当的例子。2 300名谷歌员工中大约1 000名因为IPO瞬间成为百万富翁。[①]这突如其来的财富会给许多要退休的员工带来诱惑，或至少能减少他们退休的动机。一个缓和的因素是初始创立者继续留在了管理职位上。在收购过程中，如果创业者辞职可获得突如其来的财富，这对员工离开公司会是一个强烈的双重激励。在许多案例中，在小公司高层管理者会被调到中层职位上。这种明显的

---

① Bill Condie, "Party Time as Google Floats at Last," Evening Standard (August 20, 2004).

降级可能会使许多员工对工作失去兴趣。

买方可以试着减少所有的留任挑战。从加大财务回报到试着保留小公司的文化，买方可以采取许多方法来试着留住被收购公司的员工。然而，买方想完全消除这些因素的影响是不可能的。当对潜在的收购作尽职调查时，买方需要评估的不仅是各类员工的价值，而且还要评估在收购和整合过程中可能发生的损失。这些损失必须加入到公司的评估以及收购的核心决策中。买方仅仅因为潜在的员工留任问题而决定不收购目标公司是非常罕见的，但在一些案例中却真实发生了。员工对公司的成功越关键，员工保留问题就越重要。例如，如果一家大的咨询公司考虑收购一家小的管理咨询公司，员工的保留是最重要的问题。如果买方成功地收购了一家公司，但失去了大半的咨询人员，那么它得到的只是一个外壳。

买方可以尝试着有技巧地进行收购以确保留住重要的高级人员。买方可以要求重要的员工签下长期的、非常严格的非竞争性条款的雇用协议。当有可能促使员工继续其雇佣关系时，买方可以为他们改换雇佣关系设置障碍并创造留任的强烈刺激。从积极的方面看，买方既可通过把员工从此交易中得到的财务收益同继续留任联系起来，也可建立全新的长期财务激励方式。然而，要记住这一点，最后所有的雇用工作都是看个人意愿且几乎没有方法能使要离开的员工留下。因而，员工尽职调查的重要目标之一应该是要试着了解员工对他们的新角色和新公司满意程度如何。在一些案例中，在交易达成时，买方可能想要同那些关键的员工直接会面。就像在第9章将讨论的，交易达成后，立刻关注员工的整合和留任可以成为保留买方所购买的价值的重要因素。

4. 客　户

在收购过程中，很难发现这样的收购，即顾客不是重要资产。即使买方主要考虑的是收购技术、产品或其他资产，顾客及其产生的收入总是有价值的。在一些案例中，目标公司可能处在较早的发展阶段，它的顾客和收入都非常少。然而，在大多数案例中，买方认为收购该公司的主要价值诉求是现金流量，甚至买方会认为通过将目标公司整合入本公司的业务可以极大地增加现金流量。在尽职调查中，对于买方来说，重要的是不仅仅要了解目标公司的客户带来的收入，而且还要了解这些客户关系的质量以及在整合过程中客户关系怎样顺利过渡。

了解客户群的第一步是要估计出来自这些客户的核心资金流量。买方不仅需要估计目前客户产生的收益，而且要了解历史数据。其目的在于了解客户关系的稳定程度以及哪些客户是最重要的。评估所用数据包括：

- 钱、金额、每个客户的单位金额。
- 每个客户关系的寿命——该客户的购买行为持续了多久？
- 客户购买的波动——客户订单量每周、每月在变化吗？
- 客户的集中度——少量客户的收益集中度如何？[①]

这个数据将帮助买方了解客户关系的价值以及哪些客户关系最有价值。如果少量客户的收益集中度很高，则买方需要把注意力集中在那些关键的大客户身上。甚至一个大客户的损失也可能表现为公司收入的巨大损失，同时决定着公司是盈利还是亏损。

定性分析可补充对客户的定量分析。通过与管理层的交流，并且如果可能的话进行与客户的直接交流，买方需要估计卖方与客户关系的质量和密切度。与客户的关系越密切，而且在整合过程中这种密切联系能被保留，那么这个关系就会越有价值。

这使我们认识到很重要的一点，那就是不能假设客户关系可以很容易地被传递。和员工一样，客户可以选择离开或留下。一旦买方已估计出目标公司的客户关系价值，则需要关注的是如何更容易地传递这些客户关系。和员工一样，一旦交易完成，客户可以有离开或留下的原因。例如，喜欢同小公司做交易的客户在对方成为一家大型综合公司的一部分时，可能不愿意继续同该公司交易。同样相反的，客户可能会积极看待收购，因为从一定程度上说，该公司已成为一家更大、更稳定的公司的一部分。

契约关系是维系客户的一个问题，而这个问题与员工无关。简单地说，从

---

① 大多数行业都有一个经验法则，即"80-20法则"。这里假定80%的年收入通常来源于20%的客户。

"法律事务"方面来说，客户和其供应商签署了长期合同。在预测买方维持客户的水平时，需要审阅客户合同并了解在交易完成的时候，客户是否有法律义务继续与公司开展业务。

并非所有的客户都发挥着相同的作用。当评估目标公司的客户基础时，在考虑客户带来的收益的同时，还要考虑每个大客户的净价值。不同的客户会带来不同的利润率。在一些案例中，一个客户可能给公司带来大量的收入，但是它不会创造高额利润。当卖方公司因大客户达到规模经济时，买方公司却将同样的价值归因于产品的低利润和大批量。买方也需要根据与其他业务的潜在配合来估计每个客户的价值。一旦交易完成，买方就能够利用被收购的客户关系来销售其他的商品和服务。例如，如果亚马逊网站（Amazon.com）要收购一家在线音乐商，则不仅仅要考虑通过把音乐卖给顾客群而获得的收益，而且还要考虑把书卖给相同的顾客群所获得的收益。

与员工关系一样，在整合的早期买方就需要采取快速而有效的行动来确保客户关系的维持并且将损失降到最低。

对于特别大而且有价值的客户，买方可以考虑要求卖方把客户加入到谈判中去。买方可能要求客户同意合同的转换。当然，只有当与客户的合同不易被终止时，这样做才有价值。如果公司的主要收入仅来自一名客户，那么这个客户在谈判中会成为重要的一方并且拥有较强的谈判力。及早了解客户集中度的原因之一是，尽职调查的重要组成部分——客户集中度——影响交易过程。

5.合作伙伴和其他重要关系

在一些案例中，目标公司同合作伙伴、供应商、分销商以及其他方有着极具价值的关系。与客户关系一样，买方需要考虑每一种关系的价值，不仅仅是与目标公司之间的关系，而且还有与被整合业务的关系。在一些案例中，如果这些关系间只有"一墙之隔"，则不具有很大的价值，因为买方能很容易地复制它们。甚至在这些案例中，部分价值还要归功于开发关系网。在交易完成时，如果这些关系仍能使合作伙伴和其他方获利，那么他们会愿意同买方继续合作。但是，在交易完成后，同样的因素会使客户感到心酸并给其他关系带来危险。

对于尤为大型和战略性的合作关系，买方也会考虑让该合作方成为交易的一部分。当卖方不愿意上述合作方参与交易时，如果买方非常担心会失去这个客户关系，则会要求卖方也成为合作伙伴。买方可以要求合作方重申其愿意继续合作的意愿，甚至会将完成法律义务作为交易的一部分。

6. 产　品

公司最有可能宣传的是其产品。在大多数案例中，公司会向市场提供关于产品和服务的属性特征的大量细节。这会使买方可能在执行产品尽职调查前就得到大量信息。但是，尤其是当产品对交易来说是重要的资产和目的的时候，买方对卖方的产品线进行彻底的尽职调查是很重要的。

买方从卖方提供的全部产品线开始了解其产品。对于每一种产品和服务，买方需要了解所有的特征和功能以及提供产品和服务的财务条款。在一些公司中，财务条款是不断变化的，买方需要了解的不仅仅是报价术语，还有实际用于客户的定价结构。

买方需要对比市场同类产品和服务，从而正确评估其产品和服务的优劣势。在一些案例中，这个信息由卖方来提供，但是在一些案例中，买方需要作充分的市场调查来获得这些信息。同时在每一个案例中，买方都会作充分的市场调查来证实卖方所提供的信息。买方所需要了解的不仅仅是与市场上的其他产品相比，卖方的产品如何，还有客户对其产品的感知。在这一方面，品牌、名誉和特征会混合在一起。例如，评估梅塞德斯（Mercedes）汽车生产线时，买方不仅要考虑汽车的实际可靠性统计数据，还要考虑消费者的印象和对可靠性的看法。

当研究目标公司的产品和服务的细节时，买方也需要关注它们将怎样同其自身的生产线相匹配。买方需要从许多角度，包括技术整合、生产制造、品牌、客户感知和经济学，来关注这种匹配性。

7.2.2　财务/会计问题

目标公司的财务报表是尽职调查过程中最清晰和最具挑战性的部分。乍一看，整齐的行列数字即使不是看起来完全没有意义，也是很不明确的。然而，把这些数字掩盖起来会使交易中断。一个公司的经营状况是通过它的财务数据来反映的。公司的最终经营结果体现在净利润、税收、现金流及资产负债表中。财务数据不仅仅会对公司评估有所帮助（这将在第8章中讨论），而且对了解公司的属性和未来前景也有所帮助。

1.财务会计人员

如果财务报表简单易懂、清晰明确，就没有必要求助于财务或会计专业人士了。遗憾的是，财务报表很难达到这样的效果。当进行尽职调查的时候，对于买方来说，使财务会计人员参与到评估财务报表的精确度中是很重要的。因为在一项交易中，财务报表通常是第一个提供给买方的资料，因此在这个过程中，及早地使财务和会计人员参与进来是非常重要的。在某些罕见的案例中，快速的财务评估甚至会终止这项交易。

第一步是得到这个公司的详细财务报表。预期的买方通常会要求卖方至少提供最近三年的财务报表，而时间的长度取决于公司属性和以往数据对业务的未来情况的利用价值。一般而言，对于那些较稳定和发展较缓慢的公司来说，一个更长时间跨度的历史数据是有益的。对于高速发展或成立时间相对较短的公司来说，比较旧的数据可能是不太有用或是无法提供的。特别的情况下，买方可能会要求一份完整的资产负债表和损益表。

然后，买方将会想了解资产负债表和损益表的每一项。在大多数的案例中，在谈判早期，卖方在提供这些资料时会犹豫不决。一份损益表和资产负债表的细节很可能提供给买方竞争性和敏感的信息，而一般而言这些信息应在交易后期提供。没有提供实质的书面或现场说明，卖方在尽职调查开始就提供资产负债表和损益表是不现实的。其结果是，买方对财务报表的查看通常是一个进步的过程。买方会从高等级财务数据开始作一些假设以对公司有一个初步的认识。当交易进展下去，各方面进入尽职调查的时候，买方会通过进一步研究财务状况来更好地了解这些数字并肯定或反驳其假设。

除了使买方了解卖方的财务状况和未来可能会出现的情景外，财务数据也能使买方对卖方的商业模型和运营有一个比较清楚的了解。例如，对收入的详细审查能帮助买方了解卖方客户群的性质，包括定价、付款率以及维持程度。

2.审计/审计报告

当买方收到财务报表时，有一个重要的问题就是判断这些数据是否真实。无论是卖方想要欺骗潜在的买方，还是因为卖方在准备报表时犯了错误，买方都不能采用报表的账面价值。虽然买方可以通过对比历史不同时期的数据来验证财务报告的真实性并质疑基本假设，但检查财务报表有效性的最为常见的方法是获得审计师的审计意见。

对于上市公司而言，必须聘请一家独立的会计师事务所来审计其财务报表，并对这些财务数据的有效性进行评估。大多数私人公司要出售或上市时，也会根据要求审计财务报告。当公司由多家机构拥有或由没有参与其日常管理的个人所拥有时，也要审计其财务状况。

最近几年所发生的丑闻和诉讼越来越多，被审计过的财务报表也不能保证准确无误。审计人员无法审查每一个收据，注意到分录中的每一项。他们依然需要依靠管理层来提供编写财务报表的主要数据。他们主要关注的是确保原始数据是按照美国公认会计原则入账并反映在财务报表中的。尽管审计人员付出了最大的努力，但一个已决定伪造财务报表的管理团队通常依然会这么做。

3.会计标准

除美国以外的国家，其财务报表同美国公认会计原则不一致是非常普遍的。同样，即使在美国，一些小的私人公司也可能没有审计人员对其审计。其财务报表也可能同美国公认会计原则不一致。因而，为清楚地了解交易具有怎样的吸引力，我们需要将这些财务报表转化为符合美国公认会计原则的报表（或买方所用的会计标准），而对公司财务报表的初步审查仍是一个有吸引力的目标。

最后，买方想知道的不仅仅是公司财务报表是否同提交给股东的报告一样，也许更想知道的是，当这些财务报表成为买方公司及其财务报表的一部分时，这些财务报表会变成什么样。正如在第8章将要讨论的一样，甚至在建立预测模型之前，将目标公司的财务报表调整成与买方的财务报表和会计政策相匹配是很重要的。

4. 预 测

就像是在第 8 章将要讨论的一样，与历史数据相比较，财务预算是评估一项交易的真实动机。卖方会把财务预算连同历史财务报表一起提供给买方。卖方意识到公司的真正价值在于其未来绩效，因此会怀有进行财务预测的强烈动机。卖方的挑战之一是要真实地进行预算，而买方的挑战之一是要证实这些预测的现实性。

在尽职调查过程中，买方需要深入研究推动财务预测的假设并要试着把这些假设同尽职调查中所发现的支持或驳斥预测精确度的事实联系起来。例如，如果买方在为销售的急速增长作预测时，买方可以注意一下卖方是否已在它的销售策略上作了调整，最近是否同合作商签订了合同，是否推出新的产品，或采取其他的措施来证实在这方面的增长。

无论有什么可能，买方都会坐下来同卖方的管理层仔细研讨这些预测。这不仅是给买方一个质疑预测的关键假设的机会，也成为审查卖方的业务和长期战略的平台。通过把这些预测当成焦点，会谈会聚焦一些具体事实。例如，同与卖方含糊地讨论新产品的生产相比，买方可以要求卖方将预测与具体的收入额和具体日期联系起来。

在大多数案例中，卖方所提供的财务预测会成为买方公司证实交易的财务预测的基础或起点，也会成为被收购公司效益的基本期望（详情参见第 8 章）。

7.2.3 法律问题

在某种意义上，一个公司仅仅是一系列法律关系和合同关系的综合体。在此意义上，法律尽职调查是其他尽职调查过程的反映。当买方发现目标公司的属性时，法律尽职调查会从法律的角度来确认买方从尽职调查其他方面得到的消息。法律尽职调查也会告知买方目标公司的属性，并且通常会揭示内部信息，或更常见的是，那些买方还没发现的信息。

买方会接替卖方继续履行其法律义务。在资产出售交易中，买方可以选择其要承担的法律关系，但是在股权出售时，买方因为要承担卖方大部分法律义务而成为卖方。法律尽职调查不仅仅鉴别已知的有价值的法律权利，而且还要鉴别那些不知道的并且将会被移交的法律责任和义务。

在尽职调查过程中，法律和其他方面的反复互动是非常关键的。买方公司发展团队在没有了解法律权利及其条款前，是不可能了解目标公司的，同时，如果法律人员不了解业务的运作和买方公司利用这些业务的意图，也就不能区分重要和不重要的合同及特征。在法律尽职调查中，有一系列不同的法律协议和关系需要被揭示。

对于律师来说，细察公司合同的每一页通常是不可能的，而对于公司的专业人员来说，了解所有材料也是不可能的，即使律师可能审查它。这就是要求上述这两类员工一起分析交易中的一系列协议和法律关系资料，同时进一步调整工作以关注那些能影响交易的条款和买方感兴趣的文件。

1.合同/义务

目标公司可能会与许多其他的合作商签订大量的合同。对于一家公司而言，几乎每一个主要关系都会受合同的约束。这些关系包括与客户、供应商、合作伙伴、零售商和员工的关系。买方在没有了解约束其合同条款时是不可能了解这些关系的。

（1）合同的基本特征

合同的结构和特征可以多样化。合同可以像一页纸那么短或像一本书那么长。尽职调查面临的挑战之一是了解上千页或上万页的合同并且要快速地鉴别出每一份合同中的重要和不重要部分。当谈论法律文书时，试图面面俱到是非常危险的，这部分讲述的就是尝试鉴别出一些与尽职调查特别相关的关键合同条款。

在一定程度上，买方在现行业务中有着相类似的合同，它应该对比本公司合同与卖方合同。整合这两种合同是整合挑战的一部分。例如，如果买方和卖方以不同的价格给客户提供相似的服务，一旦这项交易完成，买方将不得不使其定价结构合理化，或是冒着使客户不满的风险继续高价出售。从积极方面看，如果卖方有着同买方相同的供应商，但交易条款较差，至少随着时间的变化，卖方供应合同会修改成为具有更好条款的合同。

（2）合同的属性

合同最首要的方面也是最为明显的问题是合同双方同意做什么。例如，在供应商合同中，主要的目的是一方提供产品或服务，另一方支付资金。在营销协议上，主要目的可能是一方提供客户，而另一方支付收入的一部分。这不是需要了解的唯一方面，因为这里有很多细微的差别。每一方的义务包括标准、执行方式、最终期限甚至是对失败的赔偿。在 2 月 3 日当日运输 100 磅美国农业部认定的最好的牛肉和以每磅为单位进行包装，与在冬季的某个时候批量运输 100 磅牛肉，这两个合同会有很大的不同。

（3）定　价

合同中的财务条款可能也很复杂。一些合同简单地设置了定价，但在其他的合同中，财务是非常复杂的。买方完全了解合同中正在进行的财务条款是很重要的。在一定程度上，尽管合同让买方对合同失效的风险更加敏感，但财务条款十分有吸引力会有利于交易。在某种程度上，定价条款可能是收购者获得的最糟糕条款，买方可能认为这是改善收购后业务绩效的潜在协同效应，但买方需要对达到协同效应存在的潜在障碍有所警觉。

（4）终　止

一项收购不仅是买方和卖方的重大事件，对于所有与卖方存在合同关系的其他方都是一件重要的事情。有时这些合同方会认为这项交易具有积极意义，有时却认为交易具有消极意义。相似的，如前面讨论的，有时买方会希望能继承这些合同而有时却将其视为一项交易成本。几乎所有的合同都有规定合同和关系终止的条款。尤其是在收购过程中，买方需要对这些条款以及一方利用这些条款来终止合同的可能性有所警觉。

几乎所有的合同都有一个详细而明确的条款：合同期限。除此之外，大多数合同也有提前终止的机制。大多数合同规定，如果其中一方毁约，另一方可以终止合同。一些合同规定，在通告特别期，任何一方都可终止合同。合同，尤其是小合同通常不会包括其中一方被出售时的情况。一些合同特别会提到可转让性的问题，允许转让合同或坚决不允许转让合同——如果交易是一项资产出售而不是股权出售，合同转让就是一个问题。在一些案例中，有一个"控制改变"的规定，即当公司被出售时允许合同保持其有效性或允许终止合同，这和股权交易是相关的。

为终止作为收购过程一部分的材料合同，买方需要对自身的权利和对方的权利有一个清楚的了解。在一些案例中，这个问题会影响到交易的价值并且会成为主要问题，甚至导致交易的失败。例如，如果买方因对卖方的长期客户合同感兴趣从而收购卖方，而那些合同允许"控制权改变"时直接终止合同，买方就会承担流失大部分交易价值的风险。

（5）去伪存真，去粗取精

一旦买方接受了出售方公司所有物资合同的基本条款，就需要对这些合同进行分类处理。一部分合同包含了能够带来显著利益的贵重资产，买方会很想得到它们。这里的核心在于如何最好地保障这些合同的正常进行和不被终止。这些都会影响到交易的结构以及并购规划。另一部分的合同则属于所谓"拥有亦可"的类型，意思是说买方如果得到这些资产不会太在意，而一旦合同终止也不会有什么反应。比较常见的例子包括较为规范的供应合同，这类合同就非常容易被替换掉。

有一些合同是买方力求避免碰到的。对于一项资产交易而言，如果出售方力图大量出售其所有资产，那么买方可能要避免收购其全部的资产；如果这项合同还包含了一些诉讼程序和必须利用交易中正在出售的资产，买方就会不太愿意继续保留这项合同，甚至根本就不能履行合同。在一项股权收购中，买方也许就只能不可避免地接受这些合同。这种情况下，一旦买方代替出售方成为合作方，它们就会希望进入合同中规定的终止程序，并了解终止程序的运行情况。

2.资　　产

出售方的资产范围可以很广，诸如简单的耐用资产，如桌椅板凳、汽车以至房地产，也包括了一些无形资产，比如知识产权等。对于大部分交易而言，至少有一些类别的资产是整个交易的重要组成部分。对于一个软件公司而言，房地产可能只是其资产中较小的组成部分，但其软件原代码所包含的知识产权才是至关重要的部分。对于一家石油公司而言，情况就不同了，房地产及炼油设备将占据资产总值的大部分。在每一个案例中，买方都必须清晰地了解卖方所具备的全部资产。一项资产销售不能像股权交易那样，囊括出售方拥有的全部资产，因为法律条文很少能做到"包罗万象"，因此这一点更显得重要，即一旦买方确认了出售方的所有资产，其律师需要做出判断，出售方是否对这些资产享有其法律规定的权利。往往这些权利不是那么显而易见的。

事实上，所有权并没有占到法律条文的9/10，而且某人声明他拥有某种东西和他事实上拥有这种东西，两者有很大的区别。可能看起来比较奇怪，但是买方可不能仅仅因为出售方声明拥有某种资产就认定买方确实对该资产具有所有权。尽管完全的欺骗可能比较罕见，但是夸大事实，甚至是出售方缺乏对自身公司的理解，都会导致出售方声称自己拥有一些资产，而实际上这些资产的所有权不在公司。所以买方公司的律师们必须检查并确认交易包含的一些主要资产的所有权。

所有权往往不是"非黑即白"这类明确的问题。在许多情况下，不同的团体都能对一项资产提出所有权。买方也许拥有这项资产的所有权凭证，但仍可能和其他人卷入法律争端，因为其他人也有该资产的所有权凭证。任何重要的物质资产都可能进行抵押或留置，这样在出售方不能履行赔付或是不履行协议规定的义务时，另一方有权接管这批资产。比如大型抵押中的一栋房子，进行抵押的资产将远远低于其真实价值。在许多交易中，买方不会将这类留置物的存在作为终结交易的条件之一，或者买方也可以构建交易并使一部分收购款直接用于支付这些抵押金。

很少有这样的情况，即在某项资产上附加了影响其价值的其他法律限制规定。即便是出售方对某项资产有完全而明确的权利，也能够通过合同规定或者是强加上去的条款限制其日常用途。房地产是一个较为合适的例证。在大城市中，一块土地的所有者常常可以向其他人员出售"土地使用权"。在这样的情况下，所有者同意另一方在其土地上建造一定高度的建筑物。完成这项工作主要是要保证让其他建筑物的业主也能够得到一个较好的视野。很明显，购买一块土地的买家当然需要了解有关土地使用的相关协议，因为这会极大地影响到业主在这块土地上能够修建的建筑规模。

即使出售方拥有一项资产，且该资产既没有进行抵押也没有使用方面的诸多限制，买方也需要对此进行质量评估。在许多时候，这个评估本身并不是一项法律业务，只是有时候作为一种法律参考文件，能够给买方提供有关于资产状况的一定线索。

3.义　务

最后一个部分将涉及所谓的消极合同，即那些不能给买方带来益处，反而带来不必要费用的合同。为什么任何一个收购公司都要承担这些债务或是义务呢？对此，答案是：在某些情况下，这些都是被收购公司的必要组成部分，或在其他情况下，出售方会强调其债务也是交易的一部分。对前一种情况而言，对已经售出的货物承担担保责任就是一个不错的例子。实际上很难将此项义务和正在进行的业务分割开来，因为这体现了进行产品维修、翻新的能力。买方也同样有兴趣维持和顾客之间的关系，因为它可能借此向消费者推销新产品，进行产品升级和添加附加产品。如果买方不愿意接受这些债务，出售方可能也不会强求。对于合同和资产而言，买方在尽职调查期间需要做的就是对卖方业务中的义务有一个清晰而准确的了解。

就总体的资产及合同来说，处理各项义务的第一步是对其本身的情况有一个掌握，即究竟是什么人，许诺什么条件。义务将包括合同规定义务、经济义务，甚至暂时并不明确的潜在赔付债务。

合同规定的义务通常易于分析，也是最有可能给买方带来利益的。由于这些通常是运营过程中的组成部分，当这种义务是来自技术层面，通常会带来一些利润。比较恰当的例子包括：对已售出的产品提供技术服务或向厂商支付已交付货物的应付账款。

经济义务与被收购公司的关系通常没那么紧密，买方常常不太愿意承担。但是，由于它们往往易于进行量化，经济义务常常比较容易评估并反映到收购价格中。较好的经济义务例证包括：提供已取用的银行信贷额度，或提供已向投资者发行的债券。

对买方而言，潜在的或者说是不确定的义务则最具挑战性。通常可能的情况是出售方将来有可能需要承担或不需要承担这些义务，这就迫使审计人员对潜在的风险给出一个合情合理的估计，并且登记在册。举一个较好的例子：就像是提出一个法律诉讼，然后在法庭上进行论战。对买方而言这存在几个问题。首先，将来这项义务的实际级别具有不确定性，这可能为买方带来潜在的费用而买方不能将其计算到收购价格中。实际上买方事后会发现协议的价格将会高于预期价格。其次，这一系列的义务可能带来额外的费用（比如律师费等），而且会变得混乱不堪。这样的混乱性可能造成的问题包括给公共关系造成坏的影响，与竞争对手发生争执，以及干扰管理。不幸的是，这些义务很难与核心业务分离开，而且常伴核心业务左右。促进资产交易最重要的因素之一就是尽量避免上述事宜，尽量把这些不确定的义务抛给出售方。为了解决这个问题，买方可以在购买协议中明确表示具体赔偿仍将是卖方的责任，而买方可能要面临一个更大的障碍或将预计的风险委托给第三者管理。

对于其他的合同而言，买方同样需要考虑交易本身对这些义务的影响。无论是以资产形式还是股权交易的形式出售一家公司，都能引起这些义务的诸多变更，这都是需要考虑的因素。举一个例子，一家公司的出售会引起人们提前兑现债务证券，迫使出售方——或是买方，如果它接受此项义务的话——提供即时的全额支付款。

4.所有权和组织机构

正如第2章讨论过的一样，一家公司并不是单个的人，而是投资者和公司雇员之间的一系列法律关系的综合体。在尽职调查阶段，代表买方的律师们将检查出售方的所有权结构，用以保障买方能够得到期望的资产。大量文件作为交易的组成部分并得以执行，其目的在于卖方公司的管理层可全权代表公司股东完成交易。通常这项工作对交易中的非法律人员都是不透明的。但是，有些时候，所有权结构和组织会给交易带来一些问题，这时候应当让公司领导参与进来。

任何由一定数量的股东组成的公司——几乎对所有的公司都适用——都有可能在股东中间产生一些争执，特别是一些重要事宜，诸如出售公司等。买方会尽量避免卷入这些纷争，并且希望能够确定在终结期间得到的是整个公司，而不是其中一部分。对于买方而言，重要的是了解究竟谁真正拥有出售方的公司，以及股东动向。特别要提到的是，在还不清楚全体股东们是否支持并购协议的情况下，买方必须清楚地了解任何出售方股东们可能具有的特殊权益。

在买方并不是收购整家公司的情况下，就需要了解其他的股东。从真正意义上说，买方将和广大股东长期共事。买方需要了解这些人到底都是谁。比如说，在公司中只占有较少股份的买方可能想确定公司股份的所有者不是罪犯，或者不是那么夸张地说，其所有者不是直接竞争对手。

同样，对于采用股票支付方式的买方而言，它会想要了解究竟是谁接受了那些股份，因为将来买方也会和这些人发生交易。特别是在这类合同，即出售方的股东获得较大份额的买方公司股份，买方将考虑这些人作为其主要股东会带来怎样的影响。

买方还想了解出售方的公司员工是否拥有其公司的较多股份。就像在本章"员工"那一节讨论的那样，如果买方还想留下这批员工，就要考虑到这批人可能一瞬间就身价飙升的事实，这会对买方是否有能力保留这批人提出了疑问。

5.知识产权

知识产权可以说存在于尽职调查的各个方面，这是因律师个人差异而造成较大差别的领域之一。由其定义看来，知识产权是一项法律权利，往往相当复杂，具有固有的限制条件和严格的定义。由于它也可能作为一种创造大量价值的来源，凡是对公司有重大价值的知识产权，律师们都要作全面的审查，这非常重要。

一般说来，知识产权涵盖了一些较大的领域。版权主要是书面材料，专利是发明和构思，而商标主要包括品牌和名字。对于知识产权领域而言，这只是一个过于简化的内容。[①]例如，书籍、文章和手册都可能有版权；一个软件程序或者一项技术，比如一种发动机的设计，就可能申请了专利；一个品牌诸如耐克（Nike™），以及商品的名称如多力多滋（Doritos™）、科尔维特（Corvette™）就可能注册了商标。还有其他一些资产有其内在的知识产权成分，

---

① 关于知识产权更广泛和完整的讨论，请参见 Donald Chisum and Michael A. Jacobs, Understanding Intellectual Property Law（New York：Matthew Bender, 2004）.

其中包括域名和免费电话号码（1-800）。这些都是合同里包含的资产，它们由于带上了品牌价值可能超越了合同中规定的价值。比如说，亚马逊网站可能就花了一年不到 30 美元的钱来注册 www.amazon.com 这个域名，很明显它对于公司的价值却是远远超出这个数字的，而即使出价数千万美元公司也不会转让这个域名的。

对于知识产权而言，其挑战在于所有权是基于使用和法律文件两者的组合。同样，读者可以阅读更多的文章来探讨两者之间的相互作用，但是一般说来，一家公司拥有的知识产权不仅仅是通过申请专利、商标或是版权获得的，有时还需要其作为第一个使用者，设置要求持续地使用该专利。因此，拥有一名精通知识产权方面相关知识的律师非常重要，他不仅要审查法律文件，还要检查实际使用记录。在人们进行国际往来的时候，知识产权会变得复杂起来。不同的国家和地区对知识产权有着不同的法律标准，在美国申请的商标或专利在别的国家却不一定受到保护。在日益增长的全球化市场中，人们在考虑知识产权问题的时候不仅仅需要顾及本国的情况，而且要扩展到全世界范围，所以这就显得尤为重要了。

有些情况下，出售方公司的知识产权可能对买方而言是一份非常有价值的资产。比如说，联合利华公司收购本杰瑞公司本身就会大大提升后者的品牌价值。即使从长远角度看，买方并没有计划使用出售方的知识产权，但由于收购后被收购公司不能立即使用买方的商标和技术平台——很少有立即得以转换的——买方为了继续运营其收购的公司，也需要在过渡时期使用出售方的知识产权。买方究竟是获取全部知识产权还是仅仅取得一段时期内使用该知识产权的许可证，这可能是谈判内容，而且仍要取决于出售方是否在其业务范围之外还要用到这项知识产权。

7.2.4 其他审计项目

依据出售方业务的特点，可能还有一系列其他法律上的检查和审计工作要做。一般来说，出售方公司业务中任何一个领域，只要是受某种规章制度限制并且可能承担某种法律义务或是担负其他法律责任的，都需要律师们进行某种程度的审查。其中最为常见的领域是环境问题和人力资源问题。

1.环境问题

承担对环境造成的损害是一项比较有意思的义务，因为它不仅仅随着造成污染的个人或者公司的迁移而迁移，而且也会始终存在于个人或公司所处的房产中。当一家拥有不动产的公司被收购后，买方就将自身与这家公司所造成的污染状况挂钩，尽管有可能在买方介入此家公司前就存在污染情况了。因此，如果任何一份协议中涉及了不动产，那么就需要进行一定程度的环境审查。如果说发生环境污染的可能性较高或者人们普遍对此较为关注，那么就可能需要由外部的专家顾问进行详细的调查，内容包括了在线投票及土壤取样。这些审计工作的目的不仅是确认潜在的环境义务，而且还要评估出由此带来的费用。买方或许会让合同继续，但是会把可能的费用计算到收购价格中去。

2.人力资源

当一家公司被收购后，买方有时会依法或符合大众期望地延续出售方公司的员工福利和标准。即使买方并不打算接受这些义务，甚至明确向出售方的员工表态了，但买方仍然需要很好地理解这些义务，因为在完成协议之后，这批员工如果感觉应当享受的权益有所下降，就很容易引起他们的不满情绪和辞职行为。

需要探究的关键部分包括薪酬、养老金和其他退休计划、医疗和其他保险计划、假期以及离职。许多情况下都将形成一个双轨系统，因此部分福利将成为公司明文规定要承担的义务；其他福利则不属于法定义务，只是公司的一般性政策并可随意更改。其中一些雇员，特别是管理层人员，常常和公司签署个人合约，根据薪酬和离职设定责任。

7.2.5 规章问题

收购一家公司也就意味着需要掌控这一公司的监管制度。这是个非常重要的问题，买方不能忽略，因为这将影响到整个公司处理特定业务的能力。从某种意义上说，一旦人们需要在监管者权限范围内运营公司，那么整个公司都可能成为监管人员感兴趣并注意的地方。在进行尽职调查时，买方需要了解出售方是否受到规章的限制，以及是如何受限制的。此外，还需要理解和履行法律法规所包含的义务，以及出售方是如何履行这些义务的。

1.究竟是谁在监管出售方？

在大多数情况下，出售方能够提供详细的资料，介绍公司是如何被监管的，但买方的律师们往往喜欢再确认一下其所介绍的情况是否考虑周全。一旦买方确定了所有相关的监管者和监管制度，如果买方对此并不熟悉，那么就需要对此进行强化培训。通常，买方都是在自己熟悉的行业内进行合并，所以对监管者比较熟悉。有些时候，特别是买方通过收购进入一个全新领域时，可能对监管者和一些要求都不太熟悉。这时，律师们的指导工作就显得尤为重要了，他们要提醒买方监管者的条件以及要求缴纳的相关费用。买方需要仔细地考虑地理差异，因为出售方的公司可能受到州、当地或是联邦政府管辖，甚至是美国以外的管理机构的管辖。

2.合　规

当买方已经了解监管出售方公司的全部监管者之后，就需要对履行这些规章所需要的条件和出售方的完成情况有一个充分的了解。履行这些规章是一项成本高昂的工作，但是如果发生了差错那么代价可能就更大了，其中包括罚款、其他监管者的惩罚以及媒体的负面报道。

近年来，人们越来越关注数据的安全性，特别是客户数据。对于一些公司而言，用来保护其机密数据的程序和系统是受到不同的政府部门和法律共同监管的。对于这些业务而言，如果不建立有效而值得信赖的系统，那么会给买方带来巨大的损失。特别是当一家大型公司收购一家小公司的时候，即使采用严格审查制度的大公司也会忽略小公司的一些方面，这种疏漏将给买方带来巨大而昂贵的损失。

最后，买方还需要考虑这些监管体制会给余下业务带来怎样的影响，或者说监管者们将如何看待这次并购。举例来说，如果买方是一家外国公司，收购出售方的公司是否能够得到批准呢？如果得到批准了，监管者会不会限制公司的业务，进而可能对其他的业务也产生冲击呢？

第8章 估 价

　　房地产中最重要的三个因素就是区位、区位、区位；而战略交易也是一样，最重要的三件事就是估价、估价、估价。价格虽不像计划整合一样复杂，也不像战略协调和愿景一样具有吸引力，但它通常是进行交易的关键驱动力。如果价格太高，那么就连最适合的交易最后也会付出很高的成本；如果价格太低，那么买方得到的也许不是他们曾想要的。对于卖方而言，价格是所有工作中最重要的部分，也是对他们所有努力的评价，是最后的付出。但具有讽刺意义的是，价格条款常常是诸多交易法律条款中的一小部分，同时在关于交易的新闻报道中，与对战略、协同效应和计划的描述相比，价格也相形见绌。就像枪支的扳机或者瓶子的瓶塞一样，价格是所有交易的必经点，尽管小但却很重要。在一份100页的收购协议中，也许只有一行文字会提及价格，但是这一行文字中所包含的工作和分析是非常繁多的。到最后，价格常常简单而具体："以1亿美元收购公司的所有股票。"但是，这种简单的描述掩盖了价格决策的复杂性，也常常会产生误导：估价既简单又准确。这已经是陈词滥调了，但是，就像交易中许多其他部分一样，与其说估价是一门科学，不如说估价是一门艺术。

　　交易估价中的分析、讨论和谈判常常是高度机密的，但的确存在充分证据表明在首次公开发行中的估价是不确定的。当一家公司上市时，它通常会给证券标价，以便让证券的初始购买者获得增值收益。这是对那些初始购买者的回报，之后发行公司会对获得配股的人特别挑剔，并且常常偏爱那些会长期持有证券的购买者，这样就可以降低股票价格的波动性。然而，在交易第一天，价格的升值对于发行公司来说就意味着价值的损失，这是因为本可以把股票价格定得更高些。因此，在首次公开发行的定价过程中，发行者会试图确定一个在交易第一天会适当增加但不会大幅增加的价格。如果公司估价是一门准确的科学的话，那么发行者便可通过给首次公开发行定价来限定一个具体的升值空间，5% 或 10%。实际上，首次公开发行第一天的交易情况会存在很大的不同：有时候会产生 20%、30% 乃至 100% 的大幅升值；但有时也会带来损失。一般而言，首次公开发行在交易第一天会得到 15% 的升值。[①]尽管其中包括发行者为在首次公开发行中回报购买者而提升的份额，但平均收益规模和其波动性均给公司估价带来了不确定性，即使是一家规模达到上市要求的公司。

在收购中进行估价则更为困难。目标公司常常是一家非上市公司，其可能没有特别详细的财务记录，而且运营时间比较短。另外，在对收购进行估价的时候，不仅要考虑业务本身的价值，也要考虑通过收购所能获得的增值部分，也就是我们所说的协同作用，这就是对 1+1=3 的实际运用。

8.1　标准估价方法

虽然估价可能不是一门准确的科学，但是我们可以使用诸多工具，使估价接近准确价值。而且，通过综合运用多种方法，也能消除一些不确定性，至少能够非常接近真正的价值。每一种工具都各有优点和缺点，它们分别适用于不同类型的公司。战略交易的技巧之一就是确定运用各种工具的时机和方法。

---

① 　对 1960—1996 年的首次公开发行的一项研究发现，在第一天的交易中，平均能够获得大约 15% 的升值。参见 Philip D. Drake and Michael R. Vetsuypens, "IPO Underpricing and Insurance against Legal Liability—Initial Public Offerings," Financial Management (Spring 1993).

8.1.1 贸易类比法

公众市场对于估价来说有着强大的作用。上市公司必须向投资者提供大量关于其经营和财务绩效的信息。同时，证券法律还专门详细规定了上市公司须进行信息披露的数量、质量和频率。信息披露是保护个人小额投资者的首要途径。尽管证券交易委员会（SEC）试图直接确保投资者不会上当受骗，但它却不能干涉个人投资者独立做出相应的投资决策。为更好地保护投资者，证券交易委员会要求上市公司向个人投资者提供全面而完整的投资信息。因此，上市公司的财务状况应该是公开的。研究分析员、财经记者和投资者会对这些信息进行极为详尽的分析，提供有关公司绩效及其所处行业的大量材料。

一些上市公司由于其规模或名气太小，以至于这些公司尽管已经上市，却很少进行证券交易。大多数上市公司的证券会由众多投资者进行积极交易。由于知晓公司的相关信息，所以对该等投资者来说，公司的定价可十分准确地反映其当前估价。这并不是说公众市场的估价总是准确的。公众市场中股票价格的准确性取决于定价基础信息的质量，同时，定价基础信息及其作用受到各种因素的影响。公司估价可能因为所在行业的一些事件而上浮或者下跌，即使不是直接受到其影响。如发现公司存在会计欺诈，那么人们就会认为该行业中普遍存在类似行为；估价还受虚假信息的影响，特别是存在会计欺诈的情况下。近年来，有关公司通过篡改财务报告和控制会计政策提高其在公众市场估价的报道比比皆是，而在该等公司行为被曝光后，其估价又会非常迅速地调整为其真实价值。[1]尽管如此，人们还是认为，公众市场的估价在合理期间内一般会反映被交易公司的基础价值。[2]贸易类比法是普遍适用于上市公司和私人公司

---

[1] 一项研究发现，因在《华尔街日报》上公布集体诉讼（大约60%的集体诉讼与会计欺诈有关），相关公司的市值在当天平均下降了10%。参见 Paul A. Grifin, Joseph A. Grundfest, and Michael A. Perino, Stock Price Response to News of Securities Fraud Litigation: Market Eficiency and the Slow Diffusion of Costly Information, Working Paper No. 208, John M.Olin Program in Law and Economics, Stanford Law School (November 2000).

[2] 这就是众所周知的高效市场理论。有关高效市场理论的介绍，参见 Richard Brealey and StewartMyers, Principles of Corporate Finance (London: McGraw-Hill, 1991), p. 290.

的估价方法之一，它要求比较目标公司及与目标公司相当的上市公司的各种财务变量。决定进行比较的变量以及具有可比性的公司则依靠个人的主观选择。

第一步就是决定具有可比性的公司。该过程受到诸多变量的影响，因此必然需要进行主观判断。一家公司是否具有可比性，可根据该公司生产的产品、服务的客户乃至其运营的区域来判断。认识到这些因素之间的差异对区分比较对象的相关程度而言是十分重要的。例如，麦当劳（McDonalds）和史密斯·沃伦斯基（Smith & Wollensky）牛排餐厅都是主要提供牛肉食品的餐饮连锁店。但是，二者之间不具备可比性。麦当劳提供的是大量便宜的餐饮，大概每人 3~6 美元，而史密斯·沃伦斯基提供的是少量昂贵的餐饮，每人 50 美元以上。虽然它们都提供牛肉食品，但是二者的客户群、产品定价都不同，因此其财务模型和财务指标也是不同的。同样，一家利率可能达到 20% 以上的巴西银行和一家利率可能跌至 1% 以下的日本银行也许会提供同样的产品，甚至有着类似的客户，但是其财务状况却完全不同。在选择具有可比性的公司时，应该选择那些在决定财务绩效和财务指标的多种变量上具有可比性的公司，这是非常重要的。正因如此，理解那些作为可比对象的公司背后的基础业务模型和行业趋势也是很重要的。同时，没有两家公司在任何方面均完全可比，所以应认识到该差异并将其作为决定可比对象的因素予以考虑。此时，可使用多种财务变量对该差异进行调整。

在选择一系列具有可比性的公司后，买方应决定将待估价公司同这些公司相比较的方法，选择需要比较的财务指标。公司的比较项目包括损益表项目，比如收入、息税折旧及摊销前利润（EBITDA）或净收益，或者资产负债表项目，比如收益性资产或者账面比率。简而言之，对业务进行估价也就相当于证明该业务可满足某些财务变量，因此选择使用何种变量和选择具有可比性的公司一样重要，甚至更为重要。买方所使用的变量在某种程度上建立在业务性质和业务模型的基础上。主要从事信贷业务的公司，比如信用卡公司或抵押放款公司，其估价可能是其借贷资产账面金额的溢价数额。迅速发展的公司，特别是仍处于亏损状态的公司，因其净收益或 EBITDA 可能为负值，所以必须根据其收入进行估价。

虽然不同的行业使用不同的变量来评价绩效，但仅使用唯一变量的做法却很罕见。更确切地说，常常是由两三个不同的变量来准确地反映公司的相关绩效，而且彼此之间往往相互影响着。在理想情况下，使用两个不同的变量可以更准确地反映公司的绩效，通常这二者为收入和净利润率。收入指标表明销售额的数量和增长率，而净利润率反映了销售额的盈利率。如果一家公司通过大幅折扣来促进销售额的大幅增长，那么该公司的收入会较高，但其净利润率则较低；相反，一家大力削减成本的公司可能收入较低，但其净利润率却较高。即使在某一特定行业里及具有可比性的一系列公司间，也存在经营方式和战略的不同。使用多个指标可以让买方对公司有更全面的了解，同时也可以使其了解不同业务模型的盈利状况。

在选择相关变量时没有固定且便捷的方式，而且根据行业和市场状况的不同，变量也有无数的变形，但一些一般性的指导方针可帮助读者更好地理解这个问题。如上所述，对一家收入增长很快的公司的估价常常是根据其收益来进行的，同时也要考虑收益的增长率。这里的基本假设是一旦公司进入"稳定阶段"，其业务模型就可以维持下去。这种分析是假设公司的利润率会达到某个平稳的水平，此时便根据该公司将进行转型的时间和速度来对公司进行估价。与此相反，对一家增长缓慢但稳定的公司而言，则更可能用净利润或者 EBITDA 取代现金流进行估价。每个行业都有自己的特点，这种特点反映在它们的财务报告以及对财务指标的选择之中。比如，在货车租赁和其他运输部门，公司常常可以选择是通过借贷还是通过租赁交通工具来进行融资。一些公司要求支付很高的利息费用，而另一些公司则要求支付很高的租赁费用。在这两种方式之间进行选择需考虑法律责任和金融工程等因素，但是对公司的财务绩效却没有什么影响。因此，在该行业中，相关的财务指标是息税折旧、摊销及租金前收入（EBITDAR），同时，为得到真正有效的现金流，利息和租金都被扣除了。例如，在衡量两家不同的运输公司时，其中一家通过与银行签订长期租约来租赁车队，另一家有自己的车队，同时自行支付债务利息。从理论上讲，如果第一家公司的租赁期等于货车的有效寿命，那么租赁就像是融资购买，唯一不同的就是财务上的差异，即货车是在银行的账簿上，还是在运输公司的账簿上，而现金流则是一样的。如果使用 EBITDA 这样的复合指标，那么租赁车队的公司可能会较差，因为 EBITDA 没有扣除租金，但是扣除了利息。因此，EBITDAR 是比较这两家公司更加准确的方法，因为租金和利息实际上是可以互换的。

运用贸易类比法也容易受到市场本身波动的影响，公司股票价格不仅会因公司自身的绩效而波动，而且也会因所在行业、区域、市场以及整个市场的发展趋势而波动。这些变化可引起股票价格的显著波动，在估价中也会表现出来。在这里必须区分长期和短期趋势。估价时必须考虑长期趋势。比如，在某一行业中某种产品需求量的减少或者经济衰退期整个市场的不景气状态等。除非公司愿意长时间拖延其战略交易，否则这些长期趋势就是该公司市场价值的准确反映。与之相反，短期趋势可能需要被排除在考虑因素的范围之外。短期的市场萧条和过热对公司的估价没有任何影响。处理这个问题的一个方法就是使用具有可比性公司股票价格在一段时期的平均值，比如在过去30天的平均价格。在一些情况下，这在估价中不会有太大的影响，但是对于行情不稳定的行业而言（比如生物工程行业，单个公司和整个行业的价格每天都会有很大的波动），这有利于使估价更加"平稳"。例如，在生物工程行业，即使一天中市场波动不大且公司也没有新进展，这家公司的股票价格也会上升或下降5%~10%。

在选择了正确的可比公司和合适的财务指标或变量来衡量和调整其他因素（比如会影响估价的短期市场波动）后，便可得到一个公司的估价范围。通常该范围会包括几个明显异常的值以及可将范围进一步缩小的一系列数据。人们通常会移除异常值，而只考虑剩余数据集的平均值和中值。使用这种方法没有诀窍，但是要注意：（1）不论选择的可比公司和变量多么精确，数据集总会因受到其他影响而产生异常结果；（2）移除异常值会避免获得明显有偏差的结果，并将大幅增加或减少平均值。

近十年来，详尽的财务数据资源逐渐丰富起来，也更容易通过互联网获得。上市公司的基本财务数据均可从互联网门户网站的大型财经版块获得，比如雅虎财经和 MSN 财经频道。就连最基本的网上经纪站点，比如由嘉信理财或富达投资运营的网站，都有详尽的信息。通常，这些经纪网站会对许多公司的基本对比项进行比较分析。除此之外，有些网站在付费后会提供更加复杂的分析和更加完整的数据集。收费最为昂贵的网站会提供完整的可比分析，甚至可从那里获得通过各种途径收集的未公开交易的数据库，这就是投资银行咨询顾问价值创造的领域之一。今时今日，几乎所有拥有电脑并有一点时间的人都能够进行比较估价。确保投资银行家仍具有价值的关键在于其提供分析的即时性，但更重要的在于其拥有与这些可比公司和可比交易相关的专门知识，这些知识使他们能够对数据进行分类、排序和筛选，从而形成更加准确且更具有相关性的分析内容。

贸易类比法中最后需要考虑的调整项就是控制权溢价。贸易类比法获得的是小部分非控制性股权（单一股票）的市场价值。在战略交易中，买方要么通过收购完全控制了目标公司，要么至少通过持有大量的少数股权，甚至是多数股权，在某种程度上直接或者间接地控制目标公司。这种控制常常在市场估价中产生一次溢价。因此，在战略交易中，当买方使用贸易类比法对公司进行估价的时候，就需额外对控制权溢价进行估价。[1]虽然没有明确的原则和方法来估算这部分价值，但是根据某些研究的成果可对历史趋势有所了解。近几年平均控制权溢价在35%~49%之间变化，如图8-1所示。[2]

但是，必须指出的是，这些平均控制权溢价在很大程度上受到经济增长的影响。例如，在20世纪90年代后期至2000年间，控制权溢价较高，这在很大程度上是因为泡沫经济破灭前技术行业的泡沫较多。在研究控制权溢价时，应考察这一行业的历史溢价以及近来的市场趋势。这就引出了我们下面要讨论的估价方法，一种本身就能获取控制权溢价的方法——交易类比法。

---

[1] 有关各种溢价和折价理论的详细讨论，请参见Shannon Pratt, Business Valuation Discounts and Premiums (Hoboken, NJ: John Wiley & Sons, 2001)。

[2] 针对控制溢价的研究有很多。其中比较权威的研究之一是由洛杉矶投资银行 Houlihan, Lokey, Howard & Zukin 附属公司之一的 Mergerstat 出版的 Mergerstat Review 年刊（请登录 www.mergerstat.com）。

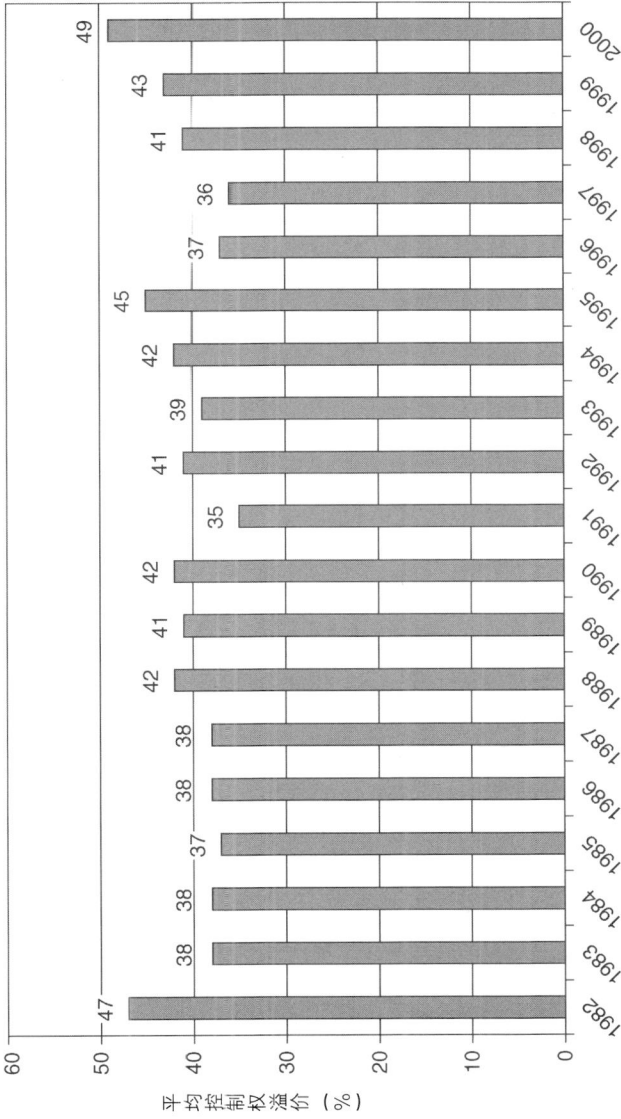

图 8-1　历年的控制权溢价

资料来源：Mergerstat Review 1995 and 2000（www.mergerstat.com）.

8.1.2　交易类比法

贸易类比法的一种变形就是交易类比法。在这里，我们不考察可比公司的市场价值，而是考察买方的购买价值。这种方法的优点就是它能够直接反映买方交易的情况。交易类比法反映了可比公司的附属价值，尤其是当该公司进行战略交易的时候。该方法不仅涉及一般的控制权溢价，还包括能够影响公司估价的其他变量。例如，如果一个行业内只有几家小企业，而且其他公司十分想要进入该行业市场，那么为获得在该行业中的立足之地，买方就愿意付出很高的溢价。举一个最近发生在巴西银行业的例子。在20世纪90年代后期，利率大幅攀升使得消费者借贷变缓。在近几年，该趋势颠倒了过来，随着利率的下跌，消费者借贷急剧上升。这一趋势再加上各种新型金融消费产品以及为中低层人士定制的新型信用卡、住房贷款、汽车贷款以及其他贷款产品的引进，同时激起了国外和国内银行对收购的兴趣。这些银行希望能够在该行业市场中立足，同时又想通过收购扩大其产品和受众范围。由此导致了战略交易的快速飙升，同时为目标公司支付的溢价也急剧增加。截至2003年下半年，随着控制权溢价的持续上升，可供收购的目标公司数量开始减少。市场趋势使业务更具吸引力，同时中型目标公司的数量也有限，这二者共同促进了收购价格和乘数的上升。在潜在目标公司数量充足且较为稳定的时期，交易类比法得到的结果或许不会比贸易类比法得到的结果相差很多，但是在其他时期，则会有很大的不同，这是因为控制某一公司的价值远大于其投资价值。

运用交易类比法的第一步就是识别潜在的可比公司群体。根据定义，交易类比法中的可比公司数量比贸易类比法要少。尽管贸易类比法允许买方使用私人公司作为数据点，但也仅适用于公开信息中包含充足的财务绩效数据和能产生乘数效应的购买价格数据的情形。实践中，许多私人公司的交易不会提供充足的信息。同时，与公开交易的公司相比，进行战略交易的上市公司数量很少。一些特殊的行业及在特别时期内会进行很多交易，其中也有大量高度相关的可比交易。但是，可供挑选的交易往往是比较稀少的。因此，买方在根据可比公司定义确定可比交易时，经常需要扩大其搜索范围。如前所述，在运用贸易类比法正确选择可比公司时应该注意的内容，在运用交易类比法时更为重要。由于买方须考虑的公司范围较广，且这些公司在产品、客户和业务模型等方面均各有不同，所以买方在选择适当的可比公司时就需要进行更为详尽的分析。对汽车制造商的估价行为就是一个很好的例子。汽车制造业中，战略交易相对比较罕见。由于汽车制造业的直接可比公司，即其他汽车制造商数量较少，所以要想获得数量充足的可比公司，买方就需考虑其他行业内的可比公司，如交通工具（比如摩托车或者游艇）的制造商，或大额消费产品（比如机械设备和家用电器）的制造商。在选择其他行业公司时，应注意到同本行业公司的差异，并应试图缩小这种差异。如果可比公司的利润较高，那么买方就需将其默认估价下调。买方也需要消除市场周期中的差异，汽车制造商的低迷期对冰箱制造商而言不一定也是低迷期。

表 8-1 是联邦储蓄银行确定的一组可比公司。除了标准净收益，还包括了股本回报率和资产回报率，这两项指标在银行业内是高度相关的。尽管它们之间有着明显的界限，但是在数字方面却存在一定程度的一致性。在这里，我们集中讨论净收益，并将相关上限值和下限值去除。在确定可比公司时，买方选择合适的指标并确定调整上下限的方法，以得到最为准确和最具相关性的数据。

交易类比法所使用的数据很难收集，且通常更为抽象。虽然公开的财务数据对财务数据和财务乘数进行了统一报告，但交易类比法所需的数据却远非如此。战略交易的公开信息一般不太详细，因而买方必须对实际的购买价格进行详尽且准确的评估。购买价格包含许多组成部分，如现金、股票、延期付款、或有付款以及负债承继。这些变量在对实际购买价格进行评估时均需进行考虑。在某些情况下，参与交易的公司会主动将这些条款模糊化或抽象化。卖方会想提高购买价格，从而使其股东觉得价格是合理的；而买方则想降低购买价格，从而使其股东确信价格没有过高。知悉各方的意图后，我们应带着批判的心态认真地去阅读公开披露的信息。在考察私人公司的交易时，交易双方的信息都有可能失真。不仅购买价格可能含糊不清，而且用来比较的财务变量也可能含糊不清。私人公司没有披露财务绩效的义务，而且在大多数情况下，收购公司也没有这项义务。买方和卖方都想尽力使购买价格变得模糊，这种相同

表8-1 交易类比法示例：联邦储蓄银行

公司名称	市场资本额（百万美元）	收入（百万美元）	净收益（百万美元）	市场资本额/净收益（百万美元）	股本回报率（%）	资产回报率（%）
ITLA资本公司	289.9	94.4	30.5	9.5x	16.18	1.77
比佛利山银行有限公司	219.6	26.5	19.7	11.2x	5.20	0.61
NASB金融有限公司	327.6	73.1	25.1	13.1x	19.60	2.03
普卫顿金融控股有限公司	204.0	55.6	15.1	13.5x	13.90	1.17
联合泛美金融有限公司	295.8	78.6	19.2	15.4x	18.48	1.27
福斯特金融控股有限公司	394.2	113.9	25.2	15.6x	15.50	1.07
和瑞森金融有限公司	202.5	39.5	12.8	15.8x	11.92	1.51
美国哈特兰德金融有限公司	299.4	97.6	18.6	16.1x	12.37	0.86
法拉盛金融有限公司	376.2	70.9	22.7	16.6x	15.47	1.17
西南银行股份有限公司	268.2	66.4	16.2	16.6x	14.62	0.98
沿海金融有限公司	231.2	47.7	13.8	16.8x	18.34	1.14
联合团体金融有限公司	366.5	107.0	21.4	17.1x	8.23	1.03
欧森佛斯特金融有限公司	321.9	74.9	18.2	17.7x	13.45	1.00
邦纳有限公司	328.0	98.9	17.5	18.8x	8.80	0.66
BFC金融有限公司	226.7	693.9	10.9	20.8x	10.69	0.18
福斯特普莱斯金融有限公司	299.6	65.8	14.2	21.2x	6.97	0.74
伯克希尔山庄银行有限公司	222.5	51.8	10.3	21.5x	8.84	0.88
森特金融有限公司	315.6	51.4	12.6	25.1x	16.41	1.21
塞恩银行有限公司（新泽西）	380.1	91.4	14.9	25.5x	8.73	0.62
印第安纳第一公司	315.3	101.3	9.9	31.8x	4.62	0.45
韦德金融有限公司	239.3	25.6	5.8	41.5x	4.77	0.72
K-Fed银行公司	212.3	15.2	3.2	67.0x	5.09	0.62
克里夫顿储蓄银行有限公司	359.0	15.0	3.6	100.0x	2.62	0.53
平均值	291.1	93.7	15.7	24.7x	11.34	0.97
除克里夫顿、K-Fed、韦德金融、ITLA和比佛利山之外的平均值	298.6	110.0	16.6	18.8x	12.61	1.00

的强烈动机会对公司的财务状况产生影响。通过夸大目标公司的账面财务绩效，买方可使战略交易从表面看起来是一笔较好的交易；反之，通过减小账面财务绩效，买方将较好的财务绩效"隐藏"并在后期予以使用。设想一个目标公司可取得 1 亿美元的净收益且净收益的年增长率为 20%，买方可制造目标公司实际获得 8 000 万美元净收益，且净收益的年增长率为 15% 的假象。如能取得成功，那么市场和华尔街的研究分析人员都会认为目标公司在第二年会给买方增加净收益约 9 200 万美元，而实际上，目标公司会取得 1.2 亿美元的净收益。如果市场没有质疑这样的"故事"，那么买方最终会比华尔街的预期值多出 2 800 万美元。这种期望管理在上市公司中非常普遍，而战略交易为此提供了一个独特的机会。鉴于这些交易数额较大，而且当私人公司参与其中时，可用的有效信息便会很少。因此，在运用交易类比法进行估价而涉及私人公司时，必须深入研究目标公司的历史财务状况，并保证其正确性。也可经常关注交易后买方的财务状况，以便估算目标公司的真实财务绩效。但是，只有当财务绩效在交易完成后出现在买方的财务数据中时，这才是可行的。

8.1.3 现金流量贴现法

现金流量贴现法（discounted cash flow，DCF）是对业务进行估价时普遍采用的另一种方法。对于发展成熟且有着稳定、可预知现金流的公司，采用这种方法进行估价特别有效。运用 DCF 的基本假设是：该公司的价值等于在可预见未来产生的现金流的现值加上残值在长期内的溢价。因此，DCF 就由两部分组成，即现金流的现值和该业务在后期的终值。DCF 运用的是这两个组成部分的综合值，但是，有时候其中一个组成部分会是负数，这就会减少公司的价值。我们会依次讨论每个组成部分。

第一个组成部分就是公司在可预见时期里产生的现金流的现值。确定现金流的合理预测期间取决于该业务的性质和公司的性质。在比较极端的情况下，对于自然资源公司（比如煤矿和油井）来说，也许能预测很长一段时期内的现金流；对于一个有着长期借款合同（比如政府批准的垄断合同或者与一个信誉良好的公司签订的合同）的公司来说也是如此。对于这些公司来说，大致预测未来 10 年的现金流是可能的。但是，根据以往的经验，准确地预测未来 5 年以上的现金流通常是非常困难的，这通常也是使用DCF的要求之一。一旦确定了预测时期的现金流，就需要把这些现金流贴现，从而得到现金流的净现值。进行这项工作的前提是，未来的现金和现在的现金不等值。出现这种情况的原因有两个，首先资金具有时间价值，除非处于极度通货紧缩的经济中，否则资金可用来产生甚至是零风险的正回报。所以，未来的现金流在转换为现在的较低价值时必须加以贴现，也即如果以某种无风险回报率进行投资，那么在未来相同的时间里，也会产生相同数目的现金。但是，运用无风险回报率是假定支付收购的资金已经到手，否则就会被用来进行某种无风险的投资。实际上，公司对资金的使用是具有选择性的，比如在市场营销、销售、研发和其他方面的选择，而且公司也可通过借款或者发行股票来获得更多的资金。在任何情况下，公司都能以某一价格获得更多的资金。在交易中，这种资金成本是衡量货币时间价值的更合理手段。通常，在考虑负债成本和股本成本后会得出加权平均资金成本（weighted average cost of capital，WACC）。负债成本就是公司的借款利率，而股本成本就是公司股东的预期回报，这二者的加权平均就是公司的资金成本。

在得出WACC后就可将公司产生的现金流贴现成现值。这就意味着那些现金流在今天只相当于能产生收益率与WACC相似的资金。在最后确定贴现率之前必须考虑的第二个因素就是风险。对未来现金流的任何规划都应考虑相关风险。要把业务无法达到目标的风险纳入考虑范围之内，并且要反映在贴现率中，即该等风险越大，贴现率就越高。在业务不稳定或者未经证实的情况下，风险变量使贴现率中的WACC部分相形见绌。例如，像IBM这样的公司可能会考虑收购一家很小的科技公司，其资金成本大约是5%，但是，假设收购和该公司的绩效具有不确定性，那么IBM就选择使用25%~30%的贴现率。在这里，绩效风险是贴现的主要部分。决定贴现中的风险部分是一门艺术，而不是一门科学，但是随着时代的发展，各个行业也开始完善其标准。买方在估价时，有必要考虑这些标准，虽然在做出决策时需要具体情况具体分析。

DCF第一部分的最终结果就是价值，或者更为确切地说是建立在一系列预期和贴现率基础上的价值范围，其代表着业务在第一个5年期里的现值。在某种意义上，这部分代表着对收购某项业务的评价，假设在初始阶段结束时，业务终止且不存在未来价值。①

在此，我们要注意到 DCF 的固有矛盾。许多人从这种估价方法严格的定量性质中得到安慰，因为这与目标公司未来的现金流有直接的关系，所以让人感觉更具体、更准确。但是，这种安慰常常是一种错觉，DCF 的关键部分只是估计粗略的近似值，在某些情况下甚至是猜测。整个估价过程的一个主题就是对财务绩效进行估计的不确定性，而对 DCF 来说也是如此。DCF 是根据对财务绩效的估计得出的，接着就是对该财务绩效风险的估计，最后就是对业务终值的估价——所有这些都是粗略的估计。

这就引出了 DCF 的第二部分——终值。这是 DCF 中更具假设性、更不确定的一部分，因为 DCF 是根据公司 5 年以上的财务绩效以及该业务在未来某个时刻的价值综合得出的。这也就意味着，从公司未来现金流获得利益起的第 5 年，业务可能被出售，或被估计为一定数目的价格。公司的"终值"被贴现回去，并加上未来第一个 5 年期的现金流贴现价值。在某种意义上，买方是想在抽取了公司 5 年的现金流之后，把公司卖掉，然后把出售所得据为己有。要想确定终值，就得从公司 DCF 预期中最后一年的财务绩效开始，一般为第 5 年；然后确定公司在那时假定的可比估价。因为根据定义，可比估价是历史或现在的估计，必须对未来市场的性质进行一定的假设。最简单的假设就是市场在未来会以同样的方式、在同样的水平上对公司进行估价，就像买方现在所作的估价一样。如果能够确定行业中某些清晰的股价趋势，那么买方就能调整可比估价，但是想要做到准确很难。在确定可比倍数后，买方就会运用这些倍数计算公司预期的第 5 年财务绩效。这就得出了公司的终值。把这个价值贴现回去并

---

① 顺便说一句，其中有许多业务本身就适用这样的估价，因为事实上它们在初始时期的最后阶段就会停业。举个排他性合同的例子。巨有品牌信用卡的发卡商一般会在一段特殊时期通过签订合同来向零售商提供服务，这种合同会在该时期的最后阶段延期。在现实中，合同很可能上升到竞标的程度，所以自有品牌信用卡公司常常会假设合同没有终值，因为零售商们在下一阶段还必须再展开竞争。再举个垄断政府合同的例子。Verisign 公司同美国商务部签订的运营全球互联网注册（登记所有互联网域名）的合同中规定每个域名的价格是固定的，而且已延期到 2009 年。

加上现金流的现值，就可计算出公司总的现值。

未能给业务确定终值会低估其价值，而任何主要由终值得出的DCF都会被高估。因此，由终值得出的DCF所占比例越大，估价的准确性就越不可靠。在实践中，对于有着相对稳定、可预知财务状况的公司以及已经达到一个稳定获利阶段的公司来说，DCF估价是最有用、最准确的。财务状况的稳定性使得我们对第5年的现金流预期怀有信心，获利稳定意味着大部分价值可能都在现金流里，而不是假设的终值。一般处于成立初期或高增长时期的公司不采用DCF估价方法，比如科技型公司和生物工程公司。当对这些公司进行预期的时候，第一个5年期的现金流现值常常代表总估价中的一小部分，有时候甚至是负值。这时，买方只能主要根据该公司的终值进行估价。在这种情况下，建立在当前财务状况基础上的比较估价可能会更加准确。一般采用DCF的公司包括那些盈利状况良好的制造商和运营状况稳定的公司，它们的增长率可能更稳定、更适度。

总之，就像其他估价方法一样，DCF不是一门准确的科学，不要被这种方法表面的准确性所迷惑，其他方法也是如此。就像其他估价方法一样，DCF只是基于一些非常重要的且具有不确定性的设想得出了一个准确的结果。针对所有估价方法，我们不但要带着怀疑的态度来运用它们，而且要把它们当作大致的指导而不是严格的准则来运用，这也是应该采用多种方法和变量来估价的原因所在。在大多数情况下，运用若干方法并使用不同的财务指标（如收入、EBITDA、净收益等）更有可能产生具有相似估价的"群组"和明显的异常值，也更可能得出一个公司价值的合理近似值。

8.1.4 股本回报率和其他内部指标

对于不同的行业、不同的公司来说，评价财务绩效的方法是不同的。作为一家收购公司，要了解如何对一家公司进行估价；作为一家目标公司，要明白如何被估价。公司应着重采用哪些方法和指标取决于如何评价该行业，在某些情况下甚至取决于促进公司业务发展的个人哲学。有人认为，某些指标能更有效地反映真实的、潜在的和可持续的业务增长，因此可加以运用，以确保目标公司的管理与股东的利益高度一致。诸多文献就财务绩效的评价方法进行了相关阐述，在这里就不再详细讨论了。但是，本书会举一些例子来说明这些方法以及它们是如何影响估价的。股本回报率（ROE）通常用来评价那些通过大规模举债来为经营融资，且其财务绩效对公司和业务具有特别价值的公司。利用债务杠杆（也就是说，通过举债获得部分营运资金）的业务需要区分借款的财务性回报（最高等于借款利率）和股本回报。实际上，在考虑一项举债经营的业务时，用该业务取得的回报减去借款成本，就得到剩余回报，再将其同公司所做的股本投资进行比较，这是一种更为准确的考察业务绩效的方法。例如，如果一项业务能够使负债与股本的比例达到 9∶1，那么就意味着 10 亿美元的业务可通过 9 亿美元的负债以及仅 1 亿美元的股本来筹措资金。如果假设借款利率是 10%，那么通过借款来提供资金的成本是每年 9 000 万美元。如果业务能带来 1.5 亿美元的息税前利润（EBIT），那么，减去须支付的借款利息 9 000 万美元，就剩下 6 000 万美元的税前收入供股权持有者分配。在缴纳税款之后，会剩下大约 3 600 万美元的净利润——相对于 1 亿美元的股本投资，回报率为 36%。因此，在没有利用杠杆（也就是没有负债）的情况下，业务本身的回报率只有 10%（如果把回报看作 1.5 亿美元，然后去掉税款的话），但是一旦利用了杠杆，该业务就能够给股权持有者带来 3 倍多的回报。这种情况表明，把 ROE 和仅考虑净利润与总购买价格的比值相比，会得到非常不同的回报。举一家公司主要关注税前收入的例子。试想一家公司，由于历年的亏损，逐渐累积了一大笔递延税额亏损，这种情况的公司可以用未来收入来抵消这些历史亏损，而不用支付税款。因此，这类公司会主要关注税前收入，因为它们认为，税前收入应用到业务上就直接转化为净利润（这种协同优势会在 8.2 节"预测：发现并分解优势"中进行讨论）。一个类似的例子是收购公司有非常低的资本成本。当买方通过举债来收购一家目标公司时，收购公司会立即换出负债。如此一来，如果目标公司的资金成本很高，那么它就以更低的资金成本来取代被收购公司的资金。在这种情况下，买方可能会关注 EBIT、利息成本和税率的预计。举例说明，如果一家银行收购了一家小型科技公司。该科技公司可能会为它的负债支付 10% 以上的利息，而银行的借款成本可能是 5% 以下。①在考察一家公司的价值时，不仅要考虑公众市场对该公司估价的方式，还要考虑潜在买方考察价值的方式，这是很重要的。附录 F 是买方或卖方对上述不同估价方法可能做出的评价。

8.1.5 卖方对估价的设想

首先要考虑卖方对估价的设想。我们在第 5 章讨论了增加公司卖点的过程。在对业务或公司出售进行预估的时候，除了标准的可比估价和 DCF 估价法，还应考虑特定买方创造的价值以及如何使其达到最大化。当然，标准的估价方法是出发点，买方也是从这开始进行估价的。对于卖方来说，了解市场和买方的财务顾问如何运用这些标准工具来对该业务进行估价很关键，通过确定将使用的指标来管理业务有助于实现估价的最大化。例如，针对一个相对落后的行业，其收益率较高但增长率较低，在这样的行业里，营销效应带来的盈利增长可能比通过削减成本取得的盈余更易于获得溢价。在考虑将业务出售给上述行业中的战略收购者时，潜在卖方可能会决定增加在研发、市场营销方面的支出，即使会减少该公司的收益。在某些情况下，潜在卖方实际上能够确定特定的潜在买方。在这些情况下，收集关于这些公司如何评价和估价目标公司的信息，可以帮助卖方创造出一项能获得较高估价的业务。公司往往会根据收购后对该公司自身财务的长期和短期影响来进行评估。简而言之，不论影响买方股票价格的是哪些指标，这些指标都有可能成为它们对目标公司估价的焦点。如果卖方知道潜在买方的股票价格主要是根据收入来估价的，那么就可以在其财务体系中努力提升该指标，以使其估价达到最大化；也可以通过增加市场营销费用或对客户进行财务激励来达到该目的。同样，针对只注重稳定利润水平的买方，与提高增长率相比，卖方着重削减成本更能有效增加其价值。

很明显，估价是一个充满危险的游戏。就像第 5 章中讨论的一样，如仅为削弱业务模型基础而使业务模型满足潜在买方的需要可能会给卖方带来损害。因为除非卖方能成功地建立起自己的业务，否则买方甚至不会收购，而一些使

---

① 关于其他绩效标准特别是投资回报的讨论，请参见 Richard A. Brealey and Stewart Myers, Principles of Corporate Finance (London：McGraw-Hill, 1991).

估价最大化的工作也就白白浪费了。首要任务必须使业务成功运营，也就是说，从增加利润的角度来管理财务绩效，并关注买方感兴趣的指标，对于卖方来说，这是使估价达到最大化的一种有效方法。

在进行长期而谨慎的预期时，财务管理将是最有效的，即使在短期，也存在许多财务和运营方面使估价最大化的方法。在这方面的主流观点之一是，虽然公司常常通过损益表指标（如收入、EBITDA、净利润）来进行估价，但是损益表指标在资产负债表上往往不会增加资产的贷方资金。换句话说，额外的1美元收入可以转化为若干美元的股票价值，而资产负债表上额外的1美元现金在股票价值里只值1美元。原因很简单，市场认为损益表是循环的，也就是说，今年额外1美元的收入就意味着明年额外1美元的收入，以后每年也都一样。市场会试图清除偶发事件（也同样要求公司公布这样的事件），但是人们在很大程度上认为收入和利润是可以重复发生的，也是会增长的。相比之下，现金一般没有溢价，1美元就值1美元。买方应愿意支付目标公司财务中市场资本的增值部分，甚至高于这个价值。

在这里举一个在交易中提高估价的例子。假设有一个买方和一个卖方，卖方的收入和净利润乘数都比较低，同时假设在收购目标公司之后，市场依然会给买方提供同样的乘数。①当买方收购目标公司时，即使以25%的溢价收购，之后的财务指标（采用的是买方的初始市场乘数）也会带来一个较高的估价。表8-2是上述估价的示例。

这当然不是一条规则，而是评价买方对目标公司估价的实用指导方针。同时，这种估价方法及上述其他估价方法得出的都是估价的下限值而不是上限值。除最后所述在买方价值递增影响下进行的估价外，其他方法都是金融买家（比如私募股权公司和融资收购公司）用来评估公司价值的方法。这些方法均未考虑增量利润和战略买方带来的协同效应，这也是我们接下来要讨论的问题。

---

① 这当然并不总是对的。如果收购规模很大，或者买方占领了一定的市场空间，或者其新业务的市场价值拥有较低的乘数，那么收购就能够促使市场降低适用于买方财务绩效的乘数。

表 8-2   估价示例

	市场资本总值 （美元）	收入 （美元）	净利润 （美元）	市场资本 总值÷收入	市场资本 总值÷净利润
买方	13 000	6 000	335	2.2x	38.8x
卖方	600	500	25	1.2x	24.0x
溢价为25% 的购买价格	750				

	市场资本 总值 （美元）	收入 （美元）	净利润 （美元）	市场资本 总值÷收入	市场资本 总值÷净利润	市场资本 总值÷升值	超过购买价 格的部分
基于净利润 乘数的预测	13 970	6 500	360	2.2x	38.8x	970	220
基于收入 乘数的预测	14 083	6 500	360	2.2x	38.8x	1 083	333

8.2 预测：发现并分解优势

　　一般情况下，金融买家在收购一家公司之后，就会试图改进该公司的运营、资本构成、管理以及其他方面，然后把业务卖掉。相比之下，战略买方所寻求的往往是将目标公司的业务和他们现有的业务进行不同程度的整合。整合产生的协同效应可增加合并后实体的价值，也即1+1=3。通过量化预期利润可使买方或卖方（甚至是双方）获得交易价值。为达到这样的目的，有必要建立一个预测模型。20世纪80年代的反毒品广告运动给出了一个特别适当的比喻。在其中一个广告中，出现的是一个没有破壳的鸡蛋，同时有个声音在说："这是你的大脑。"然后，屏幕上出现了一个放在烤炉上的平底铁锅，里面盛满咝咝作响的热油，这时观众看到鸡蛋被打破摊到平底锅中，鸡蛋被煎得咝咝响，那个声音又在说："这是你吸毒之后的大脑。"尽管这条信息是负面的，但是这种比喻是比较好的。一个预测模型对买方说："这是你公司的财务状况。"然后说："这是你公司收购以后的财务状况。"该预测模型不是把两家公司独立的财务状况合并起来的简单相加，而是把每家公司看成是独立的，然后给出合并后的潜在协同效果以及增量成本。人们可能会认为，对于极富吸引力的交易来说，协同作用和利润会远远超过增量成本，但这在短期内可能达不到。

在建立预测模型之前，应确定收购后整合和管理公司的方式。这些具体的业务计划会影响预测数据。在第 9 章我们会详细地讨论整合计划，但是即使整合计划做得再好，也只是关于收购后如何管理目标公司的一个大致的指导方针。因此，根据定义，预测模型是整合结果的近似值和估计。这些估计是交易过程中很重要的一部分，因为预期的协同作用能够对目标公司的有效估价产生重要作用。和大部分财务预期一样，预测所面临的挑战就是在乐观和悲观中寻找一个平衡点，然后建立起一个现实的、可实现的模型。对细节进行预期是没有必要的，因为预测模型本身就是粗略的近似值，所以最好着眼于那些可能对财务状况影响较大的项目。根据两个公司的性质及合并方式的不同，选择的项目也是不同的。例如，在 Cingular 收购 AT&T Wireless 时，两家公司的蜂窝式无线电通信网络业务有大量的重叠。在这类因重叠产生过剩生产力的地方，就存在着消除过剩生产力而大量节约成本的情形。同样，如果这两家公司有两台开票机，那么就可以按比例增加其中一台的容量来容纳两家公司的工作量，同时关闭另一台开票机就能明显节约成本。

在收入方面也可以找到类似的例子。2015 年戴尔宣布收购 EMC。戴尔公司的 CEO 迈克尔·戴尔断言，戴尔和 EMC 的结合将产生收入协同效应："我们的新公司将在下一代 IT 最具战略性的领域中成长得非常好，包括数字转换、软件数据中心、融合基础设施、混合云、移动和安全。"[①]

预测的关键往往就是要着眼于最大的潜在协同作用，并且要试图确定合理的估计。对于较小的协同作用，进行粗略的估计常常就可以了。损益表中的销售成本、综合开销及行政管理费用（SG&A）就是个很好的例子，人们很自然地会认为两家公司合并后将大量减少其管理费用。整合后的公司为节省工资支

---

① "Dell Acquires EMC; VMWare to Remain Independent," Radius（October 12, 2015）, https://www.vmware.com/radius/dell-acquires-emc-vmware-to-remain-independent/.

出，往往会裁掉一个首席执行官和一个财务总监。因此，人们就能对交易后 SG&A 的预计削减百分比做出简单假设。

不同的当事方对预测模型中的数据有不同的预期，在向模型假设输入数据时应牢记这一点。交易的支持者（特别是卖方，也包括投资银行家和交易发起人）希望预期更为乐观，以印证交易的正确性或者提高买方的收购价格。相比之下，内部的企业开发团队以及高层管理者更可能对诸多协同效应持怀疑态度。职能部门经理也会比较谨慎，因为虽然乐观的预测有利于证实收购的正确性，但也只是为实现他们自己的目的。想要提高支付价格的一方是卖方，因为卖方能从较高的预测中获得部分利益，而且也会在这些目标实现之前全身而退（除非受到获利能力付款合同或雇用合同的限制）。

必须指出的是，开发一个准确的预测模型不仅取决于对现实的假设，而且还包括这些假设所依赖的数据。详尽而准确的尽职调查对于完成准确的预测来说十分重要。因此，在对目标公司进行尽职调查的时候，须牢记整合计划并获取成本协同和收入协同效果。例如，在决定目标公司的客户服务呼叫中心是否可以和买方的客户服务呼叫中心合并时，掌握呼叫量、频率和可接受的最长等待时间是很重要的。

8.2.1 收入协同

收入协同是收购一家公司最普遍的原因之一。[1]收购带来的成本节约可以提高利润，而收入协同会促进业务整体的增长，这对于买方和他的股东来说更具有吸引力。收购一家公司能够以多种方式来促进收入的增加，买方也能够利用目标公司的销售渠道去销售自己的产品，或者利用自己现有的销售渠道来销售目标公司的产品。再举一个例子，一个大型电子制造商，比如三星，收购了一家具有吸引力的小型科技公司，主要生产消费型电子产品。小公司仅仅靠自己，可能开发销售其产品的渠道会有困难，但一旦被三星收购，将迅速获得庞大的客户群和营销基地。通过组合产品，收购方也可以创造一个新的、更好的

---

① 近期的一项研究指出,3/4 的合并将目标确定为增长。参见 Matthias M. Bekier, Anna J. Bog-ardus, and Timothy Oldham, Mastering Revenue Growth in M&A (McKinsey & Co., 2002).

产品来获得溢价。许多客户愿意为相关产品的"一站式"服务支付溢价。联邦快递公司在 2004 年收购 Kinko's 就是一个很好的例子，其为所有小型业务名副其实地创造了"一站式"服务。

再举一个品牌共享的例子。如果目标公司有一种好产品，但却是不知名的品牌，那么，利用买方的名称来重命名品牌就能大幅提升销售量。有时候反过来也是可行的。如果买方收购了一个优质品牌，那么该品牌就可以被用来提高买方产品的吸引力。在时尚产业里也存在很多典型案例，许多知名的设计师把他们的公司和品牌出售给更大的制造商，这些制造商利用设计师的声誉和威望将此品牌应用到更多的产品中。

在预测收入协同效应（贯穿本章的主要内容）时，我们应牢记，实施促进收入协同效应发挥作用的变革是需要花费时间的。从培训销售人员到向客户传递市场信息，再到整合技术以及将技术应用到产品中，在大多数的情况下，收入协同不会立即发挥作用，而是会滞后生效。我们也应了解，变革也会带来成本。后面马上会讲到一般整合成本，但要特别谨记的是，利用收入协同效应常常需要前期投资。

在少数情况下，必须考虑消极的收入协同效应，即交易带来的收入损失，人们常常忽视这种效应。它会带来巨大的冲击，特别是对已售业务近期绩效的冲击。交易造成收入减少的原因有很多，在一些产业中，客户对服务和产品供应商都有较强的判断和偏好，在这种情况下，卖方产品一旦贴上买方的品牌，目标客户就可能会放弃这些产品。例如，如果星巴克收购了一个小型独立的地方咖啡屋，一些因为该咖啡屋并非全国连锁而经常光顾的老主顾会在咖啡屋贴上"星巴克"的标志后流失掉。同样，如果一些目标客户或者渠道合作伙伴在某些领域是买方的竞争者，他们可能选择在收购之后与其他公司合作开展业务。举个不太可能发生但可以明确说明这个问题的例子。如果沃尔玛（Walmart）收购了一家曾经向沃尔玛和凯马特（Kmart）提供服装的独立服装制造商，那么很容易想象，一旦这家公司被直接竞争对手收购后，凯马特便不会再从这个公司购买服装了。

在考虑了这些问题之后，预测模型不仅反映两家公司各自的预测收入，而且也会反映两家公司合并后所增加的收入。收入协同常常被夸大，近期的一项研究表明，被调查的交易中有70%未能达到预期的收入协同。[①]在大多情况下，公司无法达到预期的收入协同。这样一来，在对收入协同进行预测的时候，特别是在完成交易后的头几年，应保持现实甚至保守的态度。

8.2.2　成本协同

与收入协同一样，理解成本协同的关键在于对买卖双方的业务模型和财务状况有深入的了解。在考虑整合两项业务的时候，需决定在何时取消相关成本。人们常常错误地认为，较小经济实体的大部分费用在两家公司合并后会变得多余，因为大公司会包含这些费用，这在很大程度上与事实不符。在大多数情况下，两家公司产生的成本是不同的，所以原来两家公司单独产生的费用并不多余。比如，买方通过直接向客户宣传和销售把自己的产品推向市场，而卖方则通过专门的渠道合作伙伴宣传和销售产品，双方在电视广告费用上没有重叠的部分。

即使两家公司产生相同的费用，这也并不意味着一家公司可以免除各种费用或者大幅减少那些费用中的任何一项。每家公司在整合资源或者寻求降低成本的时候，都必须考虑自己的实力。即使两家公司拥有相同的财务政策，但削减掉其中一家所有财务人员的想法也是不合理的。大部分公司都在寻求费用最小化，所以大部分资源都应用于使公司能力尽可能最大化。因此，即使两家公司在合并之后使用同样的资源，其中一家公司产生的费用也不能被全部免除。某些增量利润常常可以通过效率的提升来实现。如果每家公司各拥有10名财务人员，那么，合并后的公司可能会有15名财务人员，而不是20名。在大多数的情况下，节约来自于规模经济和削减完全多余的成本。针对需要大量原始投资且后期扩容所需增量成本又较低的资源，均可以寻求成本协同。在这里举个软件许可证的例子，比如企业的邮件系统。这种许可证通常存在最低收费标准，但增加"席位"所带来的边际成本是非常低的，尤其是当数量巨大的时

---

① Scott A. Christofferson, Robert S. McNish, and Diane L. Sias, Where Mergers Go Wrong, The McKinsey Quarterly 2 (McKinsey & Co., 2004).

候。所以，与两家公司各自为1万人申请两个邮件系统许可证需要的费用相比，为2万人申请一个邮件系统许可证就非常便宜了。

损益表里的每一项都是成本协同的潜在资源。但考虑到在繁杂的整合中，信息和思考的能力都是有限的，最好把精力尽可能地集中在那些大额成本上，因为在这些成本中才有可能存在节约原材料成本的机会。在只可削减有限成本项目的情况下，其关键在于理解成本的本质，同时比较每家公司的成本项目。进行简单的假设常常是很必要的，因为即使在全面的尽职调查中，也不可能并且没有时间深入到每份合同和每项条款中。如果两家公司都设置了一系列类似的成本项目，通常就可以对节约的百分率进行简单的假设。

成本节约的时机选择也很重要。与收入协同一样，在大多数情况下，识别成本协同是需要时间的；整合系统和员工以及更改与供应商签订的合同和协议也是需要时间的。预测成本协司时应把整合计划和改变所需时间考虑在内。在许多情况下，发挥成本协同效立需要一年或更长的时间。

8.2.3 其他协同

其他协同可能不会立即或者直接影响一家公司的损益表，但对公司仍有实质性的影响，所以当考虑和评价一项收购时，应该把这些协同考虑进去。在有些情况下，这些协同与成本增效或者收入协同有着间接联系，它们在通常情况下的确是价值难以计量的无形收益。与收入协同和成本增效一样，在这部分不会将所有其他协同进行一一列举，而是会提供一些主要的例子以供参考。

1.资产负债表

通过资产负债表发掘出的潜在协同最接近可计量的协同作用。然而，从理论上说，任何公司都是以某个价格获得资本的。在现实中，许多公司，特别是小公司，会为资本所限。小公司通常在成立之初会发现自身发展所受到的限制，不是产品或者技术的限制，而是资本的限制。当缺乏资本时，这些公司的发展往往变得缓慢，并在市场营销、销售、客户服务以及产品开发等方面受到自身能力的限制。如果这样一个小公司被拥有大量资本的大公司所收购，那么小公司就加快其发展和盈利的速度。因此，由强劲的资产负债表带来的协同是可以转化为收入协同的，因为当卖方作为买方的一部分时，发展速度比它独自发展要快，也更可能促进成本协同的产生。从某种意义上说，在假设固定成本在成本结构中占据重要地位时，快速发展的公司将会更快地达到规模经济。

强劲的资产负债表还可以提供更多的间接收益。在许多行业，产品或者服务供应商需表明，在没有正确或及时交付产品或服务而给客户带来损失时，他们是有能力向客户赔偿的。如果一家公司必须在担保或者证明自己拥有一定数量的资本后才能作为供应商为客户服务，那么其发展能力就可能被脆弱的资产负债表和有限的资本所限制。与一家大公司合并可以带来新的收入机会和新的客户。

2.监　管

就收购而言，监管除了带来潜在的挑战，还带来了潜在的收益。增加监管要求可以产生直接的成本协同，同时也可以带来间接的收益。监管人员常常关注受管制领域内拥有许可证或者其他运营执照的公司的财务稳定性，小公司很难通过这项考核来获得相关运营许可。小公司在成为大公司的一部分之后，就可以进入以前不被准入的受管制领域。举一个极端的例子：在被严格监管且以安全为导向的领域，比如核工厂，可以想象一个刚建立的运营经验有限的工厂是不会成为运营核工厂的最佳候选者，即使该工厂能力出众且实践经验丰富。只有在成为大型工厂或者福布斯500强的成员之后才会改变这种评价。举一个更为具体的例子：关于公司所有权属于美国还是外国的差别。在美国和欧盟，根据行政规定，一些行业领域只能由本国公司运营。比如，一个外国公司不能在拥有无线电广播或电视广播许可权的公司或者以飞美国国内城市为主的航空公司中持股超过25%。在这两种情况下，一旦外国公司被本地公司收购，其随即就可在其之前不被准入的领域里进行运营。①

3.品牌、声誉、信用

除了特定的资产负债表要求外，合并还可以产生广泛的品牌和声誉协同。即使一个客户对具体的财务能力不做要求，其也会关心供应商的稳定性。因为

---

① 必须指出的是，该情况反之亦然，即一个外国公司对美国公司的收购会使其丧失那些只有美国公司可以享有的权利。

客户不会冒险去接受一个即将歇业或者不能及时交付产品或服务的供应商。如果产品和服务是客户交易的主要部分，或者需要定期地提供服务、支持、更新或零件，那么客户就很可能会很仔细地考察供应商的稳定性。如此一来，作为大公司的一部分，仅通过大公司诚信和稳定的印象便可促进收入协同。供应商与汽车制造商就是个比较好的例子，因为汽车制造商要花几年时间才能设计出新车辆，一个型号会维持几年时间。在投放市场后，该型号中的所有零件的供应商应在该型号的整个生命周期中持续运营，或能继续提供零件替换、调整、重新设计等支持。诚信和品牌也可以在不同的方面发挥作用。卖方也许已经形成了自己的品牌和声誉，特别是对于那些需要打破传统和反主流的行业来说更是如此。通过收购和对品牌的维持，买方可以从卖方的品牌和声誉中以一种独特的方式获得收益。音乐行业就是个很好的例子，标新立异的小公司常常比那些大公司更容易创作前沿的东西。同样，作为前沿音乐的源头，这些小公司对客户更具吸引力。一个大型唱片公司可能会通过收购其中一个小公司来占领非主流的市场。当然，这里的关键就是利用品牌和声誉的优势，而不是去破坏这些优势。大型唱片公司应该试图保持小公司品牌的独立性和本色。当 Viacom 收购 Black Entertainment Television（BET）时，它不会为 BET 重新创立品牌，甚至也不会特别地声明 BET 现在是 Viacom 的子公司。这么做可能是为了让 BET 维持其受众，确保受众会因其独特的内容以及它是独立、为少数人持有的企业而光顾。因此，品牌、声誉和诚信可以在上述两个方向发挥作用，并为买卖双方的事业带来附加价值。

8.2.4　协同成本

协同常常是积极的，但是绝不是从天而降的，大部分目标的实现都需要耗费时间、精力和资本。在进行预测的时候，合理地考虑这些成本是很必要的。这里的问题是，在完成收购之前，买方通常并不具备充分完善的整合计划，也无法在此基础上进行详尽的成本估计。因此，协同成本常常是个大致估计。尽管大部分从事交易的人会控制快速整合的基本成本和公司成本（交易者所在的平台），但是他们常常会忽视长期成本和业务成本。预测中常常包括律师费和支付给投资银行家的费用，但是供应商合同的终止费用、改换店面新招牌的费用等成本却没有被包括在内。完善预测的人员须同职能部门经理以及负责整合计划的团队进行详尽讨论，从而确保能够把成本预测均包括在内。

跟协同一样，协同成本也有很多种类，也存在一些主要的门类，大部分协同成本都可以归入其中。

这部分首先会讨论完成交易本身的成本。其既包括买方内部的企业开发团队分配的成本项目，也包括律师、投资银行家、会计和其他外部专家的费用。这些是最容易估计的成本，因为这些费用是在完成交易之时或完成交易后随即产生的。[①]

协同成本还有一个宽泛的类别，即人员成本，包括解雇员工的成本，不管是在收购之后立即产生的，还是在以后几个月或几年中发生的。如果在预测的主要成本协同中，包括减少员工总数，那么就要记住，每次解雇员工都会有前期成本，包括合同终止、辞退福利和新职位介绍（取决于员工合同的条款）。另一个宽泛的类别是技术和基础设施。同样，如果一家公司正在合并办公场所，那么在重新安置员工的过程中就会出现搬迁费用和其他费用。

如果要合并系统和业务，那么必须投入内部和外部的人力来完成过渡，而且有必要建立新的系统和基础设施来支持该项工作。举个简单的例子，如果一家公司要合并两家工厂，那么该公司至少要雇用搬家公司将设备从一处搬至另一处。

市场营销和品牌也是一种协同成本。在为产品重新创立品牌或者营销新产品的过程中也会产生很高的费用。一家公司或许能从最新收购的产品上获利，但是在这之前，必须花费时间和金钱将该产品引入该公司的销售渠道。为一项业务重新建立品牌的成本也是不可低估的。在标牌、办公用品、营销材料以及其他品牌建设方面，为卖方重新创立品牌以同买方的品牌相匹配是代价很高且

---

① 这些成本，特别是投资银行家的费用，在某种程度上和在买房或卖房的时候支付给房地产经纪人的费用类似。这表明，如果卖方能够直接和一个买方联系，而不需要投资银行家的中介服务，那么他也许能够通过谈判获得一个较高的价格。尽管这符合逻辑，但在实践中，买方倾向于将这些费用作为开展业务的成本来单独考虑，并且根据其自身的价值对目标公司进行估价，不管这些费用是否会发生。

耗时的。

最后一项协同成本是客户，同买卖双方的客户沟通都是确定收入协同中至关重要的部分，但是也是最为微妙的部分。如果买方不能有效地与卖方的客户沟通，那么这些客户就会流失掉；如果买方没有跟客户沟通那些从卖方获得的新产品或服务的好处，那么其销售渠道的杠杆作用很可能不会带来收入的大幅增加。

研究表明，公司达到成本协同比达到收入协同更为有效。在一项研究中，多达 60% 的公司在很大程度上达到了其预期的成本协同。[①]但是，在同一研究中，近 25% 的公司没有达到预期的成本协同。这样看来，与收入协同一样，在预测成本协同时，持有保守和现实的态度也是很重要的，特别是针对达到成本协同所需要的时间方面。

8.2.5　谁得到了好处?

预测模型完成后就会在交易中显示增量利润，即 1+1=3 的效应，也即关联成本的净利。在大部分交易中，往往存在一个数额较大的部分，这也是交易总价值中的一个重要部分。这部分增量利润可视为是由交易本身产生的。这样问题就出现了：谁有资格得到这部分利润?这部分利润是由买卖双方的结合创造的，两家公司都想得到它。卖方想把有效现值，也许是净现值，附加到购买价格上，而买方只想支付卖方的独立价值，将利润留给自己。结果常常是双方当事人决裂，当然，决裂的程度和性质根据双方的谈判而定。

最能够说明该利润是如何引发决裂的便是战略买方和金融买家为进行收购所支付价格之间的差异。金融买家不会把重要的协同归因于一次收购，因为他们没有自己的业务、客户和产品。对于投资了一系列公司的金融买家（比如日本的 Keiretsu——企业集团[②]）来说则存在例外，即他们的投资网络对共同利益

---

①　Scott A. Christofferson, Robert S. McNish, and Diane L. Sias, "Where Mergers Go Wrong," The McKinsey Quarterly 2 (McKinsey & Co., 2004).

②　这是一个日本的术语,指为实现共同利益而围绕一家银行建立的松散公司聚集体。这些公司有时候(并不是常常)会交叉持股。资料来源 www.investorwords.com.

产生的杠杆作用。相比之下，战略买方常常可以通过一项收购获得显著的协同。因此，作为广泛意义上的一般规律，战略买方常常会比金融买家支付更高的交易价格和溢价，两者之间存在的区别在很大程度上是由协同决定的。一项研究表明，金融买家远没有战略买方积极，在估价上他们的出价会低5%~20%。[①]当然，这只是一般规律，在特殊的情况下，金融买家可能会给出较高的估价，特别是在对于战略买方来说属于消极协同的情况下，比如两项重叠的业务在合并后产生的收入会减少。

买方在进行交易谈判时往往考虑协同，但对于卖方而言，考虑协同也同样重要。在了解潜在协同后，卖方在对交易进行估价时，可以处在比买方更有利的位置，这样就更有可能获得最为合理的价格。

8.3 完成估价和预测

买卖双方都需要进行估价，如前所述，买方可能在预测中需要考虑更多的细节，而卖方也应该试着完成大致的预测，并了解买方通过协同带来的增量价值。这对于两家公司而言都至关紧要，因为这决定了谈判中最重要的一项内容——价格。

进行估价和预测的人员不仅应拥有良好的财务建模知识，还应对交易的相关信息（业务和行业）有深刻的理解，这是非常重要的。尽管所有财务模型都是基于假设建立起来的，但是估计和预测要比大部分财务模型更为依赖假设，同时所依赖的假设常常都是粗略的。就此而言，任何进行财务计划和分析（FP&A）的专业人员或者职能部门经理都可以证明，预期未来绩效是非常具有挑战性的。而预测就更具有挑战性了，因为预测人员不仅需要为两个不同的实体预期财务绩效，而且需要明确两家公司在合并后所产生的不同绩效。在做出假设的过程中，任何建立模型的人员都需要与尽职调查和整合团队进行密切

---

① Lakshmi Nambiar, "M&A Trends: Increasing Prevalence of Financial Buyers"（www.merger.com, 2003）.

合作。

估价难免会进行预测，因为这些数据都将作为基础值使用。开发这些模型的方法有很多。对于大部分公司而言，企业开发团队会负责建立估价模型。在一些公司中，企业开发团队也会做出预测。另一种模式就是让财务人员来建立预测模型，特别是针对拥有一支实力强大的财务人才队伍的大公司而言。财务人员除了提供建模方面的专业技能，还应对公司的会计工作和诸如资金成本等有关项目的假设有详尽的了解。此外，财务人员对业务绩效的预期也更加熟悉。如果财务人员要进行预测，那么他们就需要与企业开发团队中负责估价和预测工作的人员紧密合作。

卖方在这个领域往往不具备一系列的技术能力，甚至连一些小型收购公司也没有。在一些情况下，他们会雇用一个投资银行家作为顾问，并利用其专业技能进行建模，但必须紧紧地盯着该投资银行家的工作。如前所述，投资银行家对促成交易有着不良动机，他们会对交易过于乐观。他们在整合计划、预测成本和协同面临的挑战方面也不是特别在行。此外，他们往往假设协同会很快并很容易实现。雇用投资银行家来提供专业技能是可行的，但是在交易最后，还是应该由买方来对促进交易的预期负责，因为在未来的岁月里买方必须面对这些预期，并执行这些预期。同样，卖方应对本公司的股东负责，并创造最大的业务价值。

针对反复进行交易的公司，建立开发模型程序，确定从事交易的员工，甚至建立起一个标准模型，都会使交易更加简单、更有效率。

但不要忘记这些建模工作是基于许多简单假设进行的，绝不能把其当作事实来使用，而应当作有根据的猜想。类似于政治投票，一位候选人领先3%，但误差幅度却为4%。通常，模型的建立十分迅速并且会固定下来。可以理解人们总是试图得到明确的"正确答案"，但在估价和预测模型时，可预期的最好结果是合理且大致准确的。如果一个人在10亿美元的交易中为了0.1亿美元进行谈判，其就应明白该模型允许的交易估价为9.9亿美元，而不是10亿美元，同时也可能会存在0.1亿美元的误差幅度。

归根结底，估值充其量是一种基于经验的猜测。这是一个需要根据粗略估计而做的重大决策。在估值问题上，或许投资银行家是最有价值的外部顾问，能为管理层和董事会提供"保险"。尤其在涉及可能产生重要影响的"战略交易"时，绝大多数业务出售中，董事会通常会就交易条款向投资银行征询一个"公平意见"。同理，简单地说，公平意见是投资银行提供的法律文件，对某项交易财务条款的公平性和合理性提出意见。实际上，投资银行提出的意见只是指出董事会在该交易中所做的决策是否明智，或者至少没有做出不明智的决策。尽管公平意见为董事会提供的法律保护能在多大程度上免遭股东责任诉讼目前尚不确定，但其显然可以作为一个强有力的"光剑"，向股东和公众证明他们为能做出明智决策已经尽力了。我们个人的观点是，公平意见文件的价值有待商榷。投资银行很少对其给出的公平意见承担责任；在很大程度上，公平意见只是个象征性的文件，帮助董事会证明其交易决策是正确的。①

8.3.1 股权割让：对某公司的业务部门或资产进行剥离

有关出售整个企业的筹备工作在别处已有论述。在很大程度上，那些建议同样也适用于筹备出售某个业务部门，甚至某个产品或服务。然而，实体公司股权割让确实涉及一些与公司综合管理不同的工作。要做的第一项重大决策就是决定"盒子里的东西"——也就是说，哪些部门和哪些人将出售，哪些部门将留在"卖方"或母公司。例如，某公司可能决定出售它拥有的某软件产品，那么，显然软件 IP 会包括在销售中。但是否要包括所有的开发人员呢？在有些公司，开发人员同时进行多个产品开发，因此，母公司或许希望保留该软件的最佳开发人员。问题是，"买方"希望拥有充分的开发资源，以继续维护和改进该产品。因此，孰去孰留需要认真决定，而且必须在母公司意愿与业务部门的需求之间做适当平衡，否则，该软件产品系列或许对"买方"缺乏吸引力。

在本书作者经手的几项软件剥离业务中，"卖方"欲出售软件 IP，但也希望有权继续向其客户出售软件。因此，该交易的一个要求就是要有权进行软件

---

① 关于公平意见价值的讨论，参见 Paul Sweeney, "Who Says It's a Fair Deal?" Journal of Accountancy 188 (2) (August 1999), pp. 6, 44.

再售，分销商协议成为最终达成交易的一个条件，由此，需要谈判达成合适的条款，以便"卖方"可以继续满足其客户需求。另一个案例需要对专利内容进行剥离，"卖方"也希望有权将该专利内容包含在其更大的内容产品中。"卖方"最终不仅将专利内容出售给"买方"，同时还将该专利内容以及买方的其他补充性内容的使用许可一起买回。"买方"从"卖方"获得更全套内容的特许权使用费，"卖方"得到了购买代价，并避免了所有的制造成本（如收集、编辑和出版）——对"买方"和"卖方"以及"卖方"的客户均为双赢。

在较大的公司进行股权割让遇到的关键挑战是整理出一组能表现被出售业务的财务报表。许多大公司的会计核算是在部门层面而非在产品或业务单位层面进行的，因此，需要编制预计财务报表，以反映被出售部分的业务情况。值得注意的是，编制股权割让财务报表的程序同样适用于出售家族企业的估价。正如股权割让一样，家族所有的企业有许多成本在新的所有权下运营是不必要的。这一点将在本节的最后部分进一步讨论。

通常，收入比较容易确定。即便如此，当产品或服务与其他产品或服务捆绑在一起时，可能很棘手。而当这些产品被用于招揽顾客而亏本出售的商品，或为赢得重要交易巨幅打折时，这项工作会更加麻烦。要想公平地、以防御性方式表现这些收入，"卖方"可能需要花费更多精力。换言之，就是对出售总额中归于被剥离的产品或服务的部分进行量化，并以合理和防御性的方式进行估算。

损益表的成本也面临着其特有的挑战。有些成本在编制预计损益表时可能需要审核，包括产品/技术、人员、不动产、销售/营销和总体运营。母公司账簿上显示的成本费用往往与这些项目的"市场"成本是有差异的。有些费用可能根本未向业务单位收取，而是表现在公司层面上。

有些成本可能需要重申，如产品成本。产品或服务的真实利润是多少？如果有专人销售该产品，而且任何与产品相关的第三方的成本可确定的话，那么产品利润可能是已知的，并有据可查。但是，假如已知的销售成本只有支付的销售佣金，那么，需要对产品利润加以说明，以提醒"买方"，在其所有权下交付产品时，可能会发生其他费用。许多大公司更注重推广其品牌，而不是某个产品，因此，产品营销成本应以总营销成本的一部分估算，可以用百分比表示。例如，产品展览时展销成本的百分比，但同理，它只是一个估算数。"买方"可以将这些成本估算计入其分析中，但最终必须对营销成本有自己的见解。营销成本的总体分摊也可供参考，但在许多情况下，总体分摊基础比较广泛（例如，基于业务单位的收入），而不是根据市场具体营销花费细化到某个产品。

分摊也会扭曲业务单位或产品系列的其他成本。在一次参与企业发展团队对出售"软件即服务"营业单位做准备时，我们注意到一项来自共享服务组的分摊；它涵盖软件主机和支持，甚至包括一级客户支持。该分摊方法是将整个共享服务预算分摊到整个公司各个业务单位。由于分摊是不可协商的，并且业务单位负责人不能掌控，因此被视为是给定的。我们在编制预计财务报表时发现，这几百万美元的成本似乎很高，对该业务单位的息税折旧摊销前利润（EBITDA）有不利影响。鉴于某个业务单位可能以 5 到 7 倍 EBITDA 的价格出售；每节省 1 美元相当于 5 到 7 美元的价值，这是制定购买决策时要考虑的。所以，我们着手研究该分摊的基础。这是一个漫长而艰巨的过程，共享服务组不愿意承担此项工作。经过大量的分析，包括对所使用服务器的计数、每个服务器具有的软件许可、查询涉及支持服务的人力时间，以及其他成本，我们最终确定实际成本约为原定分摊成本的 30%。我们还做了一个市场测试，看看如果第三方提供主机及相应的支持服务，并加入专职内部员工的估算费用，收费如何。测试显示其总体成本大体是一致的。按照 EBITDA 范围的低端标准计算，此 70% 的节省费用相当于 1 000 多万美元的附加值。所以，如前所述，在准备出售某个业务单位时，应该花充足的时间做此类分析。

还有许多其他扭曲企业成本的分摊情况。某些高管和其他人员的部分成本（如全时工作当量的 1/2，甚至 1/4）被分摊到业务单位，但如果该业务单位独立运行或是"买方"业务的一部分，则该分摊则是不必要的。我们使用了某外部会计师事务所的交易服务团队，来帮助我们编制预计财务报表，调整或排除这些已分摊但不恰当的成本。他们非常仔细地分析了该业务单位 P&L（损益表）中的每个项目，并研究了公司其他部门向该业务部门收取的全部或部分成本。最终形成的合理成本水平有增有减，但净值算下来，有额外成本节约。另一方面，我们也与会计顾问们一起估算母公司免费提供给该业务单位的一些服务成本，这些服务在部门出售后需要独立经营。为了建立一个具有防御性的业务单位成本模型，这项工作花费了很多时间。

预计财务报表显示，该公司实际利润比其公司账簿上显示的要高，这大大提高了潜在"买方"眼中的EBITDA（及估值）和吸引力。"买方"通常更倾向于购买健全的企业，而不是"需要修缮的企业"——风险更小。修正后的EBITDA使得该业务更具盈利性，并提供重要的缓冲措施，以应对任何意外的客户损失或售后整合成本。该盈利能力让母公司感到有点儿意外，但母公司考虑到该部门为非核心业务，依然继续进行出售。由于预计EBITDA给该业务部门更高的估值，母公司自然也很高兴。

值得注意的是，我们对预计财务报表所做的每项改动都非常认真地记录在案，甚至在公司账簿中的财务报表与业务单位新的预计损益表和资产负债表之间提供了一种"关联"，形成一本多页的链接电子表格，逐条记录在案。这是项昂贵且费时的工作，但我们在该案例中花费几十万美元对EBITDA进行的调整导致数百万美元的增量购买价格。该项工作帮助我们为"买方"提出的业务收入和成本的改动提供了依据。除了文档和相关假设的全面性，我们所采取的系统化方法有助于"买方"认同该业务的预计财务报表是在独立基础上做出的，是合理的。这一点非常重要，因为正如你所预料的那样，"卖方"通常试图在预计财务报表中提高出售业务的财务表面状况，而"买方"总是对待售业务独立财务报表中"过分慷慨"的解释持有戒心。如果他们认为所做的调整是不现实的，他们会直接地在其内部估价模型中予以推翻，并在他们提议的估价中剔除所有增值，或者在更坏情况下，他们会开始质疑"卖方"提供的剩余部分财务报表的真实性。

资产负债表是股权割让预计财务报表的另一部分。在有些情况下，某业务单位没有自己单独的资产负债表，只有企业资产负债表，所以，必须建立一个。所有的转让资产和认定的负债都必须确定，即使资产已经完全折旧了。这些可能是由于加速折旧计划而被完全折旧的资产，但仍具有"市场"价值，因此，可以被标记为市场价值。它们至少可以用于帮助提升该项业务的价值预期。同时，一些资本化的资产也可以剔除，因为它们反映在"卖方"账簿上的升值价值在交易后不会转化到"买方"账簿上。在无债务、无现金交易中，诸如现金之类的资产可能不会转移给"买方"。就此而言，债务相关的负债也不包括在内。其他资产，如存款（例如，电费、租赁）可能不可转让或"买家"无法使用，因此，交易后这些仍然属于"卖方"财产。有些"买方"希望只将当前账户（<90天应收账款）作为预计资产负债表的一部分，因为他们不想冒催收老旧应收账款的风险（或者至少在营运资本中以最小数额考虑）。有些负债可能也不会转移给"买方"，如那些与公司内部债务有关的负债，或与当前业务无关的负债。因此，所有这些调整都是编制预计资产负债表工作的一部分，这类似于编制预计 P&L（损益表）。

"买方"在审核"卖方"的资产负债表时，希望交易后能够有足够的营运资本维持业务，而不必立即向业务注入资金。营运资本为流动资产减去流动负债，是"衡量公司短期偿债能力的指标"[1]。"买方"会要求该业务交易后留有最低限度的营运资本。由于在交易时，潜在的流动资产和负债可能尚不明确，"卖方"将提供一个营运资本余额的估算数。在交易后的30至45天内，交易时的实际营运资本将会明确，如果存在差异，则将对该金额进行校准。换句话说，如果估算数太低，"卖方"将弥补估算金额与实际数额之差。如果估算数过高，"买方"将差额退还给"卖方"。收购协议通常有一整章用于计算营运资本（包括当前资产和负债）、交易后的调整和时间，甚至包括与营运资本有关的争议解决方式。

资产负债表中经常讨论的一个内容是递延收入的类别，特别是那些由该单位的客户按年度提前支付的服务收入。作为业务目前的负债，递延收入可能会扭曲该业务部门的营运资本需求情况。交付这些服务的实际成本可能远低于递延收入余额，因此，精明的"卖方"会分析这些服务所需成本，并将其提交给

---

① 参见"Working Capital，" www.businessdictionary.com/deinition/working-capital.html.

"买方"。即使在预计资产负债表中对此不予调整，让"买方"认识到递延收入的实际成本，将有助于减少该部门营运资本（流动资产减去流动负债）需求，因为营运资本中的当前负债较低。

在编制预计资产负债表中遇到的另一个常见挑战是"人员"成本，即应计假期。多数公司会为员工按月或按支付周期累积休假时间，并在员工休假后降低该负债。每个公司对每年具体多少天累积休假可结转到第二年的政策各不相同。多数"买方"不想在交易后承担该项责任，或者至少要限制他们需要承担的假期时长，比如一周或两周。因此，"买方"会要求"卖方"在交易时对受影响雇员的假期予以买断，此后，调职的员工将按"买方"的休假政策重新开始工作。有些员工则宁愿保留休假时间，因此，买断或承担多少累积休假往往是双方要谈判解决的问题。

股权割让中另一个需要解决的是转移客户问题，尽管这与预计财务报表没有多大关系。如果被转移客户只使用该业务单位的产品，那么客户转移就很简单：他们与业务一起转移。但多数情况下，客户购买的不仅仅是母公司被剥离的产品，而且母公司希望确保向"买方"的转移顺利进行，反映卖方的良好信誉，并确保"卖方"为他们的其他产品维护良好的客户关系。有时事情更加复杂，客户可能在某个主协议项下购买了被剥离的产品，因此，母公司与客户的合同无法转让给"买方"。在这种情况下，"买方"可能需要与客户就适用的产品和服务签署新的协议。在此之前，"卖方"或母公司实际是在就该协议为"买方"提供"服务"，直到新合同生效为止。"买方"获得协议的经济价值，但可能需要为"卖方"管理该协议支付一定的管理费。

当出售家族企业时，准备一套预计财务报表也很常见。在此情况下，就像股权割让一样，有些资产和负债不会转移给"买方"，同时还有些针对企业所有者的成本调整。在资产负债表的资产方面，该业务可能"拥有"某些个人资产（例如，艺术品、陈设品），这些资产不会转移给"买方"。有些情况下，业主有一些显示为公司应收账款的贷款。另一个常见的例子是所有者的公寓，它们可能在公司账簿上显示，其费用也划入损益表。这些资产将从预计资产负债表中剔除，相关费用应从公司的损益表中剔除。此外，在公司的损益表中，经常有一些企业支付的费用，如家族高管的过高薪酬和家庭相关/所有者相关的运营费用，这些费用在交易后的业务经营中是不需要的。有些费用涉及一些家庭成员，而这些人在交易后的业务经营中是不需要的；或这些费用反映的成本过高，如高于市场水平的工资，因此，这些成本可以在预计财务报表中予以剔除或降低。在其他情况下，旅行费用可能包括在度假区参加董事会会议的配偶（他们是业主/董事）的费用，但在公司环境下，他们的角色和差旅费都不需要了。这些费用会显著降低企业的盈利能力，同时通过免税旅行或娱乐让当前所有者受益。预计收益表的目的是在持续的基础上反映一个企业的损益，而不是出于对家庭或税务的考虑扭曲的损益。

无论如何，如果业务部门当前的管理方式不同于以独立方式或以公司标准管理时，就有必要编制预计报表。在股权割让中向来如此，至少在某种程度上如此。编制这些财务报表的工作量与该业务部门的复杂性、对该企业其他部分（未被出售部分）的依赖性以及所有者如何管理该企业三个要素成正比。无论如何，编制预计财务报表必须系统地进行，因为这些报表将成为被剥离业务事实上的账目。

8.3.2　货币与支付方式

现金不是收购业务的唯一支付方式，而且货币与价格是密不可分的。简单地说，有两种支付方式：（1）现金，（2）其他。

现金操作相当简单，即使是跨境交易，也不能简单地假定美元是事实上的本国支付货币。在此类交易中，用哪种货币支付会是重要的讨论内容，尤其是在与货币不能自由兑换或币值有重大波动的国家的公司交易时。在一些国家，货币不能自由和轻易地兑换。因此，如果以当地货币支付，那么，将款项兑换成本国货币将是困难、费时或昂贵的。"卖方"可能不得不对该国经济进行有效的长期投资，以此慢慢地将出售款项收回并转回本国。同样，有些"卖方"会寻求用其他国家的货币来付款，从而避免这些限制。即使某种货币可以自由流通，但如果该货币的价值波动很大，那么延迟付款就会有损失的风险。例如，如果一个拉丁美洲的卖方签署了一个出售该公司的协议，而该交易是以当地货币计算的，那么在签署协议和交易完成之间该货币的贬值会相应降低购买价格。反之亦然，如果当地货币增值，那么就会给卖方带来一笔意外的收入，而买方则需要支付更高的购买价格。保护自己免受货币价值波动影响的方法有两种：一是使用较稳定的货币（如欧元）来确定购买价格；二是与银行进行保值交易，锁定未来的支付价值。不论什么时候，在与不同国家进行资产、业务或者有关的战略交易时，均应考虑货币价值波动的影响、兑换的限制以及对这些问题的预期。

"其他"支付方式则更为复杂。一般来说，其可以看作股权或者债券的某种变形，有多少种形式的股权或者债券就有多少种非现金付款形式。这里不会把每种变形都讲到，但是会对这两种类别及其涉及的问题进行一般性讨论。股权在战略交易中是一种很常见的货币，特别是当目标公司非常大或目标公司的所有者（卖方）想在交易后继续参与公司经营的时候。简单点来说，这种情况就是买方会向卖方股东支付现金和股票的组合（或者全部是股票），而不是在交易完成的时候支付现金。卖方股东均会以买方股票的形式获得一定比例的购买价格。

在有些情况下，卖方股东得到的是无限制、流通性很好的股票，可以立即在公众市场进行出售；而在其他情况下，买方会对出售这种股票设置一些限制，这些限制往往会包含一个锁定期，类似于首次公开募股（IPO），即卖方股东在出售股票之前必须持有一段时间。同样，在某些情况下，卖方股东会获得未注册的股票（也就是没有向证券交易委员会登记的不可自由销售的股票）。在这种情况下，常常会有一个要求买方登记股票的注册权协议，允许卖方股东在未来的某一时期出售股票。在买方股票的大部分均将转给卖方股东的战略交易中，使用未注册股票的情形更为普遍。此外买方可能不想让大量的新增股票同时涌入市场，因为其担心在交易完成之后，直接涌入市场的大量股票会使买方股票价格降低，导致短期供求失衡。为避免上述情况的发生，买方会对卖方股东销售其股票的方式进行限制。通常情况下，买方会要求卖方股东"缓慢地"出售其股票，一般是将每天或者每周的出售量限制为买方股票每日平均交易量的一小部分。例如，如果买方股票的平均日交易量为 200 万股，而为收购向卖方支付了 100 万股，那么买方可能会要求卖方股东在一天内，最多出售日交易量的1%，因此，卖方股东每天最多可以销售2万股。在这种情况下，不愿持有买方股票的卖方股东常常会与股票经纪人签订委托书，以便定期、定量地向市场出售股票，直到股票全部售出。

除了要控制股票价格带来的影响以外，买方也会出于其他原因限制卖方对其股票的销售。如果卖方股东在收购之后不再参与经营，那么买方就不会有兴趣去激励他们。举个金融卖家（如风险资本和私募股权公司）的例子。当交易完成时，他们一般会离开谈判桌，并且停止一切与该公司相关的事务。但是，在大部分情况下，一些卖方股东可能会继续参与该公司的经营。特别是当卖方的管理层同意在交易完成之后一段时间内还留在原位时，买方就会极力地激励他们，促使其创造良好的绩效。而其中一种激励方法是向这些特殊的卖方股东支付买方股票，这样就在财务上将他们同买方股东联系起来。甚至在卖方股东不继续参与经营时，买方仍想制造这种联系效应。这是为了间接确保卖方提供的关于已出售业务信息的准确性，这意味着如果卖方误导了买方，收购的业务与预期不符，那么买方的股票价值就会受到损害，卖方股东也会分担损失。要记住，买方的股票价格和已售业务的绩效之间的联系在一定程度上是两项业务相对规模的函数关系。合并后，卖方业务占据买方业务的比例越大，这种联系就越直接，也越有效。如果通用汽车收购了福特汽车，那么通用汽车股票的表现就会直接而有力地影响福特汽车的绩效。相比之下，如果通用汽车收购的是一家价值2 500万美元的家族企业，那么即使该业务完全崩溃了，也不可能对通用汽车的股票价格有任何实质性的影响。

购买价格中紧随权益而来的是负债。买方可能会以负债的形式或者以某种混合方式（如可转换债券）来支付一部分购买价格。但因这种融资方法效率很低，所以在实践中很少见。卖方股东很少是专业出借人，买方常常可以从银行或金融市场借出资金来进行交易，也常常能够在负债合同中得到较优惠的条款。但有些情况下，卖方股东愿意把资金借给买方来支付部分购买价格，之后由买方进行偿还。使卖方股东参与优势业务的混合支付方式在此比较有吸引力，这在一些小型交易中可能最为常见，因为在小型交易中，买方无法通过金融市场或其他借款途径筹集资金。举个退休老医生将诊所出售给一个年轻医生

的例子，年轻医生可能无法支付所有的购买价格，因此可能会以债券和借据的
形式来支付部分价格。

不管以非现金货币付款的方法和动机是什么，认识到其与现金付款的差异
是很重要的。首先，资金的基本时间价值是存在的，卖方必须等上几周、几个
月，甚至几年才能收回全部的购买价格，而不是在交易完成的那一天就得到现
金形式的购买价格。但是，更为重要的是接受非现金货币的固有风险。卖方被
迫投资新证券，事实上是用股权和债券的风险取代商业风险。考虑到固有风
险，卖方会对部分或者全部由非现金货币组成的购买价格的价值打个折扣，这
是可以理解的。在某种程度上，如果卖方是极度厌恶风险，那么折扣将打得特
别低。金融卖家或者家族企业作为卖方的例子很好地说明了这个问题。一个财
务投资者（比如风险资本公司）需要向其投资者说明财务回报，其也不愿意接
受现金以外的其他货币，因为这样既不能把成功投资的收益分给它的有限合伙
人，也不能把收益投资到一个新的投资对象中。同样，即使一个家族企业想通
过出售业务来回收大量现金并留给未来几代人，他们也会对风险投资感到不
安，因为任何人都无法控制风险。时代华纳（Time Warner）同美国在线
（AOL）的合并，该交易与其说是出售，不如说是平等合并。回顾这个案例，
时代华纳的员工和股东很可能会后悔进行了合并，因为在合并后他们便卷入了
网络经济崩溃中。

8.3.3　获利能力付款与或有付款

如前所述，非现金付款可以间接地把有效购买价格与已售业务联系起来，
但是还有将二者更直接联系起来的方式。在大部分收购中，该业务的未来绩效
是估价的驱动力，也常常是当事双方争论的焦点。收购一项业务的原因不在于
它的过去怎样，而在于它在未来能够带来什么。一项业务是否会在现金流、净
利润或者收入的基础上被估价是依据它在被收购之后产生的价值。在这种意义
上，历史绩效只在某种程度上帮助买方来预测未来绩效。但是，因为历史绩效
是事实，而未来绩效是预测，所以买方会倾向于尽可能地依赖于历史数据及一
系列可以确定的财务事实。

在低增长的稳定行业中，预测未来绩效会更为简单、可靠。如果一项业务

的长期财务绩效水平稳定，且该业务和经济环境又没有重大的变化，那么就可以预期未来将会有类似的绩效。举个最极端的例子，一个拥有各种长期合同组合的业务，比如商业房地产或者船舶租赁业，尽管存在影响未来绩效的一些变量，但这些变量中的大部分都是汽油价格或者房地产价格等经济因素。同样，任何已经建立起品牌、客户基础以及适度的增长率的业务可能更容易进行预测；而对增长率较高的业务和处于发展早期的业务进行预测则比较难，因为它们的未来绩效不仅取决于对未来经济环境的假设，而且还取决于业务本身在新科技、开拓新客户或者新产品的开发方面是否能取得成功。

买方会比较悲观，而卖方对未来的绩效则比较乐观，双方对未来绩效的预期有所偏差，从而会影响购买价格。如果预测的增长率较高，卖方就会得到更多；如果预测的绩效较差，买方支付的就更少。除了这些偏差，在实际操作中还存在更多的固有偏差。卖方在预测未来绩效时会审视其自身：该业务已经成功了吗?如果没有出售，自己对该业务的期望和计划会不会实现?如此一来，卖方的预期就是对自身管理和洞察力的判断；相比之下，买方看待未知情况会设想最坏的状况，不仅设想未来发生的事件时如此，而且在考虑收购一项附带新产品和新客户的业务带来的影响时也是如此。面对这些未知情况，买方对乐观的预测自然持怀疑态度。

这些偏差以及未来绩效在业务估价中的重要性会使买方和卖方在默示价值间存在很大差距。如第3章所述，如果买方认为将购入业务和自有业务进行整合能够实现协同的话，该差距就会被进一步扩大。有时候，双方可以通过彼此妥协来缩小这种差距，但观念上的实质性差异常常是难以克服的。同私募股权公司进行交易时，可能很难做到妥协，因为就出售公司进行估价时可能会触及其个人利益，同时这是对其在过去几年或几十年里所付出的努力是否成功的直接判断。某一业务的预计增长率越高，这种差距就会越大。如果收购的是增速缓慢、更加稳定、关系更为密切的公司，通过彼此妥协缩小估价差距便会更容易。同样，公开交易的公司基于其在公众市场的价格进行估价，因此买方和卖方在估价上的差距不会很大。但是，就处于发展早期的私募股权公司而言，它们会对未来增长的预计抱有积极、乐观的态度，这时，买方与卖方的估价差距会特别大。

在这些情况下，或有付款方式可以弥补买方与卖方之间的这种差距。或有付款或者获利能力付款方式的基本前提是密苏里州的格言："让我看到结果。"也就是说，留下部分购买价格并作为业务未来绩效的或有付款。实际相当于买方说："为购买你的公司我将支付给你 x，如果我认为你们的预期比较乐观，而且最后的结果也的确如此，那么我将另外支付给你 y。"举一个关于或有付款的简单例子：建立在收入基础上的或有付款。买方可能许诺在收购完成的第 2 年年末，将目标公司创造的高于双方当事人当初确定的目标水平的所有收入的 10% 支付给卖方。

从表面上来看，这似乎是解决估价差距的一个巧妙的、天衣无缝的办法。既然未来绩效难以预测，而历史绩效是确定的，那为什么不等着未来绩效变成历史绩效后再进行判断呢？无论什么人，只要猜对故事结局就会得到那些钱。与大多数事物一样，令人苦恼的事情在于细节之中，或有付款方式的确定性实际上取决于该方式的细节、条款和度量的确定性。构建有效的或有付款能促进交易的开展，但是构建失败的或有付款可能带来许多难以解决的问题。事实上，当事人双方一致承认在估价方面有争议，并为谁是估价的最终确定者制定规则时，或有付款就是一个"踢悬空球"（punt）。如果这些规则不清楚、难以执行而且非常含糊，那么当事人将来会发现自己位于一个艰难的处境中，没有真正签署协议来完成一项交易，事后又要为交易的条款而奋力争取。

在许多情况下，或有付款的条款形成法律文件，这不仅耗费时间，而且代价很高，使人心烦意乱。或有付款的条款是非常诱人的，因为其允许双方偏离交易开始时公开的目的和措辞，最后以他们认为能够准确反映公司未来绩效的估价完成交易。但同时这也会使当事人双方过快地选择或有付款方式，甚至更糟糕的是，选择没有经过慎重考虑和规划的结构。这些失误带来的成本和痛苦不是在几个月或者几年内能感觉得到的，但是当它发生时就非常痛苦且代价高昂。

引发或有付款冲突的通常有两种原因：一种是条款和规则的不确定性；另一种是对绩效责任的争论。条款的不确定性是二者之中比较容易解决的。和所有的法律公文一样，或有付款方式一旦确立，就必须试着去完成一个能预测出所有结果并写明所有情况的协议。在或有付款的情况下，计算方法和数据来源都必须弄清楚。结构良好的获利能力付款条款可以明确如何计算获利能力付款，所需要的数据的来源，以及在何种环境下，获利能力付款是可以实行的。在大部分情况下，或有付款的实行必须建立在有财务绩效的基础上，比如收入或者净利润达到一定的程度。第一步就是使这些标准和启动条件变得清楚和明确。比如说，具体的度量标准、度量的时间段都应该清楚列示。慎重地选择要使用的标准也很重要，一家公司可能收入显著增加，利润却一直为零，或者利润很大，但盈利增长的速度却很慢。选择与目标、期望相匹配的标准是非常重要的，在构建或有付款方式的时候，慎重地考虑所有这些变量是很重要的。律师的措辞是居首位的，负责交易的业务经理应谨慎地选择与买方的根本目标相匹配的变量，选择可以准确度量和计算的变量，从而避免在将来就获利能力付款发生争议。这些有待选择的变量包括获利能力付款的金额、用来度量是否进行获利能力付款的标准、度量标准的方式、度量时间、度量时间段、度量主体、进行获利能力付款的方式，以及是否实行分批付款或浮动计算。

举个关于基本获利能力付款的关键术语的例子，所有最终的获利能力付款都会有更加详细的公文，以下是一些关键商业术语的范例：

- ■ 初始购买价格：1 000万美元
- ■ 获利能力付款金额：300万美元
- ■ 获利能力付款的启动条件
- □ 净利润达到100万美元
- □ 度量时间段：交易完成后的12个月内
- □ 度量方法：公认会计原则（GAAP）
- □ 度量方：买方审计人员
- ■ 争议解决机制
- □ 独立审计师（在协议中予以事先确定）作最后估价
- □ 决策约束

即使经过仔细考虑的获利能力付款也不能担保交易过程顺利完成。在所有的或有付款条款里都存在的挑战就是控制问题。一般而言，在收购完成之后，买方会完全控制目标公司，而卖方一般会失去对运营的所有控制，这意味着卖方只能依赖于买方的管理层来确定是否启动获利能力付款。这里首先存在着不良动机的问题，既然买方受到获利能力付款的约束，那么买方就会产生如下动机：控制目标公司的绩效来避免启动获利能力付款。这种不良动机常常会与买方期望目标公司产生出色绩效相抵消。但一定记住，如果获利能力付款金额足够大，那么就可能产生使买方产生破坏目标公司绩效从而避免支付的动机。这种不良动机会使买方通过操纵业务来避免进行获利能力付款。如果获利能力付款是由净利润决定的，那么买方就会在获利能力付款的度量时间段内，把资金大量地投资于市场营销或研发，从而人为地使净利润暂时减少。即使可以避免不良动机，也存在关于业务管理的潜在冲突。如果没有达到获利能力付款的启动条件，卖方可能会质疑买方的管理技术和管理选择，就会争论说如果在卖方的管理下，目标公司的绩效会达到目标。解决这种问题的一种可能方法就是，允许卖方保留部分目标公司的控制权，同时对业务运营设置一些限制因素。有效地实施这两方面都具有挑战性。如果卖方是收购后继续任职的管理团队的成员，那么买方也许能够在获利能力付款度量时间段内，通过将管理权留在卖方手中来解除一些想象中或者真实的有关目标公司业务管理的疑虑。此外，卖方也许可以给予那些控制目标公司运营的买方一定的限制，比如说销售和市场营销方面的最低支出，或者承诺不会对公司模式进行实质性的改变。但是，所有这些都会增加问题本身的复杂忄，因为买方对接受任何公司运营上的限制都会有所犹豫，尤其是当它打算把该公司与其他业务相整合的时候。

综上，或有付款方式有时候是促使交易发生的唯一途径，可以通过缩小买方和卖方各自认定的估价之间的巨大差距来完成交易。从某种意义上讲，买卖双方可以通过交易来获得巨大的价值。但是，一定要记住，或有付款方式是很复杂且难以管理的，也可能导致冲突和争议。很难找到一个始终没有经过争执、辩论乃至诉讼的获利能力付款。买方需要假设不管绩效如何，最终往往会完成获利能力付款且付清款项，并对那些条款感到惬意。虽然这可能是一种过分乐观的方式，但是一定要了解构建和执行或有付款方式而带来的雷区，并将其当作最后的手段，而不是解决买卖双方估价差距的简单方法，这点非常重要。

8.4 交易架构与对价

在如今的许多交易中，购买对价分成若干部分，并于交割时在不同的时间予以支付。这包括交割时的首次付款（又称为成交付款或向下冲程），交割后可能会有多次付款，付款具有一定的条件性，可能是由于时间的推移或其他条件。一些典型的交割后付款在下文会有相关陈述。一种特殊情况为交割前的付款：诚信付款。我们首先谈论此种付款方式。

8.4.1 诚信付款

当买方试图锁定某一特定的卖方时（即买方想在一定的时期内与卖方就某笔交易进行独家谈判），为了确保排他谈判期而进行的诚信付款。注意：在一些需要执行排他期的区域（如中国香港），需要对一些对价进行易手，本部分相关内容见第6章"国际并购"一节。在此期间，通常为60~90天，卖方约定不与任何其他收购者谈判，也不告知买方他们可接受的任何主动报价以及他们的一般交易条件。如果交割，则诚信付款将从首次付款或成交付款额中抵扣。如果交易没有结束，则通常由买方进行扣除，或买方在从卖方购买的未来服务中抵免。诚信付款额度通常很小，占总购买对价的1%~10%，并在执行购买意向书时予以支付。

8.4.2 暂时扣留或第三方托管

在许多交易中，买方会要求暂时扣留或交由第三方保管一定数量或百分比的购买对价，以应对未来违反股权或资产收购协议中的保证与赔偿规定。暂时扣留物为从卖方扣留的钱款，且在索赔解决后只支付给卖方，索赔从暂时扣留物中扣除。第三方托管与暂时扣留的目的相似，但与暂时扣留的不同之处在于款项在交割时只支付给独立的第三方，并以信托的形式加以保管。除托管代理为已决赔案向买方付款，以及向卖方支付托管余款外，第三方托管的支付方式与暂时扣留相同。争议解决条款通常会在收购协议中有所阐明。如果是第三方托管，将会与托管代理单独签订第三方托管协议，阐明释放流程。需要注意的是，托管代理不对争议进行裁定，而是由买方与卖方来决定，如果涉及诉讼，则通过调解人或法院解决。托管代理仅在规定的条件下持有和释放资金。暂时扣留/第三方托管不一定是处理交割后索赔的唯一款项（或补救办法），但却使得买方知道至少有这么一笔可用资金可以解决燃眉之急，而不用催促卖方（或者在许多情况下，多个售股股东）。

暂时扣留/第三方托管通常占总购买对价的 10%~20%，周期为 12~24 个月。在暂时扣留/第三方托管超过 12 个月期限的情况下，如果在初始期没有针对卖方的重大索赔，有时部分资金会在第三方托管期结束前进行释放（例如 12 个月后）。

8.4.3　留岗薪酬

正如本书其他章节所述，卖方的员工被视为公司的重要"资产"。没有他们，对于买方来说，公司的价值将大幅度地减少。留岗薪酬主要用于在交割后最短的期限内，激励"重要员工"留在即将被兼并的公司，通常为 1~3 年。留岗薪酬的宗旨在于保护买方，防止在交割后重要员工的流失。记住，买方寄希望于所兼并实体的未来表现，而这又取决于其重要员工的才华与知识技能。

有时买方支付的留岗薪酬会远远超过购买对价金额。其他时候，会抽出购买价格的一部分用于此目的。如果卖方从其收益中支付留岗薪酬（通常作为买方的暂时扣留），从本质上来讲，他们是在放弃他们的部分收益，来为买方提供此项保险。如果员工在规定期限内留在公司工作，并履行职责，他将得到这笔钱。如果他离开公司，他将放弃这笔钱。在许多情况下，款项以分期方式多次支付（见下方说明）。如果员工在每期付款到期日仍留在岗位任职，则会得到款项。如果在付款日之前离开，他将放弃所有未付的分期款项。

留岗薪酬款项额度以及支付对象须由买方与卖方商谈决定。此项任务不仅需要选拔有资格参与留岗薪酬库（所有留岗薪酬的总额）的员工，也需要对每个员工分配留岗薪酬额度。另外，员工股东可能与外部的股东产生冲突，原因在于后者无法从此项薪酬中受益。外部股东获得的唯一好处是交易成功完成。因此，如果外部股东负担留岗薪酬的费用，则留岗薪酬扣留金额的决定权可通过员工股东（在许多情况下也包括创建人）与外部股东（通常是创业基金或其他资金提供者）之间激烈竞争产生。尽管买方通常已批准了薪酬分配事宜，但之后卖方会与每个重要员工进行谈判。在一些情况下，买方也会参与到谈判中去。一个或两个固执的重要员工在获得令其满意的分配额度之前，可能会阻碍交易的完成。

注意：重要员工可以是出售公司的高层管理者，也可以选择对交割后的持续运营至关重要的员工。在有些情况下，可以涵盖所有员工，但对这些员工的薪酬分配存在很大的差异。

留岗薪酬可用来将购买价重新分配给股份所有权与留岗薪酬，而之前的分配基于股份所有权。因此如果售股股东同时也是重要员工，其最终的薪酬会高于出售时仅有所有权的售股股东。一个聪明的谈判者会利用这种再分配来解决股份所有权中的员工不平衡问题。在某些交易类型中，尤其是涉及专业服务公司的交易，留岗薪酬占交易对价的比例可高达40%。但对于员工不是主要资产的交易，留岗薪酬通常占购买价的10%~20%。

留岗薪酬可以为现金、现金与股份相结合或股份的形式，这通常由买方来决定。如果买方公司是公开交易的，则可以选择使用现金与股份相结合的方式。私人买方通常只能支付现金。现金与股份相结合方式的支付计划不尽相同。例如，现金部分可占到留岗薪酬总额的50%，并在3年内按比例付清。股份部分（其余的50%），可能会在3年内授权（类似于现金），或在3年期满时"一次行权"。

8.4.4　多次支付

在一些交易中，买方会承诺购买价固定，但分多次支付。可以为三次等额支付，按50%、25%、25%的比例三次支付，或约定一些其他的支付形式。多次支付通常可减轻买方的交易负担。有时此类支付会产生应计利息。

8.4.5　获利能力付款

获利能力付款能缩小买方与卖方在出售公司价值比例中的"差距"。如果卖方预估利润率会有显著增长，但买方基于过去的业绩对此表示怀疑，双方可约定获利能力付款，或根据交易后某些目标的达成，约定额外酬金。如果目标达成，则予以支付。大多数买方会对获利能力付款加以回避，原因在于其意味着买方在付款期间不得不离开被收购公司，以便不影响管理人员取得获利能力付款。如果他们不加以回避，卖方与管理团队会声称买方违背了他们实现获利付款条件，并控诉买方。在此情况下，获利付款通常会延误被收购公司融入买方公司的进程，并延缓融入后取得的协同效应。在一些情况下，对于可能实现的特殊项目，尤其是能产生重要价值的项目，获利付款可与此事件的经济效益挂钩。这使得盈利能力支付计划进程更便于管理、争议性较小，并能最大程度减少融合的拖延。

8.4.6 重要阶段

当买方收购公司时，在存在一些缺陷或发展要求（例如，开发一种新产品模型）并会影响交易价值的情况下，买方可在项目完成之前，保留一部分购买对价。交付通常被称为重要阶段，卖方与买方将对其规格和时间，甚至是验收标准进行约定，买方将依此确定工作是否已完成。一旦完工并通过验收，则执行重要阶段付款。尽管勉强称得上是一种暂时扣留，其宗旨在于减少尚未完成的重要阶段的风险，此款项一般不用于解决卖方的索赔。

第9章　整合计划

前几章里已粗略地谈到了关于整合计划的关键问题，特别是在第7章，但即使冒着重复的危险，在这里也要直接回顾一下整合计划面临的关键问题。整合常常被视为决定战略交易成败的决定性因素。根据我们的经验，整合也是在大部分买方组织中最不容易被理解和确定的。在交割前，开发一个基本的整合计划只需要非常少的工作，但是却可以产生极大的回报，使一项新的收购整合和绩效整合变得容易，尤其是在第一年。

尽管整合计划没必要在交易过程的一开始就着手去做，但是在最终决定进行交易之前，必须完成一些整合计划的工作。这是事实，因为必须将整合成本和收益作为最终决策的考虑因素。整合新业务的成本和所能达到的协同效应常常是决定进行交易的关键因素。具体的时间安排会随着交易的不同而不同，但是按照一般规律，当尽职调查全面展开时，最好开始建立整合计划，并且要在较高的水准上；到最后决定签署收购协议时，高水准的整合计划应该已经完成并得以审查。

准确地预测成本和收益是为交易进行有效财务预期的关键。因为交易团队往往倾向于鼓励交易，所以会有过高估计潜在协同、低估相关成本的强烈趋向。有效整合计划中的一部分是产生对双方都比较现实的预期。例如，交易者也许能够很快地意识到交叉出售产品给客户可以带来潜在的收入协同，但是却意识不到合并数据库的成本和在其中寻找相关信息的成本。整合成本包括开展基本整合工作的成本和实现潜在协同所进行的必要投资。在本章讲到协同机会的时候要记住，实现这些协同常常需要前期投资。

值得注意的是发生在金融买家身上的例外情况。有时候，正在收购一项业务的私募股权公司和杠杆收购公司会将卖方同另一家投资组合中的公司整合起来。但是，他们通常会在购买一项业务之后继续将其作为独立实体来运营。在这些情况下，大部分（而不是全部）整合工作所面对的问题都会消失。即使对金融买家来说，考虑整合工作中的某些问题也是很必要的，包括对员工、客户和供应商的影响，以及由于所有权归属于私人投资者而引发的监管要求的改变。

9.1 资源投入

整合计划中的首要问题就是资源投入。问题是在交易没有完成时，整合计划还很有可能是个不相关的预期。做前人从来没有做过的工作一般不能给事业带来推动作用，同样，直到交割前，相关的职能部门经理才会创建一些全职的职位并雇用长期员工来整合和运营该业务。因此，从事整合计划的员工常常做的是全职工作，他们的事业和薪酬就是建立于其上的，并且最少也会持续到交割。

理论上，一种途径是由企业发展团队来开发整合计划。尽管一些公司让从事交易的团队来进行初始的整合计划，但这种方式从根本上就存在缺陷。因为企业发展团队不会在交割之后深入地参与到业务的运营中来，针对事业部是如何运行的细节也知之不详，因此对于企业发展团队来说，拟订一个现实的整合计划是很困难的，而让职能部门经理接受就更难了。也存在极少数不出现职能部门混乱的例外情况，但是总的来说，整合计划在很大程度上需要由相关职能部门来完成和控制。值得注意的例外是，目标公司会作为新的事业部而不被整合到现有的业务中去。在这里，企业发展团队也许能够在整合计划中起到带头作用，但是这只是浅层次意义上的整合，其工作在很大程度上是将公司的标准和流程强加给新的事业部（比如人力资源部和财务部），同时整合员工效能。

在这些强制力量的作用下，可以通过两种途径来寻求资源，以开发有效的整合计划。一种方法就是利用职能部门为尽职调查提供资源。这种方法的优点就是参与的员工对目标公司已经有很深的了解，但依然面临两个问题：第一个问题就是确保他们有足够的时间同时从事尽职调查和整合计划；第二个问题就是在理想情况下，从事整合计划的人也是执行预期的人，这就要求负责尽职调查的人员可以在交割后长期从事整合实践。另一种可供选择的方法就是敦促职能部门经理提供单独的或重叠的资源来启动整合计划。同尽职调查一样，很难将这些资源从其运营角色中抽离出来，对其实施激励也存在同样的困难。但是，不像尽职调查，整合计划拥有一个有效的激励因素，即如果交割，那些拟订整合计划的人将是最有资格在整合中担任领导的人，同时也会在新业务中成为很有潜力的新角色。因此，战略交易常常会为晋升带来机会，因为管理层会把员工从事业部中抽调出来，然后安插到新购入的业务中去。

9.2　将尽职调查与整合计划及执行联系起来

在进行资源配置开始整合计划后，在整合计划和尽职调查间建立联系就非常重要。这可以提供一个有效的反馈路径：将尽职调查中收集到的信息提供给整合团队，以便将其纳入整合计划的考虑因素之中，而整合团队把问题和解释说明反馈给尽职调查团队。如果双方人员的工作存在实质性的重叠，或者至少在事业部中是非常亲密友好的同事，那么这种信息流就不会断裂。不进行这种交流就意味着整合计划会忽略一些重大问题，同时尽职调查团队也不能问对问题。例如，一家拥有工会的大型制造商收购了一家没有工会的小型制造商，如果整合团队不知道目标公司的就业政策实际上违反了他们的工会合同，那么他们就不能把使目标公司的员工达到工会的薪酬福利标准并将所需资源包括在计划内。如果整合团队没有认识到这个问题（这对尽职调查团队而言同样也是问题），那么他们可能就不会深入钻研目标公司的薪酬计划，进而发现这两方的福利组合存在着多么显著的不同。最后的结果可能是在评估该交易的价值时没有把一项实质性成本考虑在内。此外，如果买方未能就平稳过渡以及提前与工会沟通做出计划，就可能在交割的时候才突然发现这些问题，并很可能面临着工会的敌对反应。

9.3 关键整合问题

整合计划中的第一步是仔细研究双方的业务特性，并识别哪些地方需要整合、怎样整合。为此，整合团队需要首先了解双方业务：业务是怎样运作的，其关键部分是什么。在一些情况下，他们也许会在整合某些部分的时候，保持其他部分的独立性。例如，在整合两个在不同平台上运行的软件业务时，也许将其中一个系统转换过来要比依然运行两个不同的系统支付的成本更高。在下面的情况中该方法尤为正确：双方的业务都足够大，以至于在运行不同的系统方面都达到了临界质量，并且转换成本是非常巨大的，转换成本包括购买新的硬件和新的软件许可证、雇用新的员工或者保留大量的现有员工。

对于整合所选择的部分和区域，预期者需要确定整合如何进行、哪里存在冗余、哪里需要削减。例如，如果要通过关闭其中一家制造商来合并两家制造商，那么买方必须决定从长期来看，哪家工厂对于双方业务而言是比较好的平台。尽管买方可能更偏爱自己的工厂、系统、员工和方法，但是买方必须带着没有偏见的态度去审视每一部分，同时对是否应该削减本企业或者卖方的工厂、系统、员工或方法做出商业判断。买方可以从目标公司得到的有价值的协同，不仅有通过整合取得的成本减少，还有通过采用卖方更好的方法或平台达到质量、效率或绩效标准的提高。在许多情况下，卖方的产品、员工、系统、基础设施或者设备可能更好些，是整合决策中的"赢家"。

整合的重要问题或相关问题会随着交易的不同而不同，也会随着业务的不同而不同。但是，某些问题在大部分整合计划工作中都是很重要的，这部分会讨论一些最为普遍的整合问题和工作。

9.3.1 人 员

正如第3章所述，对于某些业务，人员是买方所寻求的重要资产之一。尽管律师事务所和咨询公司这种几乎所有的价值都在员工身上的公司是极端的例子，但是几乎对于所有的目标公司来说，人员都代表着价值和知识的重要源泉。业务的出售会给卖方员工带来伤害。尽管相关部门的买方和卖方的员工都会有一种不确定的感觉，都会担心整合的潜在结果，但是并购更有可能影响到卖方员工，因为他们明白买方会对保留买方员工有一种本能的偏爱。当为员工设计整合计划的时候，买方一定要行动快速、明确，这点非常重要。

一些整合区域的进程可以慢一点，这是允许的，但是不论是在交易之前还是在交易刚刚结束的时候，无法为员工制订一个清晰的整合计划都会造成很大的伤害。处于不安定和不确定状态的员工更有可能离开公司寻求其他工作，而那些留下来的员工很可能注意力分散且绩效较差。在理想状态下，整合计划可以设立一种快速流程，尽可能快地确定需要解雇哪些员工，以及留任员工的职责和管理结构。

买方与管理人员打交道的方式和与普通员工打交道的方式通常存在着很大的差别。在大部分情况下，卖方管理层会通过出售他们的公司得到一笔财务上的意外收入。在一些情况下，买方也许能够在谈判中要求卖方管理团队在公司继续留任一段时间。当没有这些要求的时候，买方需要排除以下情况：卖方管理人员在拥有一大笔待付款并且可能对买方的管理人员很恼火的情况下，常常会在交割后立即离开。从这种意义上说，买方想留下这些管理人员中的任何一个都必须考虑，在买方组织中为卖方管理人员安排诱人的职位，而且还要考虑减少由于付给卖方管理人员额外财务收入而带来的影响。买方常常不会把自己的管理人员作为收购行为的一部分而解雇，但是若要留下卖方管理人员，买方就需要考虑自己的管理层是否冗余或者是否需要重新设置新的职位。

与管理人员相比，卖方员工往往不会在财务上得到一笔意外收入，他们仍然需要工作来维持生计。也就是说，业务的出售所带来的不确定性常常会使卖方员工考虑另谋职位。从某种程度上来说，卖方员工不能确定能留在新组织，这完全是一种合理反应。即使当他们已经确定会继续被雇用，文化和组织的改变也会使工作变得不那么诱人，促使他们考虑离开。整合计划面临的一个主要问题是，快速评估卖方的员工并努力识别买方想要保留的重要员工和极力想解雇的员工。卖方管理人员对这种评估很有判断力，因为他们对自己的员工很了解。对于那些买方想要保留的卖方员工，买方需要快速告知这些员工会继续被留用，同时设立足以吸引他们留任的有关条款。对于那些由于整合变得冗余的买方员工，买方必须对解雇自己的员工所带来的文化上的影响保持高度的敏感。对于一些其公司文化可以激发员工忠诚感的公司来说，这个过程可能会比较困难，可能会影响留任员工的士气。

在预期人员整合的时候，还有许多需要考虑的规章制度和法律问题。除了卖方员工和买方员工福利政策，也许还存在着一方或者两方的工会合同、国家和州际监管裁员的法规。这就是将人力资源部和法律部的员工纳入整合计划过程中的重要原因之一。

在一些相对罕见的情况下，买方在收购一项业务后，不进行人员整合，并在很大程度上保持两个平台的独立性。在这种情况下，可能会避免整合人员所带来的许多问题，但是几乎不能完全避免。即使买方保持双方劳动力的完全独立，像公司文化和员工福利这种问题通常也是每个组织都要遇到的。

人员整合很可能是整合过程中最变化莫测的领域。提早预期尤其是对人员的预期，是决定成败的关键。电脑系统能够单独运行几个月，复合式建筑能够出租几年，但是无法快速地开始和完善人员整合可能会导致绩效上的迅速退步。在签署交易协议和交割的这段时间内，和卖方管理人员坐下来拟订人员整合计划，以便在交割之时或者刚刚完成的时候宣布那些计划，可以让买方受益匪浅。[①]

---

① 要注意，在某些情况下，对于已经签订购买协议等待监管部门批准的公司，反托拉斯法会限制它们的合作方式。就受限于此法的交易而言，整合计划的执行会受到限制，但是整合计划和信息共享还是可以进行的。关于这个问题的详细讨论请参见 Robert Pitofsky, Harvey Goldschmid, and Diane Wood, Trade Regulation Cases and Materials, 5th ed. (New York: Foundation Press, 2003).

9.3.2 技　术

对于技术含量很高的业务来说，硬件、软件和系统的整合可能是比较重要的问题。技术整合往往是节约成本的重要来源，需要作为业务估价的一部分来考虑，至少在很大程度上应该予以考虑。与人员整合不同，在买方完全整合两项业务之前，技术通常有充足的等待时间，且很少有技术退步的可能。但等待的时间也包含着风险。对于技术是核心因素的业务来说，技术的转换或过渡可能会冒着给该业务带来损害的巨大风险。想象一下一件带有严重程序缺陷的产品的让渡给软件制造商带来的损害，或者系统故障使得信号中断几分钟甚至几小时会给电视广播公司带来的损害。在整合技术的工作中，极度小心和考虑周全的预期是非常重要的。在技术整合计划中需要考虑的关键问题会随着相关技术类型和业务特性的不同而不同，但是这部分会讨论一些经常会用到的重要议题。

买方需要比较自己的和卖方的硬件及软件平台，然后决定单独的一个平台能否有效地支持两个组织。买方往往会从考虑软件部分和比较双方能力开始。不仅需要考虑每个组织的现有需求和产品，而且需要考虑未来计划。例如，如果其中一个软件系统能够使新产品的生产更具灵活性，那么它可能就是更可取的，即使这些新产品现在还只是在制图板上。买方需要努力为合并后的组织选择最好的解决方案。从理论上讲，向最好平台的转移应该有助于提高效率或增强生产能力。在计算这些好处的时候，买方应该考虑完成这样的整合带来的全部成本，以及除效率和产品生产能力之外的需要。

需关注的领域之一就是兼容性。整合后的系统不仅必须和双方业务的内部系统相兼容，而且必须和需要与之相互作用的外部系统相兼容，所采用的技术平台应该能够继续与交易参与者（供应商、合作伙伴以及客户）的系统相互作用。弥补这些兼容性方面的差距所带来的成本是在制订整合计划时必须考虑的因素。整合计划尤其要考虑整合的全部成本，包括更趋向定性分析的问题，比如给客户带来麻烦。如果整合后的系统提高了1%的效率，但却导致客户流失了5%，那么就不能把这次整合看作是成功的。

在技术整合的背景下，安全性和可靠性也是非常重要的问题。如第5章所述，在许多领域都要有高水平的安全性和数据完整性，这不仅是客户的要求，在某些情况下更是法律的要求。如果卖方系统不能够满足买方的内部标准，那么就必须马上使卖方系统遵循买方标准；如果买方正在通过收购卖方进入一个管制更严格的领域，那么这项交易实际上会给买方本身带来更高的标准。同样，对可靠性的预期会体现在客户合同中，也会潜在地包含在管制规定中。如果一套系统不能满足这些要求，那么该系统就需要马上进行升级。在某些情况下，交易本身也会为一方创造新的标准。例如，如果卖方是一家小公司，那它就能够避免维持完全多余的备份系统，但是，在被一家大型的上市公司收购后，它就会成为这些要求的目标对象。

可测量性既是优势也是祸因。如果系统能够被整合，而单独的平台能够支持更大的容量，那么买方往往就能够产生规模经济。但是，整合能够产生新的需求，即升级系统以支持更大规模的需要。这虽然会带来长期的效率，但也会产生短期的成本。

9.3.3 产 品

当买方想通过收购来开展全新的业务或进入一个全新的领域，那么买方和卖方的产品就完全不会存在重叠。但是，在大多数情况下，收购会涉及一些重叠或者相关联的业务。整合计划需要明确如何管理和解决产品之间的冲突，发挥产品之间的协同效应。这项工作是特别重要的，因为这会对客户产生影响，如果管理不好，就可能会导致客户的疏远和流失，或者导致买方或卖方业务的声誉或品牌的损毁。

尽管买方不能马上整合双方的产品，但也应该尽快采取行动使产品的联合报价合理化，这是很重要的。其目标就是要确保产品的报价统一，由此使整个业务的价值最大化。这其中有诸多影响变量。这里要重点指出三个大的方面，即取决于产品、市场和客户的类型，而其他方面的问题都是在此基础上的。

当买方和卖方的产品存在重叠的时候，整合计划需要明确准备如何把双方的产品融合成统一的产品线。在某些情况下，买方可能会决定继续生产两种同样的产品，尤其是当两种产品在定价、品牌或者目标客户等方面存在着微妙差异的时候。例如，在戴姆勒（Daimler）和克莱斯勒（Chrysler）两家公司合并之后，每家公司都有一种中型轿车，但它们并没有停产，因为每种产品都有不同的价格卖点，定位于不同类型的客户。相比之下，如果戴尔公司和Gateway公司要合并，人们可能会认为许多产品线将被合并，因为它们更加相似。因此，在比较产品线的时候，买方需要考虑的不仅是产品功能，还有市场营销方面。即使相似的产品也会有不同的价格卖点、质量水平或者品牌战略。整合计划需要识别这些问题，最后得出哪些产品线将被保留而哪些产品线将被合并的结论。如果保留独立产品线，则买方需要对价格兼容性问题保持敏感。虽然没有一条规则规定相同产品不能以不同的价格出售，但是在这些产品线归属于一家公司后，维持价格差异就变得更加困难了。至少在分割和区分这些产品线的时候，需要更加谨慎。

如果要在一定程度上保持产品线的独立性，则必须调整这些产品线，从而使它们之间互相侵占市场的水平达到最低。而在两家不同公司之间，侵占市场不仅是可行的，而且受到鼓励。拿肯德基（KFC）和星期五餐厅（Friday's）来说，肯德基（与星期五餐厅相比，肯德基定位的市场更低端）实际上已经作了广告促销，它强调肯德基和星期五餐厅的产品相似，但是价格不同——试图通过以更低的价格提供大致相同的产品来吸引竞争对手的客户。如果肯德基和星期五餐厅的所有权归属于同一个所有者，那么该所有者很可能不会合并这两个品牌，因为它们有不同的价格卖点，且以不同的客户群为目标，但却有可能会尽力使双方互不侵占对方的市场。①

在某些情况下，产品不存在重叠，但是可能会以一种积极的方式相互影响。当这些产品为一家公司所拥有时，往往能给彼此带来协同效应。整合计划也应该能够明确不同的产品线之间潜在的协同效应以及达到协同的途径，其中包括把互补的产品捆绑在一起、利用对方的制造渠道或销售渠道，以及向现有的客户交叉销售。例如，如果一家大型的信用卡发卡商收购了一家汽车贷款公司，该发卡商就可以利用汽车贷款公司已有的客户信用信息预先批准汽车贷款

---

① http://www.theatlantic.com/entertainment/archive/2016/08/when-tgi-fridays-loses-its-lair/496976/.

并邮寄出信用卡。同样，如果两家服装零售商合并，那么可能会合并其国外制衣合同，利用合并后更大的数量来向供应商争取更优惠的条款。星巴克公司（Starbucks）与巴诺公司（Barnes & Noble）的整合就是一个捆绑方面的绝佳例子，虽然这不是以收购的方式完成的。

9.3.4　运　营

运营整合常常被看作通过节约成本来达到协同的一种途径，但它也是提高效率的一种途径。但是，人们需要在这些收益和实现这些收益的成本之间寻求平衡。一般来讲，运营整合是按照一种更慢的、更有条不紊的节奏来完成的。而实际操作和程序可能需要在交割之后马上标准化，特别是在法律法规要求这样做的时候，运营和设备的整合要耗时数月乃至数年。虽然如此，整合计划应该能够为运营整合奠定基础，设计一个大致的时间轴。

运营整合所面临的问题就是在节约成本、整合成本以及对经营业绩的影响之间寻找平衡。任何运营整合都可能给公司带来损失，关键就是能够平衡损失和收益。例如，如果买方和卖方都有一个呼叫中心，并且呼叫中心的员工都熟悉自己的产品，那么整合所带来的损失中的一部分就是需要交叉培训留任的呼叫中心员工，使他们熟悉对方的产品。如果培训非常短暂且简单，那么其他业务的损失就是短暂的，也是值得的。但是，如果单独的一个呼叫中心员工无法向新的客户群提供高质量的应答（比如，假设新产品更加复杂，并且员工也没有能力掌握），那么损失将是非常大的，从长期来看会有损于客户群。

呼叫中心是整合节约中的常见领域。最大的问题是要尽力使得给客户带来的麻烦最小化，同时确保为整合后的客户群提供相同水平的服务。买方不仅需要考虑呼叫中心员工的能力，还需要考虑该呼叫中心的运营。这些问题包括：呼叫中心的技术基础设施；应答及提供网上服务的能力；呼叫中心的运营时间；呼叫中心的可升级性，即随着设备的增加及当地员工的增加而实现增长。例如，某些可升级的呼叫中心坐落在附近有州立大学或者职业学校的农村，这样的地理位置能够给公司提供低廉的土地和廉价但受过良好教育的劳动力。

关于制造设备的整合也存在同样的问题，买方需要考虑单独的一台设备能否满足各条产品线的要求。如果需要调整该设备，则买方必须考虑这些改变是否会带来很高的成本，变动幅度是否过大，维护两台设备是否会更加有效率。该产品线必须在轻微调整所带来的合理成本以及创造一台能够应对一切业务的设备"科学怪物"之间找到平衡。

技术基础设施常常要符合较高的标准，因为操作并行的技术平台更加困难，而整合信息系统获得的利益往往也是非常巨大的。从长期来看，大部分公司试图整合其核心信息系统，尤其是那些提供最终汇总报告（包括财务报告和合规报告）的信息系统。那些具有并利用高度敏感而机密的信息的系统也是非常好的整合对象。一条较好的通用准则就是：如果数据能够在整个公司中相互作用，或者符合较高的安全性和完整性的标准，那么买方将愿意整合该信息系统。买方也愿意整合这样的信息系统，即能够达到规模经济和规模效率，或者利用最佳操作的信息系统。这些信息系统在信息技术方面也非常相似，这时基础设施的运行会产生过剩生产能力。因为许多信息技术得到的是许可使用权而不是所有权，所以在独立大型软件许可下，能够显著地提高运营效率。综上所述，在买方比卖方有着更大的规模且发展更充分的情况下，买方可能会想把卖方的信息技术系统移植到买方现有的平台上。

通常情况下，往往还可以选择某种"屋顶合并"（rooftop consolidation），即买方和卖方合并工作场所，并减少建筑或者"屋顶"的总数。这些整合的收益包括更少的建筑租赁和抵押所带来的成本节约，同时，员工们在一幢大楼里混合办公，可以促进文化的整合。但是，"屋顶合并"也会带来很大的成本，如解除租赁、出售建筑以及转移人员和物资的成本，还会对员工产生影响，因为变更工作场所对员工的上下班时间和方便性都有重大影响。在某些情况下，"屋顶合并"实际上需要一家公司安排一些员工来填充新场所的职位。所有这些成本必须与减少建筑数量带来的收益相平衡。

9.3.5　品　牌

品牌整合和人员整合面对的问题几乎相同，都会激起强烈的情感。除了与实体设施、特定产品线或技术平台联系在一起，公司常常会与品牌紧密地联系在一起。虽然品牌感觉上是无形的东西，但却蕴含着巨大的价值。整合两种品牌或者将一家公司的业务移植到另一家公司的品牌的过程可能会比较微妙和复杂，且破坏价值的可能性非常大。

9.3.6　客　户

先来讲一个不容忽视的现实。在合并过程中，合并后的客户群平均会损失2%~5%，而有的甚至会损失30%以上。[①]与整合计划中的其他方面相比，客户更有可能从收购或合并中获得潜在的收益，也可能遭受潜在的损失。和员工一样，客户能够在宣布收购之后迅速做出反应，因此，要在收购过程的早期制订对客户的整合计划，这点非常重要。

整合计划需要从分析买方和卖方的客户群以及确定不同客户群的价值开始：在某些情况下，客户是卖方的关键财产，对买方有很强的吸引力；在某些情况下，客户中的某个群体虽然具有吸引力，但并不是至关重要的；在某些情况下，客户中的某个群体对买方来说不具有吸引力。这种对客户分类的角度可能是建立在客户购买量或者客户特征（显然包括它们的信誉和付款历史）的基础上的。

如果买方确定了卖方客户中不同群体的相对价值，那么它就需要判断客户在交易宣布之后可能出现的反应。如第2章所述，客户在交易宣布之后会有一系列的反应：在一些情况下，客户可能认为交易是积极的，能够创造出一家在财务上更强大、提供更多产品的供应商；在另一些情况下，客户则认为交易是消极的，会创造出一家不以客户具体需求为核心着眼点的公司，或者一家由于其他原因而有着较坏声誉的公司。

整合计划需要先确定哪些是具有高价值的客户，进而推测他们对交易可能会关注的问题，然后再确定解决这些关注问题的途径。对于那些非常不具有吸引力的客户来说，整合计划期望在法律合同或约定下，是否能找到解除客户关系的方法。

法律条款是整合计划中客户分析的重要组成部分。根据交易结构（购买股

---

① 　Scott Christofferson, Robert McNish, and Diane Sias, "Where Mergers Go Wrong," The McKinsey Quarterly 2 (2004).

份和资产）以及客户合同中的条款，基于相同条款来转让客户关系是可能的，或者获得客户的同意是必要的。许多客户关系要么可以随意终止，如在改变控制权（比如战略交易）时可以终止；要么在大部分情况下，可以不受合同的控制，而是在逐次交易的基础上维持的。例如，到餐馆吃饭的客户不会签署一个约定他们每年吃掉一定数量食物的合同，而只是一次性购买服务，在这个例子中，也许是一碗靓汤和一份沙拉。这就需要尽职调查团队成员同整合团队成员之间相互配合。检查客户合同条款的律师需要与整合团队就这些条款进行沟通，之后整合团队要适当地进行预期。即使有一份可转让的合同准备就绪，也仍然需要买方做出某些行动。比如，发送一份通知来完成合同的转让。

在大部分情况下，客户整合计划的关键着眼点应该放在沟通上。在宣布交易之后，买方可以通过迅速抓住客户来减少顾虑，从而吸引卖方的客户，力求使整合过程中的损耗最小化。

交易的另一种潜在的消极影响是客户重叠。如果买方和卖方曾经是为争取同一顾客群而竞争，那么整合计划就需要解决如何消除这种竞争。这里所面临的问题是要消除带有破坏性的公司内部竞争，将客户分配到最合适的业务中去，从而可以与其他公司进行有力的竞争。这在实际操作中会存在激烈的权术斗争，因为两个相关事业部的经理都想尽可能留住一部分大客户。

整合计划应该尽力获得新客户群带来的积极协同。积极协同不同于对损耗的补救，通常会持续更长时间，而且在交割之后的前几个月里并不那么重要。但是，它们常常是一种用来证明交易的正确性的重要收益，所以要尽早地考虑和分析它们，即使执行实现协同的计划会耗费时间。交叉销售是一种很明显的潜在协同，买方和卖方可以把自己的产品交叉销售给另一方的客户。如果两家业务能够整合与服务于同一位客户相关的成本，那么客户重叠也可以产生积极影响。例如，如果两家业务在给客户提供的服务标准不变甚至有所改进的情况下，整合提供给一位客户的账单或者采用一名销售代表来拜访这位客户，就能产生成本节约。

9.3.7　供应商与合作伙伴

因为供应商与合作伙伴一般都能够从与买方或卖方的关系中获益，他们通常会得到更多的业务，对战略交易感到满意，因此，不必像对待客户一样采取紧急行动。尽管如此，在整合计划中还是要考虑这些关系以及交易对这些关系产生的影响，这是非常重要的。

同客户一样，第一步就是评价同供应商与合作伙伴的关系，确定其相对价值。这种评价必须在整合后业务的背景下进行，同时必须考虑与买方现有供应商、合作伙伴关系的冗余和重叠。同技术一样，买方也力求通过最优的方法从买方和卖方的供应商和合作伙伴关系中选出最佳组合来。

对于那些买方不愿意维持的关系，买方需要同律师一起确定哪些步骤是必要的，解除这些关系会带来哪些成本；对于那些具有很高价值的关系，买方就需要考虑卖方与供应商或合作伙伴之间的合同条款。与客户关系相比，供应商、合作伙伴关系更有可能受一份正在执行的合同的控制。第一步就是要检查这些合同，看看这些关系是否可以转让，如果可以，买方需要采取哪些步骤来完成转让。

如果某些合同不可转让但又具有很高的价值，那么买方就必须准备好与供应商或合作伙伴协商新条款。如果对于供应商或合作伙伴来说，与卖方的原有关系更具吸引力，那么他们很可能会给买方设置一些障碍，因为他们想要继续维持基于原有条款的关系。在某些情况下，交易对供应商或合作伙伴来说是积极的，因为交易能够建立与一个更大实体的关系，这时，买方也许能够通过协商获得比原有协议更优惠的条件。

第 10 章　融资问题

虽然看似显而易见，但依然要指出，不论是一次性全部收购还是股权资本投资，任何一项交易都涉及必须支付的购买价格。买方必须提出购买价格。如第 8 章所述，购买价格可以以各种货币形式支付。在一些情况下，买方可以使用现金、股票或手中持有的其他资产，而在另一些情况下，买方则必须寻求外部融资。在何处寻求、如何寻求，甚至购买者是否能提出购买价格都是交易双方需要考虑的重要事项。

10.1　资金成本

对于买方来说，在任何一项收购或股本投资中，机会成本都是一项重要并且常常被忽略的因素。当分析一项业务时，这是很关键的因素。当收购一家公司或其股权时，不管资金筹集方式或支付货币种类如何，都存在成本问题。如果资金是借来的，那么成本将是明确的。如果它是手中持有的现金或股票，那么不能将其用于其他交易或其他目的的机会成本必须纳入考虑之中。当评估一项交易的价值或吸引力时，在收购中所使用的资金成本也必须包含在内。如果不考虑购买价格中的固有成本这一要素，你会高估一项收购或投资的价值。

10.1.1　现金融资来源

如果购买价格必须用现金支付，那么买方可能需要持有充足的现金，也可能不得不外借。不过，买方持有现金并不意味着支付是无成本的。从理论上来说，公司总是可以以一定的利率借入大量资金。然而，对任一公司来说，资金都是有固有成本的。考虑到这一章节的目的，我会尽量简化资金成本的计算方式，因为很多书中有关于怎样更精确地计算资金成本的内容。人们通常会通过计算加权平均资本成本来考虑不同的资金来源，包括股权和债务。[①]下面根据资金来源的不同进行相关论述。

大公司可以通过出售证券进入公众市场。它们可以出售债务证券，也可以出售股票。同样，公司可以向个人投资者出售股权或债务。债务通常以贷款的形式出售给银行，或以私人闲置债券的形式（通常与公共债券的形式类似，但只出售给少数的大投资者）出售给大投资者，如养老基金。选择利用公众市场还是私人市场取决于每个市场的利率。在大多数的案例中，公众市场的利率较低，但是只有少数公司可以进入这些市场，并且通常需要借入大量资金以创建证券流动市场。借入 500 万美元的公司通常倾向于进入私人市场或银行，而借入 10 亿美元的公司通常倾向于进入公众市场，以获得更低的利率。

对于配股的出售，上市公司不得不考虑在更广阔的市场上出售其股票而产生的影响。公司如果认为市场没有为其提供获得更多市场份额的空间，就可能因为担心这会降低其股票的价格而回避股权的发行。可以想象这样的情况，即对公司总市值的消极影响超过了实际融资金额。例如，拥有 10 亿美元市值的公司配股发行了 2 000 万美元的股票，但是股票需求很少，同时因配股的出售而导致股票价格下降 4%。其结果是，为了在股票市场上融资 2 000 万美元，公司减少了 4 000 万美元的市值。对于私人公司来说，股权的发行可能是极具挑战性的。对私人公司出售证券有着重要的管理限制。一般情况下，其股权只能出售给大投资者，甚至是其中相对较少的一部分。与上市公司相比，私人公司

---

① 加权平均资本成本的具体计算请参见 Richard A. Brealey and StewartMyers，Principles of Corporate Finance（London:McGraw-Hill，1991），p.407.

更可能受到限制，只能将股权卖给数量非常少的潜在买方。

上市公司或已经得到审批的私人公司可以出售股票从而成功地从公众市场借入资金。正如股权一样，除非涉及相当大的数目，否则发行债券是没有意义的。对于比较小的数目和那些不打算得到审批的公司来说，私募通常是富有吸引力的备选方案。除了银行可以向公司发放贷款以外，还有大量的机构可以发放大额私人贷款或是联合私人贷款，如保险公司、养老基金以及其他大型投资者。

然而，选择股权融资还是债务融资取决于许多因素。公司首先要考虑其股票在当前的市场上估值是过高还是过低。如果公司认为股票是超值的（也就是说，市场认为每股股票的价格比公司管理层认同的股票价格要高），就会向市场出售更多股票。然而，实际上，管理者认为自己的股票是超值的现象极为罕见。当然，管理团队倾向于对公司前景表示乐观，并且大多数的管理团队会在未取得完全成功的情况下让市场接受他们的看法和乐观的想法。这预示着公司更倾向于采用发行债券的形式来为收购或者其他需要资金的行为融资。这种想法在某种意义上受其对公司前景的乐观态度所影响。如果认为公司的经营模式是好的，管理者就会通过借贷把更多的资金投入这种模式中。为了利用网络提供的条件，管理者通常要对他们的经营模式"加倍下注"。然而，存在一种相互抵消的市场力量，这种市场力量限制管理者发展公司的能力（例如，增加贷款为增长融资）。市场只会把钱借给那些期望能在合理期间内归还贷款的公司。当利率上升时，期望会下降。高利率或"垃圾"债券是指债券违约风险较大的公司向市场提供的债券。

债券的成本是一个明确的数目，而股权成本却不明确。一般而言，市场对公司股票所期望的股权回报就是股权成本。也就是说，如果市场期望公司股票年增10%，那么这是对股权成本的一个较好的估计，因为从理论上来讲，如果没有发行股权，公司就会保留收入。

股权或债券的成本总体上也会受到市场的影响。对股权所期望的回报率和对债券所征收的利率，实际上是基本的市场利率和与个别公司有联系的风险溢价的结合。因此，随着利率的升降以及对股权回报的市场期望的改变，个别公司的股权或债券的成本会一起变化。同样，个别行业的市场期望会影响债券或股权的成本。除了发行公司的风险，对该行业市场感知的改变，多少也会影响到业内的股权融资或债务融资。

上述所有的金融工具不仅适用于收购，还适用于满足公司的资金需求。当然，从技术投资到建立新工厂，公司的运营是靠来自公司的自有资金或股权、债务融资。未考虑融资的收购是不明智的。这好比是认为把左口袋的钱和右口袋的钱分开。反正这些都是你的钱，你可以随意地把钱从一个口袋转到另一个口袋。因此，当考虑为一项收购融资时，买方应该考虑公司的总资本成本，并且任何一项收购或投资绩效都必须超过交易的资金成本。

因为公司是靠股权和债券来筹资的，一家公司的资金成本是股权成本和债券成本的加权平均。例如，如果一家公司得到1亿美元的股权（投资者购买的股票份额）和9亿美元的债券（从市场或私人机构（如银行）中取得的贷款），公司的资金成本将是债券利率的90%再加上所期待的股票回报率的10%。如果买方利用自有资金来为一项交易融资，就需要利用资金的全部成本来评估此项交易。如果买方发行股权或债券来为一项交易融资，有人就会认为应该利用详细、精确的融资成本来评估这项交易。然而，从一定的理论意义上讲，这是不正确的，因为把钱从一个口袋转到另一个口袋是很简单的，并且当考虑交易的机会成本时，公司全部的资金成本仍是恰当的测量尺度。一种例外情况是当一项交易大到足以改变公司的资金成本的时候。例如，一家公司如果从没有债务到因买下另一家相同规模的公司而产生债务负担，那么它的资金成本就会因交易而大幅增加。然而，即使是在这样的情况下，修改后的、全新的全部资金成本依然是衡量机会成本的正确尺度。

除股权或债券融资的成本之外，还有一个机会成本是关于市场的基本非弹性。从经济理论意义上说，这对公司所发行的股权或债券的数量是没有限制的，仅仅是随着不履行债务的风险或股权表现不佳的风险增加而带来稳定增长的成本。但实际上，这不是一条平滑的曲线。这仅仅是对个别公司的股权或债券的特定的有限偏好，并且当公司接近这种限制时，融资成本会有一个突然的急剧增加。因为收购或股权投资通常需要大量的融资，公司不得不考虑把大量的股权或债券"倾销"到市场中的短期影响。特别是股权，当其大量投入对公司的额外投资无偏好的市场中时，会导致股票价格的下跌。从理论上讲，如果被收购的资产可以给交易前的公司带来相同或更高比例的增长和收入，那么股票价格应该不会下跌。然而，市场通常对绩效感到怀疑，并且可能持一种观望的态度，这会使股票价格在短期内受挫，而且只有在绩效得以实现时才会给予回报。这通常会使买方做出是要股权还是债券的选择。在很多案例中都可以看到，融资选择并不取决于长期资金成本，而是取决于高层管理者的偏好，与其忍受股票价格的短期波动，他们宁愿选择高成本的债务。通过发行股权来对交易进行融资的买方会对公共关系、投资者关系十分敏感，并且会做出很大的努力来确保市场清楚地了解交易的利益，以尽力消除配股产生的消极影响。

一家公司也可以把股权或债券出售给大型投资者或机构。这些交易会产生机会成本（见第8章），但存在一些关键性差异。一项私人交易更简单，通常只需要遵守较少的规则。然而，大型机构可能比公众市场的要求更高，因此融资成本也可能更高。就股权融资来说，潜在的买方通常是私人股权和其他金融投资者。如果买方是一家私人公司，则可以选择现有的投资者或者将其作为拓宽投资者基础的机会。这方面的挑战在于一轮股权融资将促成对买方业务的估值，同时也受到很多因素的影响，包括公司最近的绩效、行业和市场的状况。这对于买方评估其业务可能是好的时机，也可能是不好的时机。战略交易的时机选择可能与出售公司额外股权的最佳时机不一致。买方能够通过选择现有的投资者来缓解这种状况，因而他们的所有权不会被稀释，并且公司也可保值；然而，这要假设现有的投资者喜欢把更多的钱投入并非一直保持不变的公司中去。大众购买者也会选择将股权放在私人投资公开股票交易中（前面讨论过）。而私人投资公开股票交易是指在私人交易中，将上市公司的股票出售给一个或少数几个大型投资者。私人投资公开股票交易在监管方面有一些固有的复杂性，通常也期望买方愿意购买上市公司的股票并在一定的时间内持有。

买方也可以选择私人发行债券。在其最简单的形式中，这可以是来自一家大型借贷机构的银行贷款。银行贷款或信用贷款的最高限额对那些拥有能维持其固定信用和资产以维持银行贷款的大公司最为可行。然而，即使是大公司，利用银行贷款为战略交易融资也是很困难的。除非目标公司比买方小得多，否则买方不会有足够好的信用或足够多的资金来为基本的银行贷款提供保证。更重要的是，大多数的银行对把大量风险集中在一家公司犹豫不决。另一个备选方案是发行私人债券。这种债券的买方是机构投资者和与股权相比更注重债券的私人股权基金。买方在债券上可能要付出高利率，但是债券的使用可以使公司从许多机构那里有效地借贷，而这些机构可能不愿意为单独一家公司承担如此巨大的风险，但却愿意为这一类公司承担风险。有时，不同的银行组合也可以达到相同的效果。

任何类型的债务合同都会包括相关的承诺条款，其规定了限制发行公司的条款和条件，以及违反这些承诺会产生一系列的责任。这些条件包括对公司发行额外债券或采取其他措施的能力限制，以及要求公司立即付款的启动条件，如最低现金流量和负债比率。买方必须认真考虑这些限制条件。就长期债券来说，它是买方不得不长时间来履行的义务。错误地利用这些限制会妨碍公司业务的增长，同时违背这些承诺和义务将会造成更多的负面影响。违背债务合同中的关键承诺会导致公司履行立即付款责任。这会导致公司的破产或需要出售大块业务。

借债频率也是一个重要的因素。买方必须有效计划现金流量并且决定怎样快速地按计划偿还债务。一般而言，买方需要建立足够的弹性制度来适应其业务和市场不可预料的改变。不归还债务对公司的影响是不利的，甚至是毁灭性的。非银行债务可能会允许买方商定比较长的付款期限，并且在一些情况下，可以推迟利息支付，甚至可以在债务偿还期的期末偿还少部分资金。

买方也可能会考虑与不同的贷方之间的关系的本质。若买方与银行之间有着坚固的业务关系（例如，如果买方也要处理信用卡或工资表），这可能使这种关系加倍稳固。同样，如果买方的一个投资者也提供股权融资和债务融资，那么其对买方的熟悉程度和对股权投资增值的期望可能使其把借贷当作最好的选择。在选择债务的类型和贷方的时候，买方将不得不考虑许多因素，包括利息率、债务期限、要履行的责任和义务，乃至贷方的性质。

向私人投资者借钱或发行股权有时间优势。因为其监管要求是非常低的，并且投资者大都经验丰富且擅长从事这类交易，而且从总体上看来，订约方和参与方的数量是非常少的，私人融资通常会比较快地完成。这很重要，因为战略交易很快就会得到执行，并且卖方不可能为等候融资的完成而推迟该进程（参见10.3节"或有付款：'完全掌控'"）。

即使是私人融资，也将会花费大量的时间，并且需索要文件和进行谈判。当着手进行该战略交易时，意识到这点并且为之做好计划是很重要的。这是很有挑战性的，因为买方可以同时完成与卖方、买方的融资来源的谈判。融资谈判的不确定性也是极富挑战性的。当一家公司寻求借贷时，资金的用途通常是已经确定的（如建立工厂、扩大运营、提供科研资金）。在一些情况下，当买方就战略交易进行资金谈判时，交易不会完成且无需融资的可能性是很大的。然而，融资来源——尤其是那些在监管基础上的交易融资——通常是不确定的。

10.1.2　以股权支付

股权交易融资的变化事实上是以股票来支付购买价格的。这种方法有许多优势。首先是买方可以限制发行大量股权的市场影响。通过限制发行时间、方式及数量，买方可以控制股票价格带来的影响。但卖方可能会抵制这些约束，因为它们限制了卖方的直接流动性并且引发了新的风险。如果买方的股票价格是上下波动的，那么，卖方在买方的股票中占据着重要的位置并且得到的有效的购买价格可能会与得到现金的效果显著不同。[①]这些限制也会服务于公司的业务目标。卖方的一部分股东在交易完成后继续参与这项业务的程度要求他们继续持有买方股票的购买价格的一部分，这把他们的动机同买方的动机联系起来。一个最好的例子是卖方的管理团队持有大部分股票并且在交易完成后需在一定的时期内继续保留其在管理层中的角色。特别是当卖方的公司将要成为整合后的实体中的重要部分时，通过把纳入购买价格的最终价值同买方股票的绩效联系在一起会有力地刺激着管理团队为实现绩效而努力，即使在并购后也是

---

① 欲了解这种效果的实例,请参见Michael E.S. Frankel,Deal Teams (Boston:Aspatore 2003),p.17.

如此。

以股权的形式支付购买价格会对买方造成一些潜在的不利影响。如果购买价格代表着卖方全部价值的一个重要部分，那么，以股权的方式来支付会改变卖方股东基础的特征。在一些情况下，这可能不会得到特别关注的。如果双方是拥有着不同股东基础的大型上市公司，这个结合不太可能会有实质性的影响。然而，如果卖方的股票集中在少数股东手中，结果可能是买方拥有了一个新的并且相当有实力的股东。一些近期的例子有，泰德·特纳（Ted Turner）将其互联网业务出售给时代华纳，克雷格·麦考（Craig McCaw）将其电信业务出售给 AT&T，这项出售使他成为 AT&T 最大的股东。一个对此表示不满的大股东可能构成对买方管理层的现实阻碍，并且管理层可能选择以现金的方式来支付以避免潜在的风险。

以股权的形式进行支付也可能涉及公共关系。如果这两家公司的股票都估值过高，那么让买方同意支付现金是很难的，但是让它以股权的形式来支付相同的数额则比较容易。同样，以股权的形式进行支付为买方提供了比较好的理由来说服股东，即卖方也承担了部分交易风险。实际上，当卖方的股东可快速地出售股权甚至可以建立规避机制来抵消买方股票的风险时，这将是不必要的。然而，从表面上看，以股票的形式进行支付会帮助买方的管理层挡住来自市场的批评，即他们为收购支付得过多。

如果买方是一个私人公司，那么以股权的形式进行支付会给双方造成许多额外的复杂性。除非卖方的股东仍为买方所雇用，否则该私人公司将拥有新的而且很可能是重要的股东，这些股东在公司中没有真实的利益。除非卖方的股东计划对买方进行长期持续的投资，否则卖方不可能接受非现金证券的支付方式。最可能的情形是在比较小的私人业务的购买中，卖方的股东也是雇员并且打算继续同买方保持雇佣关系。即使是在这样的情况之下，除非他们要进行实质性的管理控制，否则他们将可能默认接受以现金的形式进行支付。

以股票的形式进行支付有很多重要的、附加的法律和规则要求，牢记这一点也很重要。就一家上市公司的买方来说，他会要求经美国证券交易委员会承认的公开呈报和后续发行的证券的注册，以允许卖方的股东可出售股票。这些要求会在法律费用方面使买方花费大量的资金。在同等条件下，以现金的形式进行支付比较容易并且花费少。

正如前面提到过的，利用股权或债券来对收购或投资进行融资会对市场产生影响，如果买方认真考虑这一影响，那么，以股权形式进行支付可能成为有吸引力的备选方案而予以考虑。如果买方打算留住关键员工，并且这些员工是重要的股东，那么以股权的形式来支付报酬有助于在交易完成后使他们的动机归于一致并使他们关注于工作。实际上，突然给予高层管理者上百万或上千万美元的股份也会是一项挑战。很多人会接受这些报酬并且引退。当然，这种方法是附加在直接的或有支付和获利能力付款（见第8章）之上的一种工具。

10.1.3 支付资产

在较少数情况下，买方可以以资产的形式支付购买价格。这种形式是罕见的，因为这要求卖方恰巧是那些特殊资产的最合适的买方——买方会把大多数价值归为那些资产。在其他情况下，买方可以通过把这些资产出售给其他买方然后用出售所得向卖方支付购买价格来确认更多的价值。当然，在大多数的情况下，这也预示着卖方没有出售其全部资产，或想与买方"交换"其要出售的卖方所拥有的业务。战略交易中的一方成为另一方资产的最热心的购买者的机会是十分渺茫的。当这种情况发生的时候，它是最经济的，因为它可以消除单独的销售过程以及由此产生的大量成本。

我曾经在20世纪90年代中期担任此类交易的财务顾问。Rollins Truck Leasing是一家卡车租赁公司，拥有一家希望卖掉的物流子公司。美国联合包裹运输服务公司（UPS）是非常合适的买方之一，拥有小型卡车租赁业务，也可以认为是缺乏战略的。最初，基本的销售谈判是围绕着买方要收购 Rollins 的物流业务而展开的，但是随着讨论的进行，我们意识到卡车租赁业务对 Rollins 也是有益的。最后，我们就两项业务的交换进行了有效谈判，协议价值的差额以现金的形式补足支付给我的委托人。双方在唯一一次谈判中就完成了这两项交易。

当存在两个尽职调查时，每个谈判都有单独的一套顾问体系，并且因为交易同时完成，所以无需在等待其中一项交易完成期间临时为另一项交易进行融资。这项交易是具有独特协同的资产交换的一个例子。双方都用非核心业务交换更具有战略意义的核心业务，并且从其市场空间中移除了重要的竞争者。除此之外，还要意识到此类交易的潜在的反垄断法规，这是较少见的情况之一，在这样的情况下，以资产的形式进行支付是双方的最佳选择。

10.2　机会成本

除了资本有限以外，在进行战略交易时还存在其他限制或机会成本。一宗战略交易需要投入许多资源进行谈判、完成和整合。特别指出的是，这需要高层管理者给予大量关注。高层管理者的时间是有限资源，由于时间很难增加，而且必须在战略交易和日常运营管理中合理安排，所以在给定的期限内，一家公司能够有效地开展多少次战略交易是有上限的。战略交易失败率较高通常归因于整合不力。高层管理者的参与和关注是有效整合不可或缺的要素之一。有些公司非常擅长做战略交易，而有些公司则不太适合做大宗交易，如思科（Cisco）公司、胜腾（Cendant）集团等。

战略交易同样会对其他资源产生限制。职能部门管理团队也必须从日常工作中抽身出来，致力于尽职调查和整合工作。尽管可能会用到更多的资源，但详细了解目前经营状况的要求会限制一家公司填充全新资源的能力。引入不熟悉公司的新员工会导致公司盈利减少，因为新员工需要细心培养和精心管理。

从理论上讲，财务、法律及其他外部咨询顾问都是无限资源。然而事实上，上述资源也是有限的。许多公司与1~2个该领域的公司建立了优先关系。这个团队致力于该公司，对该公司非常熟悉，但也有自身资源的限制。例如，尽管大型会计师事务所可以从其他项目甚至其他部门调派资源，但是能致力于该公司并对该公司、该行业最为熟悉的资源却是有限的。

最后，公众市场对战略交易的忍耐度也存在着理论上的限制。每一宗新的大型交易都需要一定教育背景的股东，因为需要阐明藏在交易背后的战略和逻辑，以便促成积极的交易——最起码不是消极的交易。假如一系列的战略交易共享同样的宗旨和战略，就更容易定位这一系列的交易。但是，即便如此，公司也必须减少市场对公司能否成功完成重复整合的担忧。从某种意义上讲，每宗战略交易都由不同的战略所驱动，公众市场即使在不存在误解并对管理层及其整体战略抱有信心的情况下，其吸纳各种交易的能力也是有限的。因此，就连市场感知也能限制一家公司所能从事战略交易的数量。

上述所有约束条件很可能会导致那些没有经常进行战略交易的公司很难将业务开展超过一年的时间。就连那些具有深厚专业知识的公司在进行战略交易时也会发现其潜在交易数量受到上述因素的约束。因此，在评价战略交易时，买方需要考虑那些也可用于其他交易的有限资源所产生的机会成本。

10.3 或有付款："完全掌控"

战略交易需要大量的资本投入，但在许多情况下，买方不是心甘情愿地拿出这笔资金的。买方为收购融资是一件非常普遍的事，但同时应意识到融资绝不只是纸面工作和后勤工作。融资会为战略交易带来新的不确定性和新的参与方，同时，买方也将获得不同程度的融资承诺。在一些情况下，买方会从银行或其他资金来源获得一个非常坚定且不可撤销的承诺；而在另一些情况下，因为公司可以通过向公众发行股票和债券来融资，所以融资情况取决于市场反应。

买方通常会尽力在成功地为进行战略交易融资前签署收购协议。这通常是一个更加节约成本的途径，因为财务上的交易是有成本的，而且一旦交易完成就会给买方带来承担成本的压力。因此，买方往往倾向于在战略交易完成的最后一刻进行支付。

然而，这种行为却使卖方陷入尴尬的境地。如果签署协议和交易完成不是同步进行的，那么卖方还要签署一项协议，即在交易完成时必须成功获得融资。在大多数情况下，买方在协议之外还会附加一个或有付款方案。事实上，这就是说，完成交易的承诺受制于财务上的成功交易。

在这种情况下，卖方必须权衡交易失败的风险以及从买方投标中获取的利益。从理论上讲，买方融资失败的风险越大，卖方给予买方投标的折扣就越大。折扣率也取决于卖方是否会遭受损失、再次联系其他投标方的难易程度、融资是否会失败，以及交易是否会完成。

第11章　交割及后续事项

对于许多业务专家而言，一项交易的签署与交割是从收购到整合过渡期间一些神秘的节点。这些步骤在时间上都是相互独立的，但是有时又可以同时进行，如果用专业术语来描述，交易的签署和交割这两个步骤是要投入大量的精力来进行协商、计划和分析的现实事项。在交易的签署和交割之前，任一方都有可能改变已经达成的约定。虽然条款清单可以勾勒出一项合同的大致内容，过去的财务报表可显示出公司未来财务状况的发展态势，但能够决定合约全部基本条款的只有正式的法律文件，也只有最终的资产负债表才能够核算出准确的财务收支。

11.1　交易是如何交割的？

交易交割步骤还没有一个标准的结构和时间表，具体实施细节还要根据出售公司的具体情况、当事人的具体需求，以及通常适用的法律法规而灵活变动。在任何战略交易中都会有一些比较标准的实施步骤，通过它们可以对交割机制有一定的了解。

通常在交易的签署和交割之间存在着非常大的差异。签署一项交易表明交易双方通过签署有约束力的合约进行交易，但需满足特定的交割条件。而交割则是签署最终文件并使交易生效。简单说来，交易的签署就是签署一份出售公司的合同，而交易的交割则是在事实上完成这笔交易。当交易签署后，双方都将采取相关必要步骤达成交割条件。当交割条件达成后，双方将挑选一个日期来制定最后的确定性文件进行交割。在大多数情况下，交易签署后至交割前，双方会满足相关监管要求，但有些时候，买方会在这段时间筹措资金，卖方会对相关业务进行必要调整。在签署交易时拟订的条款是为了防止任何一方退出交易，但在交割条件未达成的情况下，任一方均可退出交易。除必要的监管备案和审批外，交割条件通常要求卖方业务不能存在"重大不利改变"。一般来说，这是指在交易签署和交割期间，该公司不能有严重损失。交割条件是双方重点讨论的议题，各方都会为己方承担的交割义务增加例外事项，同时限制对方义务的例外情况。

在签署交易时，双方一般会签署一项收购协议（也可以称之为合并协定或股权购买合同，由具体交易性质而定）。除交割条件外，收购协议将列举具体的条款，包括购买价格、付款方式、陈述和保证，以及赔偿条款。陈述和保证是双方对其履行交易核心内容的基本承诺。对于买方而言，陈述和保证通常涉及其是否有能力偿付购买价格和是否可获取相关部门的批准（董事会或股东大会）以进行该交易。卖方的陈述和保证往往包含更多的内容，主要涉及财务报表、关键协议、合同以及待售公司的其他重要情况，卖方须保证其真实性。赔偿条款主要包括合同一方对另一方在发生特定事件后需要赔偿的费用（和相关限额），这些事件包括诸如一方不能证实其陈述和保证的真实有效。比如说，如果买方履行一份合同，通常会同意在合同履行过程中赔偿卖方合同项下的相关费用；同样，如果卖方承诺公司没有任何债务，当买方发现有债务存在时，卖方则需要做出赔偿。通常赔偿限额包括一个上限（最高赔付金额）和一个下限（最低赔付金额）。

当交易签署后，双方通常会尽快进行交割。对各方而言，在交易签署至交割的这段时间包含太多的不确定因素，并且很多情况下，双方都希望尽快交割交易。交易的签署和交割之间的间隔时间会受外部因素的影响而发生变化。最常见的也常常是耗时最多的延迟原因是获得监管批准。对于受到较多管制的企业而言，出售公司——有时甚至包括收购大型新公司——都需要得到有关监管部门的审批。

当所有交割条件都已达成后，双方将组织进行交割。交割所需的文件往往比签署交易所需的文件要多。大多数文件均是法律表格，用于将产权和各项权利转化为资产和有价证券。律师可能还需要一些法律文件来证实签署双方的代理权。初始收购协议中的陈述和保证应在交割日前保持有效。"有效"指交易双方声明的陈述和保证在交割日期仍然属实。

当所有的文件都已签署后，应正式支付购买价格，包括相关信托机构持有的有价证券（如适用）。这个过程就像打电话授权进行电汇一样，只不过还包含了有价证券在持有机构（比如美国存管信托公司）等之间的转换，或是从银行提取出保管基金。所有这些交易都需提前进行计划和记录，以确保最后一步的完成。一般来说，负责交割工作的人员只需确认资金和/或有价证券都已经过户，律师只有在确定过户后才会发放生效的法律文件。

针对文件送达，交易的签署和交割往往在买方或卖方律师的办公室内进行。一般来说，经由传真发出的签名即具有法律效力，但是人们更喜欢采用原件。同时，考虑到交易的重要程度，双方的高级主管宁愿自己参与签署，而不是仅通过信使将已签署文件送至律师处。交割常常是一件值得大家共同庆贺的事情。大家将谈判中产生的不愉快搁置在一旁，双方都对结果表示满意，并且通常在签署文件后就去庆贺交易的达成。交割的达成是一件令人高兴的事情，双方也常就此组织持续几周的宴会，有时甚至是几个月或者更长时间。

交割后，整合小组一般会占据重要地位，并开始进一步完善和执行整合计划。但律师和财务小组通常在交割后需要花几周甚至几个月的时间来完成扫尾工作。律师可能需完成一些交易交割后文书工作以及法律文件的整理工作。

财务小组经常有更重要的任务。财务报表是对公司在一段时间内的业务状况的反映。当然，收集这些数据资料并得到最终的数据需要花费一些时间，因此财务报表本身就是对以往的回顾。这也就说明了为什么公司总会推迟几周才向市场公布其前段时期的财务状况。收集数据、进行审计并将其汇总成最终的财务报表需要很长的时间。因此，想在交割时就知道合同期间的财务状况是不可能的。卖方至多能够提供一份基于公司历年发展趋势和计划的财务报表预测。

　　律师想出了一种基本方法和许多变形形式来解决上述问题。大多数交易需在交割后对购买价格进行调整，以反映交割时预期的财务状况和实际值之间的差异。在交割后的一段时期内，双方的财务人员和卖方的审计人员（有时候也包括买方的审计人员），将对卖方的公司做出一个最终的财务状况评估。这项工作具有一定的挑战性，因为在合同期间公司的日常事务由卖方运营，但在交割后公司的管理机制及相应的财务报告机制都将由买方接管。综合各方（包括外部审计师）的评论意见，财务小组将给出最终财务报表，据此计算出收购价格的调整额，由合同的一方或另一方进行支付。这个计算过程就像对资产负债表上的总金额进行调整一样简单，但常常又比这个过程复杂得多。在大多数情况下，交割后的调整工作将在一两个月内完成，但对于那些需要花很长时间来清理财务盈余及账户的公司而言，这项计算工作的"尾巴"会拖得更长。

11.2　交易签署和交割的其他事宜

　　在交易签署和交割时以及之后的一段时间内，进行协商的双方将可能需要与内部及外部的相关人员进行各种互动。从广义上来说，这些互动可分为公开声明、非公开声明以及法律行动。至于需要进行哪些互动，以及何时进行将取决于交易的性质、涉及的业务以及整合计划的详细内容。至于这一系列的互动究竟是在交易签署和交割时都要进行，还是仅在交割时进行即可，这取决于签署过程的公开程度。在一些情况下，签署过程可能需要进行公布，也可能公布与否均可。对于一些公司而言，法律规定签署必须公布。作为审批程序的一部分，一些监管机构可能需要公开的文档。对于由公众持股并由美国证券交易委员会管理的公司而言，重大交易须向股民公布。所以，任何出售上市公司的交易都必须由卖方向公众公布，而收购的业务（即使是一家私募股权公司）如果占买方业务的很大一部分，也必须予以公布。

　　将交易宣布后需发布的所有信息准备好十分重要。由于向雇员和公众发布的信息需要精心起草，并经多人修改，因此不会很快完成。在大多数情况下，起草用于讨论交易的语句需要公关部、人力资源部、法律部和财务部工作人员以及高级经理的共同努力，有时候还需要得到董事会的协助。

11.2.1 公开声明

公开声明需要仔细起草，并且还要具备普适性。非公开声明在某种程度上（也不总是）需要审慎撰写，而撰写公开声明则应假设所有公众都将阅读该材料。因此，修改公开声明以迎合特定读者的需求恐怕是很困难的，因为每份声明的受众是多样的。律师常常称之为"《华尔街日报》的考验"，也就是说，公司撰写的声明或者文件需要达到能够在《华尔街日报》的头版刊登的水平。战略交易的公开声明则不仅需要考虑到目标读者，还要考虑到其他读者。任何一份声明的读者都可能包括股东、雇员、监管人员以及竞争对手。这并不是说公开声明不能够同时兼顾到不同的读者群体，只是要考虑到不同的人都会得到一份混杂的信息。因此，战略交易的公开声明采取最小公分母的方法，尽量避免冒犯或烦扰任何读者群体。这使得撰写公开声明成为一门精妙的艺术，通常都是由公共关系专家亲自执笔，他们大多有丰富的经验来撰写需要精心遣词造句的声明。

除需满足监管要求外，公开声明还应该能够对战略交易的交割起到积极作用，使关键群体能够对交易有清晰的理解。媒体和分析机构会撰写报道和研究型文章，关键群体也会通过该渠道了解到公开声明的内容。其难点就是，如何同时通过这些渠道来传递若干信息。一般来说，买方和卖方都会寻找方法消除雇员对交易带来裁员或者降薪的担忧。很明显，当公司计划裁员或者降薪时，公司并不想欺骗员工，而是想办法降低这一举措带来的不利影响。举例来说，如果买方只计划少量裁员，那么如果将之在公开声明中加以详细说明，那么将减少受影响的人数，员工们的恐慌也将得以消除。

当卖方进行公开出售时，关于战略交易的公告可以极大地影响到买方的股价，而且也会导致卖方股价剧烈变动。卖方股价的变动是很难加以控制的，因为这只是市场对交易本身价值的一种简单反应。但是，买方的股价却是基于市场对交易的理解程度，并将受到市场对交易印象的影响。所以，买方的公开声明必须仔细撰写，要清晰地向投资人阐述签署这项交易的价值和好处，设法消除投资者的担忧。比如说，如果买方要兼并一家完全处于不同领域的公司，那么这项交易的公开声明就要说明在兼并这家公司后，新业务将如何加倍提升原有业务，创造协同效应以及竞争优势。

公开声明还会影响监管人员对交易的认识。当交易需要取得监管部门的批准时，监管人员就会饶有兴趣地阅读有关交易的公开声明，而这份声明可能会引起监管人员更多的担忧或疑惑，也有可能有助于消除这些担忧和疑惑。比如，当一家公司通过收购当地企业而进入一个陌生的地区，那么当地的监管人员将会考虑这家外地总公司对当地消费者采用的政策，以及这家公司是否会造成当地员工的失业。在这种情况下，总公司如果清晰地表明自己绝不会造成本地员工的失业，或者将投资当地的基础设施建设，以支持本地的消费者，那么就能够减少监管人员的担忧。

甚至一些接到买方或者卖方的非公开声明或直接声明的各方也会受到公开声明的影响。员工、客户、合作伙伴乃至竞争对手都会对公开声明产生较大的兴趣，他们会就交易对自身的影响得出结论。这就是参与战略交易的双方在发布有关交易的公开声明之前或与此同时向关键群体和客户发布非公开声明的原因之一。

11.2.2　非公开声明

在一些情况下，参与战略交易的双方会在公布交易之前，以非公开的形式与关键群体进行沟通；而在其他情况下，尤其是法规要求于交易签署和交割时发布公开声明，在公开声明的同时或者之后发布非公开声明。这些非正式沟通的目的就是要处理好与关键群体的利益关系，或者改变他们对此项交易的看法。

与员工进行非公开沟通通常发生在交易进行中。买方有时候也会与员工进行沟通，但几乎在各种情况下，卖方都会与工会联系。这些工作的目的是消除不合理的担忧，消弭不利的传言。在大多数情况下，当宣布进行收购时，员工，特别是卖方员工，都会作最坏的打算。如果能够向大家详细阐述整合计划，买方将能够或多或少地减少卖方工会的担忧。这种沟通可作为一种潜在的良机积极推动合同的达成。举例来说，卖方可能宣布交易并告知员工，公司计划进行一些裁员，但公司希望大部分员工能够坚守岗位，作为回报，员工将会得到更多的报酬，并能在整合后，在买方的公司中获得更稳定的工作。

这种非公开形式的沟通还会面向一些主要的合作伙伴，比如供应商、合作伙伴以及大客户。同样，进行此项工作的目的是减少这项交易可能带来的担忧，强调交易带来的好处。比如说，在与卖方的客户进行沟通时，买方可以承诺将继续提供卖方的产品，事实上在收购后将能提供一系列可供选择的产品。

有一点必须着重强调，要让那些接受非公开声明的人不受公开声明的影响很难，非公开声明常常难以保密，以至于经常会泄露。可能单独同一家大型供应商的谈话能够保证不会传出去，但是群发给数千名员工的电子邮件就可能会落到媒体的手中。

11.3　交割的后续事宜

在交割战略交易和之后的一段时间内，相关的律师将会按照一系列的法律规定步骤来完成两家公司的整合。从专业的角度看，实体的整合发生在交割时或者其后的一小段时间内，这项工作将留下一条长长的法律"尾巴"。在许多情况下，特别是对于那些顾客都是个人消费者的公司而言，法律规定了无论消费者是否同意交易，都必须将交易通告给消费者。在交割之后的数周乃至数月时间内，还需要交割一些法律文件的归档工作。

合同、执照、租借权和所有权文件等可能都需要进行转让或更改。有时候为了提高效率，就需要交割文件归档工作。在处理与合作伙伴相关的一些合同及协议的时候，买方可能需要获得其对转让程序的同意签字，至少也要通知它们有关事宜。这个获取同意签字的过程有时并不难，只是一个程序性步骤；但在对合作伙伴是否同意这项转让不清楚的时候，这也可能变得极富挑战性。当一部分合同中包含了卖方的有形资产时，买方会不遗余力地保证这部分资产的顺利转让。在一些情况下，获得合作伙伴对一部分合同的同意签字是交割条件之一，也可能导致交割后对收购价格的调整。

11.4　整合及回顾（事后检验）

当交割的一切事宜都已尘埃落定的时候，相关人员一般都会进行庆祝活动，但正如第 9 章所述，对于买方而言，这只是成功交割交易的一个中转站。在大多数情况下，买方一旦确定了收购价格，就不太对之后发生的事情感兴趣了。当然也有特殊的情况，就是那些规定了部分收购价格与交割后获利能力付款挂钩的一类合同。但是对交易而言，交割标志着整合过程的正式开始，而整合往往要持续数月乃至数年。

一项成功的收购以及后续企业成功发展的关键之一就是在交割后对绩效进行监控。监控的作用不仅在于及时找出不能达到交易预期目标的地方，并及时做出反应、改变路线以解决存在的问题，而且还能够作为一种有力的预警手段，及时向人们提醒和强调他们在交割时做出的保证和承诺。人们常常会受到对未来乐观判断的诱惑并且制订出大胆的整合计划，以获得公众对交易的支持和认同。业务经理常常把整合看成快速大幅度提高其职责的方式，因此他们会存在一种冲动，往往为了获到批准和资金，许诺一些看起来根本不现实的目标。那些制定并维护一项交易的核心领导者是否得以升职加薪，将受到交割情况的影响。对于那些业务经理而言就更为实际了，他们往往要为购入的业务承担日常管理工作。

创造持续激励因素并随时监控交易进展情况的方法有很多。一个简单的方法就是设立日常状况检查制度。当然这需要每份合同都有标准化的状况报告。这种方式可以使整合小组的领导者和事业部经理都能小心监控交易的进展状况，并且将这些结果向公司管理层汇报。

另一个有效的方法就是将特定的绩效标准和经理的职责联系起来。对于事业部经理而言，最简单的方法就是要求他们为每一项在交易审批期间所做的计划签字负责。经理们要保证业务状况能够达到绩效标准，证实投资的合理性。而对于主管整合事宜的经理来说，应当在整合计划的制订期间，对照时间表制定一系列重要目标，然后定期检查整合计划的进展情况，以确定是否达到了计划的阶段性要求。不过，如果想要将员工（如企业发展团队等）的效能和交易的进展联系起来，就有一定的难度了。但是，站在一个较高的层面上来看，可以肯定的是，交易组合的总绩效是评估企业发展团队绩效的绝佳指标。尽管任何一项协议的缺点不能仅仅归咎于企业发展团队的控制失误，但如果一项明显不切实际的期望没能达到，就说明这个团队在推进交易时过于激进，没有认识到交易的内在价值——只是推进交易，而不是站在公司及广大股东的立场上来考虑问题。

最后需要说明的是，并不存在一种神奇的方案来保证战略交易取得成功，但是如果有效地对其过程进行管理，雇用有才能的员工，并且为团队提供适当的激励，就能够在很大程度上确保选择合适的交易，并且使之得以顺利施行。

附录 A 战略交易的标准表格范例

文　件	相关部门
潜在收购目标公司清单	事业部经理/企业开发部
总结特定机遇的备忘录	事业部
损益影响因素模型	企业财务部/事业部财务处
事业部预算	事业部
估价分析	企业开发部
高层管理者戸明	事业部/企业开发部
条款清单	企业开发部/法律部
尽职调查报告	尽职调查小组
最终文本	法律部/企业开发部
综合计划	事业部经理
交割后整合报告	事业部经理

附录 B

B1：尽职调查报告目录

I. 总述

II. 一般描述

III. 收购战略及基本原理

IV. 管理层评估

V. 业务审核

VI. 技术审核

VII. 法律审核

VIII. 人力资源审核

IX. 财务审核及规划

X. 收购结构

XI. 实施步骤

XII. 整合计划

附录

B2：X项目尽职调查报告

职能：［如技术］

作者：［报告编著者的姓名］

日期：［报告日期］

状态：［初步报告、最终报告］

概述表

风险/事件	风险等级：高、中、低*	斤有者	减缓	解决时间**	成本/时间框架的行动方案

　　*高：对交易或估价的重要影响　中：协议或估值中的易管理事件　低：交割后的减缓

　　**时间：交割前、交割中、交割后

尽职调查会议［每次会议须填写这份表格］

会议日期与格式：［日期、电话会议或现场会议］

与会者：　［买方与会者和卖方与会者］

姓名	职位	机构名称

职能描述

［填写你对评审领域所做的综述。假设读者对情况的熟悉度有限，需要根

据你的报告，更好地加以了解。]

尽职调查评审主题

[填写你评审的具体主题以及你的发现结果。如发现问题或风险，请提出建议如何加以减缓（比如，合同转包/变更，收购协议的赔偿，开放来源归属）以及时间（比如交易开始前的条件、交割时、整合阶段）。另外，请确认与风险减缓有关的所有成本，并评估需要耗费的时间（例如：5万美元，交割后在6个月内完成）]。【请在上述的概述表中对事件/风险进行概述】

1. 主题1

2. 主题2

3. 主题3

协同机会

协同的定义	支持性调查结果/影响协同效应的事件	价值评估
收益机会		
1. 收入协同效应1		
2. 收入协同效应2		
成本节约		
1. 成本协同效应1		
2. 成本协同效应2		

其他事件或评论：

[展开项目或上述未处理过的项目。]

评审资料

[请提供评审资料清单。例如，数据室的技术文件夹，以及目标源代码。]

附录C　交易流程清单的标准范例

1. 确认可供选择的公司，并做出初步评估。

□ 事业部起草一份备忘录概述收购战略的基本原理，并协同企业开发部对此进行评论。

□ 企业开发部将交易录入内部追踪数据库。

2. 同公司举行首次会议确认双方在收购/投资方面的共同利益。

□ 取得事业部总经理的批准，并获得进行收购/投资谈判所必需的企业开发部的参与或批准。

3. 收购/投资正式开始。

□ 企业开发部在法律部以及财务部/会计部的协助下领导工作。

□ 商讨条款清单——企业开发部、法律部。

□ 开展评估分析——企业开发部。

□ 建立最初模型以确定可能的损益影响因素——财务部/会计部。

4. 获得批准以进入尽职调查阶段。

□ 向事业部的高级副总裁、执行副总裁以及企业开发部的执行副总裁进行汇报（3~5页）。

□ 事业部的高级副总裁、执行副总裁以及企业开发部的执行副总裁签署批准表格。

□ 向企业各部门（人力资源部、信息技术部、设备部、公关部、决策部）发布首次公告。

5. 完成尽职调查前的相关事务。

□ 确定最终条款清单、意向书以及非售条款。

6. 开展尽职调查。

□ 在企业开发部的协调下，由事业部领导组织尽职调查和整合流程。

□ 组织调查人员队伍，并开展工作。

□ 从所有相关职能部门抽调人员。

□ 业务调查——事业部。

□ 财务调查。

A. 历史记录——企业财务部、会计部。

B. 预估损益的影响因素——事业部财务处，企业财务部、会计部。

□ 法律调查——法律部。

□ 人力资源调查——人力资源部。

□ 信息技术和设施的调查——信息技术部、设备部。

□ 起草尽职调查报告，分发给事业部的高级副总裁、执行副总裁以及企业开发部的执行副总裁。

□ 拟订整合计划，分发给事业部的高级副总裁、执行副总裁以及企业开发部的执行副总裁。

7. 获批进行签署/交割。

□ 向事业部的高级副总裁、执行副总裁以及企业开发部的执行副总裁汇报交易情况和合并计划（10~12页）。

□ 事业部的高级副总裁、执行副总裁以及企业开发部的执行副总裁签署批准表格。

8. 交割。

□ 完成对最终文件的商讨。

□ 开始实施整合计划。

9. 分别在第30天、第60天和第90天，向高层管理者提供一份交割后的整合报告。

附录 D 审批步骤标准范例

表 D-1 所示内容是公司进行战略交易时可能存在的重要审批步骤和种类。每个公司都会有自身的标准、手续和必要的审批工作。但几乎所有的公司都需在交易进行至不同阶段时得到正式批准。

表 D-1 审批步骤标准范例

交易进行的阶段	需要捱准的事项	批准方
主要的并购重组战略	执行初始战略，利用各项资源	企业开发部负责人及相关部门经理
初次接洽	发起联系，开始讨论	企业开发部负责人
达成保密协定	在公司立场上执行保密协定	企业开发部及法律部的负责人
尽职调查	组织人员并且就项目总目标进行整体尽职评估	总经理及相关部门经理
购买意向	与特定的交易方签署不具有约束力的购买意向书	总经理，法律部及相关部门经理
最终协议	执行具有约束力的并购协议	董事会，总经理，法律部和其他重要部门（包括风险投资部和财务部）

附录 E　战略交易的批准：陈述报告的主要议题

战略交易的计划/基础　这部分主要给予审批者初始并购战略的一个回顾，使其考虑这项交易，并帮助他们在公司整体业务背景下了解该交易。

新领域或行业概述　如果被收购的目标公司属于一个新的领域或者行业，而买方在该领域或行业没有广泛涉足的话，该材料可向审批者提供相关行业或者领域的背景介绍。这部分将讨论一系列主题，诸如竞争力前景展望、相关产业或领域的经济增长特点，以及本公司进入这一行业存在的风险和利害关系等。

目标企业概述　这部分将讨论目标企业的一些信息，包括说明目标企业的经营模式并讨论一些相关议题，如生产线、主要业务、关键资产以及目标企业的竞争优势。

尽职调查审查结果　这部分将审查尽职调查工作中的主要发现，包括积极和消极的方面。在交易继续进行的情况下，该部分还会涉及一些关键问题，并提出相关的改善或者解决方案，以确保交易的顺利进行。

财务预测　这部分包括一份财务预测的概述。这份概述主要包含一系列的财务预期，以说明并购交易影响被收购公司或部门财务情况的方式。这部分还将明确一些预测中采用的主要假设前提，如协同效应等。

关键交易条款　这部分将总结交易的最重要条款，包括收购价格、支付方式、其他条件和交割后义务。

初始整合计划　交易小组人员会给出一份整合计划的大体概述，其同预测阶段假设的协同效应可能存在很大关联。从理论上说，这部分将由实施具体整合工作的负责人进行起草和汇报。

交割步骤　这部分通常称作"后续步骤"，主要概述了完成交易所需的关键步骤和时机。

以下是针对潜在收购进行的一项估价范例。图 F-1 显示了通过贸易类比法、交易类比法、现金流量贴现法以及买方内部股本回报率目标值和阈值得出的一系列估价区间。通过该图，我们希望读者能够回顾相关分析方法，并就目标公司的可能市值形成自己的见解。

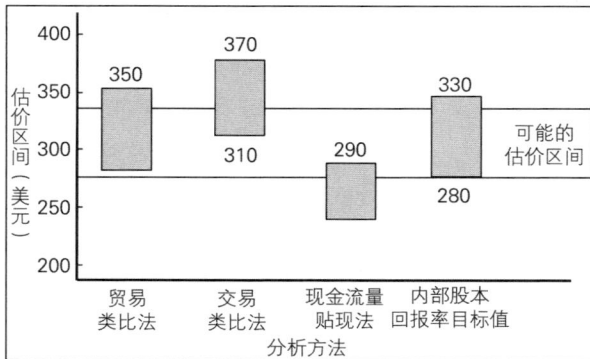

图 F-1　基本估价范例

附录 G 上市公司收购私人目标公司的基本收购术语表

结构

·换股并购。

·权益收购的会计处理。

·以一种未注册私募形式，与买方将发行给目标公司股东的股票进行免税重组。

经济

·价值为【 】美元的买方普通股票（根据最终协议签署前 10 个交易日买方的平均股价计算的已发行股份和期权数）；以【 】美元现金购买目标公司所有已发行且完全稀释的股票（包括普通股、优先股、认股权证和期权）。

·在上述事项中，买方假设目标公司的所有股票均为已发行股票。在交割前，目标公司应与买方达成一致，向目标公司所有非高管层员工提供【 】份期权。

·在交割前，目标公司的所有认股权证均用于购买目标公司的普通股，所有系列 A 优先股均应在交割前转换为目标公司的普通股。

·在签订最终协议前，目标公司除行使已发行的股票期权外，不得发行任何证券。

·如已审计的财务报表与之前提交给买方的报表不存在实质性区别，那么除目标公司提交的日期为【2016年12月31日】的资本化表格所载事项外，不存在其他可转换债和其他已发行的证券，同时在签订最终协议前也不得进行股东分配。

交易后管理层结构

· 预期会同主要员工进行商讨并签订员工协议。

· 主要员工以提存的方式在2年内持有目标公司50%的普通股所有权，第一年年末和第二年年末分别发放25%。员工因特定原因或自愿终止雇用合同的，将丧失其提存股份。其他终止雇用合同的情况，公司均会将所有提存股票发放给员工。目标公司的主要员工均应签署为期2年的竞业禁止协议。

· 所有留任的目标公司员工均会获得与并购公司员工相当的现金报酬。在交易时，买方将按公平市价向目标公司员工提供【50 000】份期权。

员工股票期权

· 在汇率的基础上通过对行权价格和参股数量的适度调整，由买方承继。

· 除此前授予的加速受益权外不存在任何新的加速受益权。

贷款

· 在签署本条款清单时，目标公司可要求买方向目标公司提供【1 200】万美元的贷款，利率为【6】%并将于【2018年6月30日】前全部还清。

陈述和保证

· 一般的陈述和保证条款。

交割条件

· 通过监管审批，不存在相关禁令等。

· 取得目标公司股东同意。

· 目标公司没有发生重大逆转。

· 在交割前提交2016年第四季度的业务情况。

· 收到有关免税交易的税收评价。

· 未违反陈述条款。

· 遵守交割前承诺。

· 所有条件都必须得到第三方的同意。

·其他惯例。

终止权

·违反法律规定；目标公司发生重大逆转；违反陈述、保证或承诺条款；未能在【2017 年 12 月 31 日】前完成交割。

非售条款

·根据合并协议的各项条款（除【上述的投资/贷款】外），目标公司的高层管理者、董事和代理人不能直接或间接地发起、鼓励、促进、讨论、谈判或接受来自第三方关于全部或部分业务、资产或目标公司证券的收购。目标公司应将任何要约或提议立刻通知买方，包括其相关条款和当事人。

·在接受单独的非售文书后开始计算非售期间，期满日为【2017 年 6 月 30 日】。

股东大会

·目标公司的董事会应就此次合并召集股东投票，并应建议支持合并。

·在签订最终合并协议时，可共同保证合并得以批准的目标公司的主要股东投赞成票并签署支持合并的不可撤销的代理书。

补偿和第三方提存

·合并中可发行总对价【10】%的股份应以第三方提存的方式持有，直至交割完成 1 年后，以用于补偿违反声明和保证条款且尚未被发现的债务。这是以第三方提存方式持有的股票的一部分，正如在交易后管理层结构中提到的一样，假设该等股份是由主要员工出于自愿或某种原因终止雇用合同而被买方没收的提存股份，则主要股东仍需按比例向买方进行补偿，补偿额最高为合并需支付总额的【10】%。

·为进行相关补偿，提存股份在交割时应依据交割时的股票价格进行估价。

·如目标公司的陈述中涉及税款、资本化和股份所有权的规定未违反相关适用法律的限制，那么当事方的陈述在交易完成 1 年内依然有效。

·目标公司股东对补偿的法律责任不得超过提存股份。

交割前承诺

·在可行情况下，交易的签署和交割将同时进行。如不可行，双方将尽最大努力尽快完成交割。

· 目标公司在签署最终协议和交割期间继续运营（例如，未经买方事先同意，不得进行分红、招致债务或其他负债、发行股票或进行收购或处分等）。

· 目标公司要保持和维护客户关系。

· 目标公司和买方会尽最大努力使交易圆满交割。

· 其他符合惯例的承诺。

费用和支出

· 各方均需为法律、会计、财务以及其他专业服务支付相关的费用和成本。时机·在接受这些条款规定后，买方及其法律顾问、财会顾问会迅速开始对目标公司的尽职调查，同时起草并商定最终协议。

不具约束力

· 除题为"投资"、"非售条款"、"费用和支出"和"保密"的部分外，除非已起草、送达或董事会已通过正式的最终协议，否则这里所讨论的建议将不具有任何效力。买方、目标公司或其他方均无任何义务或责任遵守此建议条款。双方承认，这些条款在最终协议得以执行前可予以改变、增加或删减。此外，该建议的前提条件是尽职调查得以圆满完成。

保密

· 买方和目标公司都同意尽其最大努力来防止信息的非授权使用，以及在此之前或在谈判或建议的预期调查过程中有关另一方机密信息的泄露。双方同意对本提议及双方进行的谈判予以保密。即便没能达成最终协议，双方仍需遵守该义务。同时，拟议交易应遵守保密协议的规定。

附录 H　基本投资术语表

结构

·投资于【C】系列的优先股。

经济

·以【　】美元现金购买目标公司所有已发行且完全稀释的股票（包括普通股、优先股、认股权证和期权）的【　】%。

·投资后估值为【　】美元。

陈述和保证

·一般的陈述和保证条款。

交割条件

·通过监管审批，不存在相关禁令等。

·取得目标公司股东同意。

·目标公司没有发生重大逆转。

·在交割前提交2017年第二季度的业务情况。

·收到有关免税交易的税收评价。

·未违反声明。

·遵守交割前承诺。

·获得所需的第三方同意。

·其他一般条件。

终止权

·违反法律规定；目标公司发生重大逆转；违反声明、保证或承诺条款；未能在【2017年6月30日】前完成交割。

交割前承诺

·目标公司和买方会尽一切努力使交易圆满交割。

·其他符合惯例的承诺。

费用和支出

·各方均需为法律、会计、财务以及其他专业服务支付相关的费用和成本。

时机

·在接受这些条款规定后，买方及其法律顾问、财会顾问会迅速展开对目标公司的尽职调查，同时起草并商定最终协议。

不具约束力

·除题为"投资"、"非售条款"、"费用和支出"和"保密"的部分外，除非已起草、送达或董事会已通过正式的最终协议，否则这里所讨论的建议将不具有任何效力。买方、目标公司或其他方均无任何义务或责任遵守此建议条款。双方承认，这些条款在最终协议得以执行前可予以改变、增加或删减。此外，该建议的前提条件是尽职调查得以圆满完成。

保密

·买方和目标公司都同意尽其最大努力来防止信息的非授权使用，以及在此之前或在谈判或建议的预期调查过程中有关另一方机密信息的泄露。双方同意对本提议及双方进行的谈判予以保密。即便没能达成最终协议，双方仍需遵守该义务。同时，拟议交易应遵守保密协议的规定。

附录I 按国家/地区分类的值得注意的交易问题

以下"做法"基于并购对象所在地，代表并购交易的部分要求或并购交易过程中采取的典型措施。大部分所选择的说明旨在将国内的做法与美国的惯例区分开来。请注意，本表格包含一组示例，并且无论按问题范围还是按国家/地区，都不是完全的差异列表，而是所选定国家/地区的选定示例的集合。

国家/地区	主题	做法
中国香港（HK）①	转让税	以购买价格或股份价值（以较高者为准）为基准，缴纳0.2%的印花税。通常由买方和卖方分别支付50%
	通知（交割前）	根据《业务转让（债权人保障）条例》，需要提供转让通知（交割前最少30天），以提醒债权人有关业务正在出售。在此期间债权人未主张的任何债务将成为卖方的责任
	意向书或兴趣指标中的排他期规定	要具备法律约束力，需要考虑一些问题
	购买协议中的撤销权	在中国香港，在购买协议中规定撤销权的情况并不罕见。根据《失实陈述条例》第2条的规定，如果失实陈述已成为合约中的一项条款，则无辜的一方有权撤销该合约。损害赔偿也可用于疏忽性失实陈述

---

① 欲了解更多信息，请参阅 Alex Que and Rhoda Yung，Deacons，The Hong Kong Negotiated M&A Guide，Corporate and M&A Law Committee（Hong Kong）.

续表

国家/地区	主题	做法
	保证索赔金额	一般限于购买价格的1倍
	保证索赔期限	对于税收索赔，长达6年。其他索赔时间限于不到6年的诉讼时效
荷兰[①]	股份转让	在股份购买中：股份通过《转让公证契据》转让给买方。公证人需要对先前所有权转让的有效性进行调查。此类转让或先前转让人的权限出现缺陷的情况并不罕见。大多数过去的缺陷可能会被纠正，以免妨碍其他有效的交易
		在资产购买中：资产需要根据具体的转让形式来确定和转让。转让形式和所需手续因所转让资产的性质而有所不同
	转让税	股份购买和资产购买一般不产生转让税、印花税或增值税，但在资产购买中，荷兰房地产转让须缴纳6%的房地产转让税
	撤销权	虽然荷兰法律规定当事人有权因违约而撤销收购协议，但通常在处理公司控制权转让的交易中放弃该权利
	保密函（NDA）	保密函中的限制性条款通常是可强制执行的，并且根据荷兰法律，对保密函的期限没有限制
	意向书，约束性/非约束性	意向书中的任何非约束性条款都必须明确说明
	劳资联合委员会建议	根据荷兰法律（《荷兰劳资联合委员会法》），待售公司的所有者必须就业务事宜（包括控制权变更）征求劳资联合委员会的意见。劳资联合委员会将被告知交易理由和员工相关后果及相关缓解措施。劳资联合委员会必须有足够的时间（通常约6周）来提供其建议。如果公司不遵循劳资联合委员会的建议，将进入劳资联合委员会的异议程序

---

① 欲了解更多信息，请参阅 Paul Cronheim and Erik Stegerhoek，De Brauw Blackstone West-broek，N.V.，The Netherlands Negotiated M&A Guide，Corporate and M&A Law Committee（Amsterdam，The Netherlands）.

续表

国家/地区	主题	做法
德国①	谈判终止	如果交易谈判在某个点之后终止，撤回方可能要赔偿另一方的成本，甚至可能赔偿损失
	监管批准	如果交易超过一定的规模门槛，将会受到欧盟和《荷兰竞争法》的合并控制规定的限制。与美国《哈特－斯科特－罗迪诺法案》（HSR）的要求类似，审查的目的将是确定是否存在市场集中（即所产生的组合是否反竞争）。交易需要获得荷兰消费者和市场管理局的批准
	公证	与荷兰的交易非常类似，完成交易需要进行文件公证。公证人就"文件的合法性和适当性提供建议，并可能建议修改已经谈妥的文件以确保其合法性和便于实施（特别是考虑到要求提交某些文件的公共登记机构）"②。作为公证程序的一部分，交易文件通常会被大声宣读
	文件	如果存在与交易有关的争议，法庭可以使用合约以外的材料来提出意见。因此，如果发生争议，强烈建议保存谈判的记录和文件的各种草案
	保密函（NDA）	德国的保密函通常包括具体的违约条款*（含合约罚款和违约金）
	谈判终止	根据德国法律，如果一方故意违约（例如无正当理由中止谈判），则可能需要承担赔偿责任。违约方不需要进行交易，但是必须赔偿另一方的交易费用（特别是顾问费）
	尽职审查	根据德国法律，如果买方对所收购资产存在某些缺陷有确定的认识，则不拥有针对卖方的权利
	法律管辖	在跨境收购中，如果收购对象位于德国，根据德国国际私法，买方和卖方只能自由选择适用于买卖协议的法律而不能选择适用于股份或资产转让的法律，因为这些事项受资产所在国或（对于股份）公司所在国法律的管辖

---

① 欲了解更多信息，请参阅 Hans-Michael Giesen，Giesen Heidbrink Partnerschaft von Rechtsanwälten，The Germany Negotiated M&A Guide，Corporate and M&A Law Committee（Berlin，Germany）.

② 同上，第 5 页。

续表

国家/地区	主题	做法
	监管批准	如果交易超过一定的规模门槛，将会受到欧盟和《德国反竞争限制法》的合并控制规定的限制。与美国 HSR 的要求类似，审查的目的将是确定是否存在市场集中（所产生的组合是否反竞争）。交易需要获得德国联邦企业联合管理局和位于布鲁塞尔的欧共体委员会的预先批准
	员工	德国法律规定："属于所出售业务的所有员工的雇佣关系转移到买方。买方承担转让时存在的雇佣关系所产生的所有权利和义务。"[1]
澳大利亚[2]	印花税	在澳大利亚证券交易所上市的公司进行股份出售无需缴纳印花税。通常某些地区的非上市公司需要缴纳印花税。资产出售可能导致从价印花税，但此类交易是某些资产类别（例如库存）的例外情况。[3]通常，买方负责缴纳收购的任何印花税，但在某些地区，双方均有责任缴纳
	商品与服务税	澳大利亚有广泛的商品与服务税（"GST"）（目前为 10%）。如果业务在一定的条件下以持续经营企业的方式出售，则不需要缴纳商品与服务税。然而，如果交易需要缴纳商品与服务税，则通常由买方最终负责缴纳
	意向书，约束性/非约束性	意向书中的任何非约束性条款都必须明确说明
	交割项目	在交易中转让企业名称需要取得"同意转让号码"（该号码从澳大利亚证券投资委员会取得）
	监管批准	澳大利亚的外商投资受联邦法律的管制，包括 1975 年《海外收购和接管法》和澳大利亚《外商投资政策》。如果外国实体进行的收购超过特定门槛（对于美国公司购买澳大利亚公司，门槛是总资产超过 10 亿澳元，敏感市场的收购除外，其门槛是 2.48 亿澳元），应通知外商投资审查委员会，并且需要从该委员会取得"不反对声明"[4]。如果在受监管行业（例如银行）进行收购，则各种门槛可能需要其他监管机构批准

---

[1] 同上，第 7 页。

[2] 欲了解更多信息，请参阅 Michael Barker and Ryan Thorne，King & Wood Malleson，The Australia Negotiated M&A Guide，Corporate and M&A Law Committee（Sydney，Australia）.

[3] 同上，第 4 页。

[4] 同上，第 14 页。

续表

国家/地区	主题	做法
	非竞争条款	买卖双方之间的任何贸易或非竞争条款的约束必须合理而狭义地定义（例如确定的地理位置、有限的时间框架或随时间推移限制更少）才可执行
	员工事宜	澳大利亚针对在收购中失去工作的员工实行强制性遣散保护。在资产出售中，如果为员工提供的雇佣条件与其目前享有的条件相同，并且承认其先前的服务（为福利目的），但员工拒绝所提供的条件，则卖方不承担遣散责任
		根据《公平工作法案》的规定，调职员工还可以维持所谓"行业文书"（类似于一般就业协议）中规定的现有最低就业条件
	责任限制	通常，与所有权、权力和权限以及税收（有时）有关的保证仅限于购买价，而对于其他违约行为，则限于购买价的10%~50%。保证可能还有时间限制（通常为1~2年），但税收保证（可长达4~5年）除外

后　记

企业并购活动是市场经济运行的一个重要组成部分。正如消费者和企业在市场上交换产品和服务的自由交易，会流向报价最高的消费者一样，企业或资产的交换满足同样的道理，同样能导致资产的最有建设性的配置。在这个过程中，接管，特别是恶意接管，因为缺乏足够的信息，常常引起公众的兴趣。

并购可按不同的标准进行分类。第一种是按所涉及的交易类型分类，至少可以分为截然不同的四类：一是协议兼并，即A公司按B公司经营人员向其股东的建议收购价获取B公司；二是恶意接管，通常是以要约的方式，A公司绕过B公司管理层直接向B公司的股东出价，B公司的管理层常常努力保卫"他们"的公司；三是公司剥离，A公司和B公司拥有数量不等的分支机构，作为重组计划的一部分，A公司把自己不需要的分支机构卖给B公司，这样B公司便拥有了更多的分支机构；四是管理层收购，和资产剥离相类似，只不过A公司的分支机构不是卖给B公司，而是该分支机构的管理层并入B公司。

第二种是按所涉及的市场进行分类，分为横向兼并、纵向兼并和混合兼并。横向兼并是两个生产同类产品企业间的合并，纵向兼并是企业合并生产上游供应原料的企业或下游的用户企业，如果两个合并既无横向关系又无纵向关系，则定义为混合兼并。在实践中，发生在多样化经营之间的兼并，往往包括两种甚至所有类型的兼并。

接管和兼并活动可以从宏观经济和微观经济两方面得到解释。宏观经济解释并着重分析在假设因果关系的情况下，宏观经济变量同兼并活动水平之间的相关关系。微观经济解释并着重分析企业经理们的动机，检验从兼并活动获取的收益从而了解企业接管要约的动机。

本书是一本立足微观经济的著作，而且是一本引导大家学习现代并购交易理念和操作流程的作品。在我们的现实世界中，理论研究固然重要，但实践操作毕竟涉及的人员要多得多。从理论家不清楚操作流程的诸多事例中，我们经常能分享到无数笑料。这从一个侧面证明，仅有理论是远远不够的，重要的是对理论的实践操作。从这个意义上说，本书是比上述理论重要得多、操作性极强的一本专著。

作为从事多年并购业务的专家，本书作者对现代并购业务的全面和深入的把握，使读者可以通过阅读通俗易懂的文字，迅速掌握并购这一战略交易的真谛和关键要素。目前，中国正着力进行市场化改革，随着包括基础设施领域的国有企业改革和资本市场改革的深化，在未来5~10年甚至更长时间，中国企业并购和投资活动将处于一个日益活跃的长期上升通道，掌握现代并购交易的理念和操作流程，对于企业经理人员和投资管理者，已经变得日益迫切和必要。

本书英文版自2005年第一版出版后，东北财经大学出版社委托我与刘汉武、王晓宇、储奔、王瑾合作完成翻译工作，于2009年1月出版发行，受到了包括国内投资经理们等专业人士在内的读者的欢迎。2017年原书作者迈克尔·弗兰克尔联合发展专家拉里·福尔曼将书中的并购数据、深度分析、专家意见以及并购工具做了大量的内容更新、重新出版不久，东北财经大学出版社再次联系我翻译，我于是组织了中国社会科学院工业经济研究所高级课程项目秘书、高级企业文化师化冰，和我指导的中国社会科学院研究生院工业经济系郭文、李妙然两位博士研究生，参考我主译的第一版译文，结合新版更新内容，对新版全文进行了从头至尾的重新翻译。具体翻译分工是：由我主持全书的翻译工作；化冰翻译第1章、第2章、第3章、第4章，以及封面扉页、封底、序言、致谢和目录；郭文翻译第5章、第6章、第7章；李妙然翻译了第8

章、第9章、第10章、第11章以及附录。初稿完成后，三位译者互换译文进行初校，郭文做了初步校译工作，李芳琴、史洁琼、王强、黄健维、庄一、杨舒越阅读了本书初稿，并提出了修改意见，由我负责总校译。

和第一版一样，本书在翻译过程中得到了东北财经大学副校长肖兴志教授和东北财经大学出版社相关编校人员的大力支持，没有他们为本书付出的辛勤劳动，就不可能有今天读者看到的成果。由于本书覆盖经济、管理、金融、财务会计、法律等领域，和第一版时的翻译一样，我们在第二版翻译中同样碰到了不少的难题。尽管我们已经尽力，但由于水平有限，翻译中的偏颇和错误在所难免，恳请广大读者批评和指正，以便译者和编者进行修改。

曹建海

2018年3月7日于北京